Dominika Gödde

Integration von Goodwill-Bilanzierung und wertorientierter Unternehmenssteuerung

GABLER RESEARCH

Quantitatives Controlling

Herausgegeben von Professor Dr. Carsten Homburg,
Universität zu Köln

Die Schriftenreihe dient als Forum für hervorragende Forschungsergebnisse auf dem Gebiet des Controlling. Ihr liegt ein weites Controllingverständnis zugrunde, das über Problemstellungen der traditionellen internen Unternehmensrechnung hinaus geht und beispielsweise auch Aspekte der Verhaltenssteuerung einschließt.

Der Schwerpunkt der Reihe liegt auf quantitativen Analysen aktueller Controllingfragen. Hierbei werden formal-analytische ebenso wie empirisch ausgerichtete Arbeiten in Betracht gezogen.

Dominika Gödde

Integration von Goodwill-Bilanzierung und wertorientierter Unternehmenssteuerung

Empirische Analyse der Einflussfaktoren und Performance-Auswirkungen

GABLER

RESEARCH

Bibliografische Information der Deutschen Nationalbibliothek
Die Deutsche Nationalbibliothek verzeichnet diese Publikation in der Deutschen Nationalbibliografie; detaillierte bibliografische Daten sind im Internet über <http://dnb.d-nb.de> abrufbar.

Dissertation Universität zu Köln, 2009

1. Auflage 2010

Lektorat: Ute Wrasmann | Stefanie Loyal

Gabler Verlag ist eine Marke von Springer Fachmedien.
Springer Fachmedien ist Teil der Fachverlagsgruppe Springer Science+Business Media.
www.gabler.de

Umschlaggestaltung: KünkelLopka Medienentwicklung, Heidelberg
Gedruckt auf säurefreiem und chlorfrei gebleichtem Papier

ISBN 978-3-8349-2190-1

Geleitwort

In der betriebswirtschaftlichen Literatur wird seit einiger Zeit eine Vereinheitlichung des externen und internen Rechnungswesens propagiert. Dennoch dominieren überwiegend Untersuchungen, die das externe und das interne Rechnungswesen isoliert behandeln. Ganz im Gegensatz hierzu verfolgt die vorliegende Dissertationsschrift einen integrierten Forschungsansatz, in dem die Wechselwirkungen zwischen externem und internem Rechnungswesen analysiert werden. Das externe Rechnungswesen wird dabei vor allem durch die Umstellung auf internationale Rechnungslegungsstandards (IFRS) geprägt. Im Unterschied hierzu konzentriert sich das interne Rechnungswesen auf innerbetriebliche Steuerungsinstrumente zur besseren Koordination einer Unternehmung. Konkret steht vor allem das Value Based Management im Fokus – ein Steuerungsinstrument, das auf den Shareholder Value ausgerichtet ist.

Die Dissertationsschrift befasst sich mit der Goodwill-Bilanzierung nach IFRS, die explizit eine Verbindung zwischen externem und internem Rechnungswesen fordert, was als Management Approach bezeichnet wird. Zudem werden wertorientiert steuernde Unternehmen betrachtet. Es geht um die Integration zwischen Goodwill-Bilanzierung und wertorientierter Steuerung. Diese Integration wird daran fest gemacht, inwieweit eine sogenannte Cash-Generating Unit (CGU) als Allokationsebene für den Goodwill mit einer wertorientierten Einheit übereinstimmt. Insbesondere interessiert dabei die Frage, von welchen Faktoren die Integration abhängt. Dabei wird unterstellt, dass es ein optimales Integrationsausmaß gibt, welches von organisationsbezogenen Kontextfaktoren abhängt. Eine darauf aufbauende Fragestellung besteht darin, ob ein verstärktes Ausmaß an Integration zu einer höheren Performance führt. Methodisch greift die Verfasserin auf den kontingenztheoretischen Ansatz zurück, der in der Management Accounting-Forschung bereits etabliert ist. Zur empirischen Analyse dient ein Strukturgleichungsmodell auf Basis eines Partial Least Squares-Verfahrens (PLS-Verfahren). Hierdurch ist man in der Lage komplexe Wirkungsbeziehungen abzubilden. Ein zentrales Ergebnis besteht darin, dass die Integration tatsächlich einen positiven Einfluss auf die Unternehmensperformance besitzt.

Mit der Integration der Goodwill-Bilanzierung und der wertorientierten Unternehmenssteuerung steht eine innovative Forschungsfrage im Fokus, und es werden interessante Forschungsergebnisse erzielt. Daher wünsche ich der vorliegenden Dissertationsschrift eine gute Aufnahme in der Controlling-Community.

Prof. Dr. Carsten Homburg

Vorwort

Die vorliegende Dissertation entstand in den Jahren 2005 bis 2009 während meiner Zeit als externe Doktorandin am Seminar für Allgemeine Betriebswirtschaftslehre und Controlling der Universität zu Köln von Herrn Prof. Dr. Carsten Homburg.

Viele Menschen haben mich während meiner Dissertationszeit unterstützt, denen ich an dieser Stelle meinen Dank aussprechen möchte.

Besonders danken möchte ich meinem Doktorvater und akademischen Lehrer Herrn Prof. Dr. Carsten Homburg für die wissenschaftliche Betreuung der Arbeit. Er hat mir während des Entstehungsprozesses den notwendigen Freiraum eingeräumt und mit wertvollen Diskussionen zum Gelingen der Dissertation beigetragen. Herrn Prof. Dr. Christoph Kuhner danke ich sehr herzlich für die freundliche Übernahme des Zweitgutachtens und Herrn Prof. Dr. Ludwig Kuntz für den Vorsitz bei der mündlichen Prüfung.

Eine sehr große Unterstützung habe ich von meinen Seminarkollegen erhalten. Ich danke Daniel Baumgarten, Markus Berghäuser, Max Berens, Ute Bonenkamp, Ulf Brüggemann, Dr. Stefan Henschke, Dr. Michael Lorenz, Christian Müller, Dr. Julia Nasev, Philipp Plank, Dr. Peter Stebel, Dr. Jörg Stephan und Dr. Matthias Weiss für die sehr gute Zusammenarbeit. Während meiner Anstellung am Seminar durfte ich erst mit Dr. Nikolaus Wrede und anschließend mit Sebastian Gell das Büro teilen. Ihnen danke ich für die Ablenkungen, Aufmunterungen und Unterstützungen in den gemeinsamen Jahren. Einen besonderen Dank möchte ich ebenfalls an Elisabeth Eich – Sekretärin und zugleich gute Seele des Seminars – richten. Sie hatte immer ein offenes Ohr und stand mit guten Ratschlägen zur Seite. Darüber hinaus danke ich den studentischen Hilfskräften des Seminars für die zahlreichen wertvollen Hilfestellungen.

Unverzichtbar für das Gelingen der Dissertation war die Unterstützung aus meinem privaten Umfeld. Mein Freund Dr. Nils Alteheld hat alle Phasen meiner Ausbildung seit Beginn meines Studiums mit sämtliche Höhen und Tiefen miterlebt. Er hat mir stets viel Kraft gegeben und mich immer wieder daran erinnert, dass es ein Leben neben der Dissertation gibt. Dafür bin ich ihm unendlich dankbar. Daneben danke ich meinem Freundeskreis für den Rückhalt, die Motivation und die notwendigen Ablenkungen.

Der größte Dank gebührt meiner Familie, insbesondere meiner Mutter. Sie hat mir in meiner gesamten Ausbildungszeit den notwendigen Beistand gegeben, mich uneingeschränkt unterstützt und gefördert. Ohne ihre Geduld, ihre Zuversicht und ihren Glauben an den gelungenen Abschluss der Dissertation wäre dieser Werdegang nicht möglich gewesen. In Dankbarkeit ist ihr diese Arbeit gewidmet.

Dominika Gödde

Inhaltsverzeichnis

Abbildungsverzeichnis

Tabellenverzeichnis

Abkürzungsverzeichnis

A	Appendix bzw. Anhang
AG	Aktiengesellschaft
Art.	Artikel
BC	Basis for Conclusion
BilReG	Bilanzrechtsreformgesetz
bspw.	beispielsweise
bzw.	beziehungsweise
CA	Chartered Accountant
c. p.	ceteribus paribus
CEO	Chief Executive Officer
CFO	Chief Financial Officer
CGU	Cash-Generating Unit
CVA	Cash Value Added
d. h.	das heißt
DAX	Deutscher Aktienindex
DCF	Discounted Cashflow
Dezent	Dezentralisierung (verwendete Abkürzung bei den Indikatoren innerhalb des Messmodells für das Konstrukt Dezentralisierung)
Diff	Differenzierung (verwendete Abkürzung bei den Indikatoren innerhalb Messmodells für das Konstrukt Differenzierung)
DOI	Degree of Internationalisation (verwendete Abkürzung bei den Indikatoren innerhalb des Messmodells für das Konstrukt Internationalisierung)
e. V.	eingetragener Verein
EBIT	Earnings Before Interests and Taxes
EC	European Commission
ED	Exposure Draft
EG	Europäische Gemeinschaft
et al.	et alii (und andere)
etc.	et cetera (und so weiter)

EU	Europäische Union
EVA™	Economic Value Added (EVA™ ist ein eingetragenes Markenzeichen (Trademark) von Stern Stewart & Co.)
evtl.	eventuell
EWG	Europäische Wirtschaftsgemeinschaft
F	Framework
(F)	Formativ operationalisiertes Konstrukt
FAS	Financial Accounting Standard(s)
FASB	Financial Accounting Standards Boards
FinPerf	finanzielle Performance (verwendete Abkürzung bei den Indikatoren innerhalb des Messmodells für das Konstrukt Performance)
Fomal	Formalisierung (verwendete Abkürzung bei den Indikatoren innerhalb des Messmodells für das Konstrukt Formalisierung)
GE	Geldeinheiten
ggf.	gegebenenfalls
Größe	Unternehmensgröße (verwendete Abkürzung bei den Indikatoren innerhalb des Messmodells für das Konstrukt Unternehmensgröße)
H	Hypothese
Harmon	Harmonisierung (verwendete Abkürzung bei den Indikatoren innerhalb des Messmodells für das Konstrukt Harmonisierung)
HDAX	Zusammenfassung von DAX, MDAX und TecDAX
HFA	Hauptfachausschuss
HGB	Handelsgesetzbuch
HorDiff	horizontale Differenzierung (verwendete Abkürzung für einen Indikator im Messmodells für das Konstrukt Differenzierung)
Hrsg.	Herausgeber
i. d. F.	in der Fassung
i. V. m.	in Verbindung mit
IAS	International Accounting Standard(s)
IASB	International Accounting Standards Board
IDW	Institut der Wirtschaftsprüfer in Deutschland e. V.
IFRS	International Financial Reporting Standard(s)

Inc.	Incorporated (US-amerikanische Gesellschaftsform einer Kapitalgesellschaft)
Integra	Integration (verwendete Abkürzung bei den Indikatoren innerhalb des Messmodells für das Konstrukt Integration)
IOA	Impairment-only Approach
IOAZufr	Zufriedenheit mit der Durchführung des Goodwill Impairment Tests (verwendete Abkürzung bei den Indikatoren innerhalb des Messmodells für das Konstrukt IOA Zufriedenheit)
IT	Informationstechnologie
Jg.	Jahrgang
KapAEG	Kapitalaufnahmeerleichterungsgesetz
KapCoRiLiG	Kapitalgesellschaften und Co-Richtlinien Gesetz
KG	Kommanditgesellschaft
LISREL	Linear Structural Relations
Log	Logarithmus
LVPLS	Latent Variables Path Analysis with Partial Least Squares Estimates
M	Mittelwert
MCS	Management Control Systems
MDAX	Mid-cap-DAX
MIMIC-Modell	Multiple Indicators and Multiple Causes-Modell
Mio.	Millionen
ML	Maximum-Likelihood
Mrd.	Milliarden
NEGResidual	Negative Residualgröße in der Benchmark-Regression
Nr. bzw. No.	Nummer
ns	nicht signifikant
NYSE	New York Stock Exchange
OB	Objectives (Kapitel 1 The Objective of Financial Reporting aus dem Entwurf (Exposure Draft) zum Conceptual Framework for Financial Reporting des IASB)
OLS	Ordinary Least Squares
PLC	Public Limited Company (britische Gesellschaftsform einer Kapitalgesellschaft)
PLS	Partial Least Squares

POSResidual	Positive Residualgröße in der Benchmark-Regression
R	revised
ROA	Return on Assets
ROS	Return on Sales
RS	Stellungnahme zur Rechnungslegung
S	Standard
S.	Seite
SAS	Statistical Analysis System
SD	Standard Deviation bzw. Standardabweichung
SDAX	Small-cap-DAX
SE	Societas Europaea (Europäische Aktiengesellschaft)
SEC	Securities and Exchange Commission
SEM	Structural Equation Model bzw. Strukturgleichungsmodell
SES	socioeconomic status bzw. Sozioökonomischer Status
SFAC	Statements of Financial Accounting Concept(s)
SFAS	Statement of Financial Accounting Standard(s)
sog.	so genannte(n)
Sp.	Spalte
SPSS	Special Programs for the Social Science
TecDAX	Technologie-cap-DAX
TSR	Total Shareholder Return
Tz.	Textziffer
u. a.	unter anderem
UK	United Kingdom
US	United States
US GAAP	United States Generally Accepted Accounting Principles
USA	United States of America
VarNEGResidual	Variable mit absolutem Wert von NEGResidual, wenn die Residualgröße negative ist, ansonsten Null
VarPOSResidual	Variable mit absolutem Wert von POSResidual, wenn die Residualgröße positiv ist, ansonsten Null
VBM	Value-based Management bzw. wertorientierte Unternehmenssteuerung

VerDiff	vertikale Differenzierung (verwendete Abkürzung für einen Indikator im Messmodells für das Konstrukt Differenzierung)
vgl.	vergleiche
VHB	Verband der Hochschullehrer für Betriebswirtschaft e. V.
Vol.	Volume
vs.	versus
WACC	Weighted Average Cost of Capital bzw. gewichteter Kapitalkostensatz
z. B.	zum Beispiel
Zent	Zentralisierung (verwendete Abkürzung bei den Indikatoren innerhalb des Messmodells für das Konstrukt Zentralisierung)
ZGE	zahlungsmittelgenerierende Einheit

Symbolverzeichnis

Lateinische Symbole:

a, b, c, c'	Pfadkoeffizienten im Mediator- und Moderatormodell
Cov	Kovarianz
D	Anzahl der Blindfolding-Runden
DEV	Durchschnitt erfasste Varianz
EW_{max}	maximaler Eigenwert
EW	Eigenwert
f^2	Effektgröße (bezogen auf die Veränderung von R^2)
$f^2_{Exklusion}$	Effektgröße (bei Exklusion einer Prädiktorvariablen im Strukturmodell)
$f^2_{Moderator}$	Effektgröße (bei Beachtung einer Moderatoreffekts)
h	Laufindex aller Indikatoren (mit H = Anzahl der Indikatoren)
H	Anzahl der Indikatoren
i	Laufindex eines reflektiven Indikators (mit I = Anzahl der reflektiven Indikatoren)
I	Anzahl der reflektiven Indikatoren
IK	Interne Konsistenz
j	Laufindex der reflektiven Messmodelle bzw. reflektiv operationalisierten Konstrukte (mit K = Anzahl der reflektiven Messmodelle)
J	Anzahl der reflektiven Messmodelle
k	Laufindex der formativen Messmodelle bzw. formativ operationalisierten Konstrukte (mit K = Anzahl der formativen Messmodelle)
K	Anzahl der formativen Messmodelle
KI	Konditionsindex
N	Anzahl Fälle bzw. Anzahl der an der Befragung teilgenommenen Unternehmen (Stichprobenumfang)
p	Irrtumswahrscheinlichkeit beim Signifikanztest
Q^2	Stone-Geisser-Kriterium
R^2	Bestimmtheitsmaß einer endogenen Variablen

R^2_{Exkl}	Bestimmtheitsmaß einer endogenen Variablen exklusive einer Prädiktorvariablen
R^2_{Inkl}	Bestimmtheitsmaß einer endogenen Variablen inklusiver sämtlicher Prädiktorvariablen
$R^2_{Interaktion}$	Bestimmtheitsmaß einer endogenen Variablen unter Beachtung eines Moderatoreffekts (Interaktionseffektmodell)
$R^2_{Haupteffekt}$	Bestimmtheitsmaß einer endogenen Variablen ohne Beachtung eines Moderatoreffekts (Haupteffektmodell)
se_a	Standardfehler für Pfad a in einem Mediatormodell
se_b	Standardfehler für Pfad b in einem Mediatormodell
SSE	Sum of Squared Prediction Errors bzw. Summe der quadrierten Fehlerterme
SSO	Sum of Squares of Observations bzw. Summe der Durchschnittswerte der Schätzung
t	t-Wert als Testgröße beim Signifikanztest
VAF	Variance Accounted For
var_i	Varianz eines reflektiven Indikators i
var_I	Varianz der Summe aller reflektiver Indikatoren eines betrachteten Konstrukts
VIF	Variance Inflation Factor
x	Indikator eines exogenen Konstrukts
y	Indikator eines endogenen Konstrukts
z	z-Wert in einem Mediatormodell

Griechische Symbole:

α	Cronbach's Alpha
β	Pfadkoeffizient zwischen zwei endogenen Konstrukten; mit $B(\beta)$ als Koeffizientenmatrix
$B(\beta)$	Koeffizientenmatrix der Pfadkoeffizienten β
β_{Korrel}	Korrelationskoeffizient
γ	Pfadkoeffizient zwischen einem exogenen und einem endogenen Konstrukt; mit $\Gamma(\gamma)$ als Koeffizientenmatrix
δ	Messfehler im exogenen Messmodell
ε	Messfehler im endogenen Messmodell
ζ	Messfehler im Strukturmodell

η	endogenes Konstrukt bzw. Vektor der endogenen Konstruktwerte
λ	Ladung eines reflektiven Indikators
$\Gamma(\gamma)$	Koeffizientenmatrix der Pfadkoeffizienten γ
ξ	exogenes Konstrukt bzw. Vektor der exogenen Konstruktwerte
π	Gewicht eines formativen Indikators

1 Einleitung

1.1 Motivation und Forschungsfragen

Die Einführung der *International Financial Reporting Standards* (IFRS) gilt als eine der zentralen regulatorischen Änderungen in der Geschichte der Rechnungslegung. Mittlerweile werden die IFRS in über 100 Ländern akzeptiert bzw. als verpflichtend vorausgesetzt.[1] Dementsprechend stehen die Umstellung der Rechnungslegung von nationalen Rechnungslegungsstandards auf IFRS und die sich daraus ergebenden ökonomischen Konsequenzen im Forschungsfokus des externen Rechnungswesens (*financial accounting*).[2] Im Gegensatz dazu konzentriert sich der Forschungsfokus des internen Rechnungswesens (*management accounting*) u. a. auf die Ausgestaltung und Nutzung innerbetrieblicher Steuerungsinstrumente. Es wird untersucht, welche Faktoren die Ausgestaltung und Nutzung eines Steuerungsinstruments beeinflussen und ob sich aus der Ausgestaltung und Nutzung eines Steuerungsinstruments ökonomische Konsequenzen ergeben.[3] Ein Steuerungsinstrument, das seit Mitte der 1990er-Jahre intensiv diskutiert wird, ist dabei die wertorientierte Unternehmenssteuerung bzw. das *value-based management* (VBM). Die wertorientierte Unternehmenssteuerung ist ein auf die Unternehmenseigner (*shareholder*) ausgerichtetes Unternehmensführungskonzept mit dem vorrangigen Ziel, langfristig den Wert für die Unternehmenseigner (*shareholder value*) und damit den Unternehmenswert zu steigern.[4]

Aus dieser kurzen Gegenüberstellung der Financial Accounting- und der Management Accounting-Forschung geht bereits hervor, dass die beiden Forschungsstränge bislang weitgehend unabhängig voneinander verfolgt werden. In der Accounting-Praxis hingegen wird diese Trennung u. a. von der Goodwill-Bilanzierung nach IFRS durchbrochen, denn sie fordert eine Verbindung zwischen dem Financial Accounting und dem Management Accounting. Diese Verbindung wird als Management Approach

---

1 Vgl. EU-Kommission (2008), S. 4-5. Diese Statistik bezieht sich auf das Jahr 2005.

2 Vgl. u. a. Baker/Barbu (2007); Daske et al. (2008).

3 Meta-Analysen zur Management Accounting-Forschung bieten u. a. Chenhall (2003); Luft/Shields (2003); Scapens/Bromwich (2001); Shields (1997); Wagenhofer (2006).

4 Grundlegend vgl. Rappaport (1998). Für eine ausführliche Diskussion vgl. Ittner/Larcker (2001). Internationale Studien zum VBM sind u. a. die von Malmi/Ikäheimo (2003); Ryan/Trahan (2007). Studien zum Umsetzungsstand von VBM in Deutschland bieten u. a. Aders/Hebertinger (2003); Afra/Aders (2000); Homburg/Toksal/Gödde (2004).

bezeichnet. Nach dem Management Approach findet eine „Zweitverwendung“ von Informationen und Strukturen aus dem internen Rechnungswesen für Zwecke des externen Rechnungswesens statt.[5] Den Ausgangspunkt und gleichzeitig die Motivation für die vorliegende Arbeit bildet daher die Frage, welche Möglichkeiten einer integrierten Financial Accounting- und Management Accounting-Forschung sich aus dem Management Approach in der Goodwill-Bilanzierung nach IFRS ergeben.[6]

Die Auswahl der Goodwill-Bilanzierung nach IFRS als einem Rechnungslegungsstandard, der durch den Management Approach geprägt ist,[7] ist wie folgt begründet. Die Standards zur Bilanzierung von Unternehmenszusammenschlüssen einschließlich des benachbarten Standards der Goodwill-Bilanzierung stehen seit Jahren auf der Arbeitsagenda der Standardsetzer des *International Accounting Standards Board* (IASB) und seines US-amerikanischen Pendants, des *Financial Accounting Standards Board* (FASB). Sie gelten als dominierende Diskussionsthemen im Financial Accounting.[8] Die bilanziellen Regelungen von Unternehmenszusammenschlüssen und des Goodwill sind auch aus der Perspektive der bilanzierenden Unternehmen und damit der Accounting-Praxis höchst bedeutsam. In den letzten Jahren bis zu Beginn der Finanzkrise im Jahr 2008 haben die Anzahl der Unternehmenszusammenschlüsse und damit zusammenhängend der daraus resultierende Goodwill stetig zugenommen. Als prominente Unternehmenstransaktionen mit deutscher Beteiligung in den Jahren 2007 und 2008 gelten u. a. die Übernahmen des britischen Unternehmens Hanson PLC durch die HeidelbergCement AG, des Schweizer Feinchemieherstellers Ciba AG durch BASF SE, der europäischen Senderkette SBS Broadcasting Group durch ProSiebenSat.1 Media Group AG, der Siemenstochter VDO durch Continental AG, die Fusion der Continental AG und der Schäffler KG und der von SAP AG getätigte Unternehmenskauf des US-Konkurrenten Business Objects Inc.[9] Die hohen Kaufpreise bei den

---

5 Vgl. Martin (1997), S. 29; Velte (2008); S. 133, Hervorhebung wie im Original.

6 Kritisch zur Begründung eines Forschungsbedarfs durch einen aktuellen Praxisbezug vgl. Ittner/Larcker (2001), S. 355-356; Zimmerman (2001). Mitchell (2002) hingegen beklagt die Lücke zwischen Forschung und Praxis, sog. *research/practice gap*.

7 Neben der Goodwill-Bilanzierung findet sich der Management Approach im IFRS-Rahmenwerk (vgl. IFRS Framework (F) *Framework for the Presentation of Financial Statements* F.11) sowie in weiteren IFRS. Vgl. dazu die Übersicht bei Weißenberger/Maier (2006), S. 2077-2079.

8 Die entsprechenden Standards sind der im Jahr 2004 erlassene IFRS 3 *Business Combinations* bzw. der im Jahr 2008 (bzw. 2009) revidierte IFRS 3R *Business Combinations* sowie der im Jahr 2004 überarbeitete IAS 36 *Impairment of Assets*. Die Pendants in der US-amerikanischen Rechnungslegung sind *Statement for Financial Accounting Standards* (SFAS) 141 *Business Combinations* bzw. SFAS 141R *Business Combinations* sowie SFAS 142 *Goodwill and Other Intangible Assets*.

9 Vgl. Fockenbrock/Sommer (2008), S. 16. Es werden bewusst ausschließlich Transaktionen von Industrie-, Handels- und Dienstleistungsunternehmen aufgeführt.

Unternehmenszusammenschlüssen haben dazu geführt, dass der Goodwill mittlerweile eine wesentliche Position in der Bilanz der kaufenden Unternehmen einnimmt.[10]

Aus Sicht der Financial Accounting-Forschung ist das Thema der Goodwill-Bilanzierung ebenfalls seit Jahren von höchstem Interesse. Im Forschungsfokus liegen dabei u. a. die Umstellung und erstmalige Anwendung des Werthaltigkeitstests für die Goodwill-Folgebewertung, die darauf zurückzuführenden Kapitalmarktreaktionen und die Bilanzpolitik.[11] Durch den Management Approach ergibt sich unmittelbar die Verbindung zum Management Accounting. Aus Sicht der Management Accounting-Forschung stellen sich Fragen, wie z. B. welche Überschneidungen sich zwischen der Goodwill-Bilanzierung und internen Steuerungsinstrumenten bzw. internen Strukturen ergeben, ob eine vollständige Einbindung der Goodwill-Bilanzierung in das interne Rechnungswesen möglich ist, von welchen Faktoren diese Einbindung abhängt und welche ökonomischen Konsequenzen sich an diese Einbindung anschließen. Diese Fragestellungen sind in der Management Accounting-Forschung bisher nur vereinzelt aufgegriffen worden.[12] Es fehlt an einer fundierten empirischen Auseinandersetzung mit diesen Forschungsfragen und damit an einer integrierten Financial Accounting- und Management Accounting-Forschung zur Goodwill-Bilanzierung. Ittner/Larcker (2001) formulieren diesen Forschungsbedarf allgemein wie folgt: "*A final observation from our review is the lack of integration between financial and managerial accounting research. (...) [A]ccounting researchers have treated these fields as independent, even though it is likely that these choices do not stand alone. (...) Without greater integration of financial and managerial accounting research, our understanding of the choice and performance implications of internal and external accounting and control systems is far from complete.*"[13]

Die vorliegende Arbeit knüpft an diesen Forschungsbedarf an und setzt sich dabei zunächst das Forschungsziel, die Anwendungsfelder des Management Approach in der

---

[10] Eine vergleichende Übersicht der größten deutschen börsennotierten Industrie-, Handels- und Dienstleistungsunternehmen zeigt, dass fast alle Konzerne einen Goodwill ausweisen, dass die absolute Höhe des Goodwill im Zeitverlauf kontinuierlich angestiegen ist und dass auch die relative Höhe des Goodwill (bezogen u. a. auf die Bilanzsumme oder das Eigenkapital) auf eine dominierende Stellung des Goodwill im Konzernabschluss hindeutet. Vgl. Küting (2006); Küting (2007); Küting (2008).

[11] Vgl. anstatt vieler Kuhner (2008), S. 26-32, mit einer Zusammenfassung relevanter Studien.

[12] Monografien, die sich mit der Thematik der Goodwill-Bilanzierung nach IFRS und der wertorientierten Unternehmenssteuerung auseinandersetzen, sind u. a. die von Haaker (2008); Haas (2009); Schumacher (2008). Einen Überblick über die Behandlung dieser Thematik in der wissenschaftlichen Literatur bietet Haas (2009), S. 9-11.

[13] Ittner/Larcker (2001), S. 402. Ähnlich auch Lambert (2007), S. 265: "*It has always struck me as odd that there is such a large distinction made between management accounting and financial accounting in academia. (...) [T]here is a tremendous amount of overlap between the two.*"

Goodwill-Bilanzierung zu identifizieren. Es finden sich u. a. zwei zentrale Anwendungsfelder, bei denen eine Brücke vom Management Accounting zum Financial Accounting geschlagen wird. Erstens sollen die internen Berichtsstrukturen als Orientierungshilfe für die Bestimmung der Ebene dienen, auf der ein im Rahmen eines Unternehmenszusammenschlusses erworbener Goodwill allokiert wird (IAS 36.80a). So zeigt sich der Management Approach erstens in einer Übereinstimmung der Ebene für die Goodwill-Allokation und der Ebene für die interne Unternehmenssteuerung. Eine zweite Ausprägung des Management Approach findet sich in der Folgebewertung des Goodwill. Die Bewertung des Nutzungswerts der Goodwill-Allokationsebene soll auf der aktuellen Finanzplanung des Management beruhen (IAS 36.33). Entsprechend sollen die Ansatz- und Bewertungsmethoden für Zwecke der externen Rechnungslegung mit denen der internen Unternehmenssteuerung übereinstimmen.

Die Arbeit hinterfragt beide Anwendungsfelder des Management Approach und analysiert, ob sie sich als Ausgangspunkt für eine integrierte Financial Accounting- und Management Accounting-Forschung eignen. Im Ergebnis konzentriert sich die weitergehende Analyse auf das erstgenannte Anwendungsfeld. Da der Management Approach eine Wirkung ausgehend vom internen Rechnungswesen auf das externe Rechnungswesen unterstellt, fokussiert sich die Arbeit auf die Management Accounting-Forschung und -Praxis. Es wird hinterfragt, inwieweit eine *Cash-Generating Unit* (CGU) als die Allokationsebene für den Goodwill mit einer wertorientierten Einheit übereinstimmt. Eine wertorientierte Einheit beschreibt die hierarchisch niedrigste Einheit, auf der die wertorientierte Unternehmenssteuerung verankert ist. In dieser Arbeit wird der zentrale Begriff Integration verwendet, der als die Übereinstimmung einer CGU und einer wertorientierten Einheit definiert wird.[14] Die Beantwortung dieser allgemeinen Forschungsfrage nach dem Ausmaß der Integration erfolgt über eine deskriptive Analyse des Integrationskonzepts.

Daran schließt sich unmittelbar die erste Forschungsfrage an, von welchen Faktoren die Integration abhängt. Es wird die Annahme getroffen, dass es nicht ein allgemeingültiges optimales Ausmaß der Integration gibt. Stattdessen bestimmt sich das optimale Ausmaß der Integration pro Unternehmen in Abhängigkeit von zu definierenden Einfluss- bzw. Kontextfaktoren. In dieser Arbeit werden fünf organisationsbezogene Kontextfaktoren ausgewählt, mit denen eine Beeinflussung der

[14] Vereinfacht wird in dieser Arbeit von einer CGU gesprochen, auch wenn eine Gruppe von CGUs oder die Gesamtheit der CGUs gemeint ist. Ebenso wird die wertorientierte Einheit als Begriff im Singular verwendet.

Integration in Verbindung gebracht wird. So wird u. a. vermutet, dass mit einer vermehrten wertorientierten Unternehmenssteuerung, einer steigenden Unternehmensgröße und einer vermehrt dezentralisierten, formalisierten und differenzierten Organisationsstruktur das Ausmaß der Integration zunimmt. Die zweite Forschungsfrage untersucht, ob die Integration zu einer höheren Performance des Unternehmens führt. Mit der Integration werden Vorteile wie z. B. Synergieeffekte, Kostenreduktionen, Informationseffizienzen und die Verbreitung des Shareholder Value-Gedankens vermutet, die in ihrer Summe die Unternehmensperformance steigern. Als theoretisches Rahmenwerk zur Analyse dieser beiden Forschungsfragen wird die Kontingenztheorie ausgewählt. Der kontingenztheoretische Ansatz leistet einen wesentlichen Beitrag in der Management Accounting-Forschung, indem er zur Erklärung der Ausgestaltung und Nutzung von Steuerungsinstrumenten, den Einflussfaktoren und den ökonomischen Konsequenzen beiträgt.[15] In dieser Arbeit dient der kontingenztheoretische Ansatz dazu, das Konzept der Integration zusammen mit seinen Einflussfaktoren und seinen Performance-Auswirkungen umfassend zu analysieren. Das theoretische Modell des kontingenztheoretischen Ansatzes wird anschließend in ein Strukturgleichungsmodell überführt, das mit dem Partial Least Squares (PLS)-Verfahren empirisch analysiert wird. Ein Strukturgleichungsmodell bietet den Vorteil, komplexe Beziehungsstrukturen – wie in dieser Arbeit zwischen dem Konzept der Integration, seiner Einflussfaktoren und seinen Performance-Auswirkungen vermutet wird – darzustellen und empirisch zu überprüfen.

Zusammengefasst wird in der vorliegenden Arbeit ein zentrales Thema aus der Financial Accounting-Forschung und -Praxis herausgegriffen und über den Management Approach die Brücke zur Management Accounting-Forschung und -Praxis geschlagen. Es wird das Ausmaß der Integration aus der Perspektive eines kapitalmarktorientierten, nach IFRS bilanzierenden, wertorientiert steuernden Unternehmens analysiert. Auf der Basis des kontingenztheoretischen Ansatzes und unter Anwendung des PLS-Verfahrens werden die folgenden zwei Forschungsfragen untersucht:

1. Von welchen Einflussfaktoren hängt die Integration ab? Damit stellt sich zum einen die Frage, welche Kontextfaktoren sich eignen, das optimale Ausmaß der

[15] Allgemein zur kontingenztheoretischen Management Accounting-Forschung vgl. Otley (1980). In dieser Arbeit wird die ökonomische Konsequenz als Steigerung der Unternehmensperformance interpretiert. Die Performance wird dabei als langfristige finanzielle Unternehmensleistung eines kapitalmarktorientierten Unternehmens definiert. Die Begriffe (Unternehmens-)Performance, Unternehmensleistung und Effektivität werden synonym verwendet.

Integration der Unternehmen zu bestimmen, und zum anderen die Frage, welchen Einfluss diese Kontextfaktoren auf das Ausmaß der Integration haben.

2. Welche Wirkung hat die Integration auf die Unternehmensperformance? In diesem Zusammenhang wird hinterfragt, ob ein höherer Integrationsgrad zu einer höheren Performance der Unternehmen führt. Unter Beachtung des Gesamtmodells wird zudem die Frage entwickelt, welche Wirkung die Einflussfaktoren über das Ausmaß der Integration auf die Performance haben.

1.2 Aufbau der Arbeit

Die Arbeit ist einschließlich der Einleitung in sieben Kapitel untergliedert.

In Kapitel 2 werden zunächst grundlegende Begriffe des Rechnungswesens definiert sowie wesentliche Meilensteine in der Internationalisierungsentwicklung der externen Rechnungslegung und der Entwicklung eines wertorientierten, internen Rechnungswesen dargelegt. Die Symbiose der Entwicklungen einer vermehrten Internationalisierung und Wertorientierung mündet in der aktuell andauernden Diskussion um die Harmonisierung von internem und externem Rechnungswesen. Der Management Approach als eine Harmonisierungsrichtung gibt dabei vor, dass die internen Strukturen und Informationen als Orientierungshilfe für Strukturen und Informationen, die im externen Rechnungswesen benötigt werden, dienen sollen. Vor einer Eingrenzung des Untersuchungsbereichs der Arbeit erfolgt die theoretische Herleitung des Management Approach einschließlich der theoretischen Fundierung des Rechnungswesens. Anschließend wird festgelegt, dass sich die vorliegende Arbeit auf das Anwendungsfeld des Management Approach mit speziellem Fokus auf die Goodwill-Bilanzierung konzentriert. Zur Abgrenzung dieses gewählten Schwerpunkts wird der Begriff Integration eingeführt.

In Kapitel 3 wird das Integrationspotenzial der Goodwill-Bilanzierung und der wertorientierten Unternehmenssteuerung konkretisiert. Dafür werden zunächst die IFRS-Regelungen zur Bilanzierung des Goodwill vorgestellt. Bei dieser Darstellung werden zwei Integrationspotenziale identifiziert: Aus der Perspektive der betriebswirtschaftlichen Bewertungslehre offenbart sich ein erstes Integrationspotenzial in einer integrierten Ansatz- und Bewertungsmethodik, die für die Bestimmung des Nutzungswerts bei der Goodwill-Folgebewertung, für die Unternehmensbewertung und für die wertorientierte Unternehmenssteuerung genutzt wird. Aus der Perspektive der internen Organisations- und Berichtsstruktur zeigt sich ein zweites Integrationspotenzial in der übereinstimmenden Festlegung der Ebene einer CGU und der Ebene für die wertorientierte Unternehmenssteuerung. Nach Auseinandersetzung mit beiden Integrationspotenzialen wird festgelegt, dass ausschließlich das zweitgenannte Potenzial analysiert wird. Der Begriff Integration wird entsprechend konkretisiert und für die weitere Untersuchung als die Übereinstimmung einer CGU und einer wertorientierten Einheit definiert. Das Kapitel endet mit einer Ableitung der konkreten Forschungsfragen.

Für eine fundierte empirische Analyse der formulierten Forschungsfragen bedarf es eines theoretischen Bezugsrahmens. Kapitel 4 beginnt mit einer Zusammenstellung von Ergebnissen zentraler Meta-Analysen, die die in der empirischen Management Accounting-Forschung eingesetzten Theorien herausstellen. Mit dem kontingenztheoretischen Ansatz findet sich eine theoretische Fundierung zahlreicher Beiträge der empirischen Management Accounting-Forschung. In diesem Zusammenhang wird die kontingenztheoretische Management Accounting-Forschung kurz vorgestellt. Basierend auf dieser Fokussierung erfolgt die Entwicklung eines theoretischen Modells, welches zum einen die Beziehung zwischen den Kontingenzfaktoren und der Integration und zum anderen die Auswirkung der Integration auf die Unternehmensperformance herleitet. Insgesamt werden acht Hypothesen einschließlich einer Fit-Hypothese entwickelt. Die Fit-Hypothese unterstellt dabei, dass die Kontingenzfaktoren über die Integration auf die Unternehmensperformance wirken. Das Kapitel endet mit einer zusammenfassenden Darstellung des theoretischen Modells.

Für die empirische Überprüfung des in Kapitel 4 hergeleiteten theoretischen Modells wird das Verfahren der Strukturgleichungsmodellierung genutzt. Kapitel 5 führt zunächst in die methodischen Grundlagen der Strukturgleichungsmodellierung ein. Als Analyseinstrument wird das varianzbasierte Partial Least Squares-Verfahren ausgewählt und anhand einer beispielhaften Modellbildung und -schätzung vorgestellt. Die Strukturgleichungsmodellierung ermöglicht es, latente Variablen (Konstrukte) über beobachtbare Variablen (Indikatoren) zu erfassen und vermutete Beziehungen zwischen den Konstrukten zu überprüfen. Es werden die im theoretischen Modell verwendeten Konstrukte erläutert, konzeptionalisiert und ihre Operationalisierung anhand ausgewählter Indikatoren beschrieben. Abschließend wird das Studiendesign vorgestellt.

In Kapitel 6 werden die Ergebnisse der empirischen Untersuchung präsentiert. Zunächst werden deskriptiv zentrale Befunde zu einzelnen Konstrukten und Indikatoren aufgezeigt und ein Vergleich zu vorherigen Studien gezogen. Anschließend werden getreu der Strukturgleichungsmodellierung die Messmodelle und das

Strukturmodell getrennt analysiert. Neben den acht aufgestellten Hypothesen wird die Fit-Hypothese über indirekte Effekte und über eine Residuenanalyse untersucht. Zudem werden verschiedene Variationen des Strukturmodells getestet, um die Robustheit des Modells zu bestätigen. Das Kapitel schließt mit einer grafischen Darstellung der empirischen Ergebnisse.

Kapitel 7 diskutiert die gewonnenen Ergebnisse und fasst den Forschungsbeitrag der empirischen Studie zusammen. Im Abschluss werden weitere Forschungsmöglichkeiten aufgezeigt.

2 Grundbegriffe und theoretische Grundlagen

Das Ziel des zweiten Kapitels ist es, Grundbegriffe zu definieren und theoretische Grundlagen für die Herleitung und Abgrenzung des Untersuchungsbereichs dieser Arbeit zu legen. In Abschnitt 2.1 werden zunächst die in der Arbeit verwendeten Begriffe und Konzeptionen des Rechnungswesens definiert. Anschließend werden in Abschnitt 2.2 und Abschnitt 2.3 mit der Internationalisierung der externen Rechnungslegung und der Verbreitung der wertorientierten Unternehmenssteuerung zwei wesentliche Entwicklungen im Rechnungswesen aufgezeigt. Abschnitt 2.4 leitet daraus die Harmonisierungsdiskussion ab, die mit dem Management Approach aus der Wirkungsrichtung „intern nach extern" geführt wird. Abschnitt 2.5 erläutert die theoretischen Grundlagen für das Rechnungswesen, für die Harmonisierungsentwicklung und für den Management Approach. Die Harmonisierung mit Fokus auf den Management Approach ist ein sehr breites Forschungsfeld. In Abschnitt 2.6 wird daher festgelegt, dass sich die Arbeit auf den Management Approach mit speziellem Fokus auf die Goodwill-Bilanzierung nach IFRS und die wertorientierte Unternehmenssteuerung konzentriert. Zur Abgrenzung dieses gewählten Schwerpunkts wird der Begriff Integration eingeführt.

2.1 Begriff und Konzeption des Rechnungswesens

Das betriebliche bzw. betriebswirtschaftliche Rechnungswesen (*accounting*) umfasst die „Abbildung (= Ermittlung, Aufbereitung und Darstellung) von wirtschaftlichen Zuständen in einem *Zeitpunkt* [z. B. dem Stichtag einer Bilanz] und von Prozessen (= Vorgängen) während eines *Zeitraums* [z. B. dem Wirtschaftsjahr] (...) von einzelnen Betrieben und deren Zusammenschlüssen z. B. zu Konzernen (...) vornehmlich in *Geldeinheiten* einschließlich Erläuterungen."[16]

Das Rechnungswesen kann adressatenorientiert in ein internes Rechnungswesen (*management accounting* oder *managerial accounting*) und in ein externes Rechnungswesen (*financial reporting* oder *financial accounting)* unterteilt werden (sog. Zweikreissystem).[17] Das interne Rechnungswesen richtet sich an unternehmens-

[16] Busse von Colbe/Pellens (1998), S. 599, Hervorhebung wie im Original.

[17] Die deutschen und englischen Begriffe werden im weiteren Verlauf der Arbeit synonym verwendet. Ferner wird keine Unterscheidung zwischen internem Rechnungswesen und Controlling vorgenommen; differenzierend dazu vgl. anstatt vieler Messner et al. (2008).

interne Adressaten und umfasst den fortlaufenden Prozess der Planung, Steuerung und Kontrolle einschließlich Dokumentation sowohl finanzieller als auch nicht-finanzieller Größen. Es können ferner einzelne Steuerungsinstrumente (*management accounting systems*) unterschieden werden, die sich aus dem internen Rechnungswesen ableiten lassen und für bestimmte Zwecke konzipiert sind.[18] Ein Steuerungsinstrument mit einer strategischen Ausrichtung, das den Zielen der Aktionäre (*shareholder*) im Sinne einer Maximierung ihres eingesetzten Eigenkapitals (*shareholder value*) verpflichtet ist, stellt die wertorientierte Unternehmenssteuerung bzw. *value-based management* (VBM) dar.[19] Bis zum heutigen Zeitpunkt hat sich die wertorientierte Unternehmenssteuerung zu einem der populärsten Steuerungsinstrumente entwickelt.[20]

Das externe Rechnungswesen richtet sich an unternehmensexterne Akteure und unterliegt in seiner Form und in seinem Inhalt regulatorischen Auflagen. Der Einzel- und der Konzernabschluss sind die beiden zentralen Abbildungselemente des externen Rechnungswesens. Sie basieren für deutsche Unternehmen grundsätzlich auf den gesetzlichen Regelungen des Handelsgesetzbuchs (HGB). Ausgelöst durch verschiedene Internationalisierungsentwicklungen sind mittlerweile die deutschen kapitalmarktorientierten Unternehmen von ihrer Pflicht, einen HGB-Konzernabschluss aufzustellen, befreit. Stattdessen gilt die Verpflichtung, den Konzernabschluss nach internationalen Rechnungslegungsstandards aufzustellen. Dazu zählen die vom *International Accounting Standards Board* (IASB) herausgegebenen *International Accounting Standards* (IAS), die seit 2001 unter dem Begriff *International Financial Reporting Standards* (IFRS) firmieren,[21] und die vom *Financial Accounting Standards Board* (FASB) herausgegebenen *United States Generally Accepted Accounting Principles* (US GAAP).

---

[18] Vgl. so die Definition eines *Management Accounting Systems* bei Chenhall (2003), S. 129. Im Verlauf dieser Arbeit wird der englische Begriff *Management Accounting System* mit Steuerungssystem übersetzt. Ein Steuerungsinstrument umfasst den fortlaufenden Prozess der Planung, Steuerung und Kontrolle einschließlich Dokumentation eines Unternehmens.

[19] Grundlegend vgl. Rappaport (1998). Vgl. Cadez/Guilding (2008), S. 838-839, mit einer Auflistung verschiedener strategischer Steuerungsinstrumente (*strategic management accounting techniques*).

[20] Internationale Studien und Meta-Analysen zum VBM liefern u. a. Ittner/Larcker (2001); Malmi/Ikäheimo (2003); Ryan/Trahan (2007). Studien zum Umsetzungsstand von VBM in Deutschland bieten u. a. Aders/Hebertinger (2003); Afra/Aders (2000); Homburg/Toksal/Gödde (2004).

[21] Im weiteren Verlauf der Arbeit wird einheitlich der Begriff IFRS verwendet, auch wenn ein Zeitraum vor der Umfirmierung angesprochen wird. Werden deutsche Begriffe verwendet, werden die Begriffe der offiziellen deutschen Übersetzung aus den von der EU anerkannten IFRS genutzt. Ebenso zu dieser Vorgehensweise vgl. Ballwieser/Küting/Schildbach (2004), S. 530, Fußnote 2.

Das interne und externe Rechnungswesen können sich hinsichtlich des Ansatzes, der Bewertung und des Ausweises von Geschäftsvorfällen unterscheiden und so eine Divergenz im Ergebnis hervorrufen. Der Hintergrund für diese mögliche Divergenz ist, dass beide Rechnungswesenkreise durch ihren jeweiligen Rechnungszweck beeinflusst werden, der wiederum auf den Inhalt des Rechnungswesens wirkt: „Der Rechnungszweck bestimmt über das Rechnungsziel den Rechnungsinhalt.“[22] Als Rechnungszweck gelten die Funktionen, die mit der Errichtung eines Rechnungswesens verbunden sind. Grundlegend gelten die Entscheidungsfunktion und die Verhaltenssteuerungsfunktion als Funktionen des internen Rechnungswesens.[23] Damit wird einerseits gefordert, dass das interne Rechnungswesen als Informationsinstrument für das Management fungiert und damit den Entscheidungsprozess des Management unterstützt. Andererseits soll das interne Rechnungswesen Informationen an das Management liefern, die dieses dazu nutzt, die Entscheidungen anderer innerhalb des Unternehmens zu beeinflussen. Die Funktionen des externen Rechnungswesens nach HGB bestehen in der Zahlungs- und Steuerbemessung und in der Informationsversorgung unternehmensexterner Akteure. Das externe Rechnungswesen nach IFRS hingegen konzentriert sich vollständig auf seine Funktion, entscheidungsnützliche Informationen an unternehmensexterne Akteure zu übermitteln.[24] Ein Rechnungszweck, der allen Rechnungswesensystemen voransteht, ist die Informationsvermittlung. Das Rechnungsziel setzt die mit dem Rechnungszweck verbundenen (unkonkretisierten) Informationswünsche in beobachtbare Größen um. Die Adressaten sind an bestimmten Zielgrößen interessiert, die den Rechnungsinhalt determinieren. Diese Zielgrößen können sich für interne und externe Adressaten unterscheiden, sodass sich unterschiedliche Rechnungsinhalte und damit Rechensysteme ergeben können. Beide Rechensysteme können (weitestgehend) unabhängig nebeneinander geführt werden. So erwarten die Entscheidungsträger innerhalb eines Unternehmens, dass das interne Rechnungswesen unverfälschte Informationen über das betriebliche Geschehen für den Entscheidungsprozess bereitstellt. Hingegen können die Informationen über das betriebliche Geschehen für externe Rechnungslegungszwecke verzerrt sein, wenn beispielsweise Wahlrechte oder Ermessensspielräume in die Bilanzierung zugunsten einer Verbesserung der Kapitalgebersituation ausgenutzt werden.

---

[22] Schneider (1997), S. 45. Dieser Grundsatz wird auch unter „*different costs for different purposes*“ diskutiert. Vgl. anstatt vieler Simons/Weißenberger (2008b).

[23] Vgl. Ewert/Wagenhofer (2008), S. 6.

[24] Zum Zweck der externen Rechnungslegung nach HGB vgl. Pellens et al. (2008), S. 12-13, und nach IFRS vgl. Pellens et al. (2008), S. 112-113; IFRS F.12.

Die Zweiteilung des Rechnungswesens galt jahrzehntelang als fester Bestandteil der deutschen Betriebswirtschaftslehre. Anfang der 1990er-Jahre jedoch begann die Diskussion um den Nutzen und die Notwendigkeit der parallel nebeneinander geführten Rechensysteme.[25] Es mehrten sich die Ankündigungen großer deutscher Unternehmen, diese Zweiteilung aufzugeben und stattdessen die Rechnungswesensysteme zu vereinheitlichen. Die Vereinheitlichung bzw. der Prozess der Vereinheitlichung des internen und externen Rechnungswesens wird als Harmonisierung bezeichnet. Ein vollständig intern und extern vereinheitlichtes Rechnungswesen gilt als vollständig harmonisiertes Rechungswesen.[26]

Zwei wesentliche Entwicklungen, die der Diskussion um die Harmonisierung vorangingen, sind zum einen die verstärkte internationale Ausrichtung des externen Rechnungswesens und zum anderen die vermehrte Popularität der wertorientierten Unternehmenssteuerung. Diese drei Themenkomplexe – die Internationalisierung des externen Rechnungswesens, die wertorientierte Unternehmenssteuerung und die Harmonisierung von internem und externem Rechnungswesen – werden in den nachfolgenden Abschnitten überblicksartig erläutert.

2.2 Internationalisierung des externen Rechnungswesens

Der zunehmende Kapitalbedarf deutscher Unternehmen, der nicht ausschließlich über den nationalen Kapitalmarkt gedeckt werden kann, das Bedürfnis einer verbreiteten internationalen Bekanntheit und die Internationalisierung der Gütermärkte lösten zu Beginn der 1990er-Jahre das gesteigerte Interesse deutscher Unternehmen an internationalen Kapitalmärkten aus.[27] Dieser Prozess der Internationalisierung ist unmittelbar mit der Anforderung an die Unternehmen verbunden, einen an den Bedürfnissen und an das Verständnis internationaler Investoren ausgerichteten Konzernabschluss nach international anerkannten Rechnungslegungsstandards wie den IFRS oder US GAAP zu erstellen. So war das Vorhaben, an der New York Stock Exchange (NYSE) gelistet zu werden, für die Daimler-Benz AG (heute Daimler AG) im Jahr

[25] Für die Breite der Diskussion vgl. beispielhaft die Herausgabe von Sonderheften der Zeitschrift für betriebswirtschaftliche Forschung im Jahr 1995 (Sonderheft Nr. 34) und im Jahr 1999 (Sonderheft Nr. 42), der Zeitschrift Controlling im Jahr 1997 (Sonderheft Nr. 4), der Zeitschrift Kostenrechnungspraxis im Jahr 1999 (Sonderheft Nr. 3). Zudem war die Harmonisierung jüngst das Thema eines Symposiums der VHB Tagung 2008 mit anschließenden Veröffentlichungen in der Zeitschrift Betriebswirtschaftliche Forschung und Praxis (Heft 2).

[26] Statt einer *vollständigen* Harmonisierung ist eine *partielle* Harmonisierung denkbar, bei der eine Trennung des internen und externen Rechnungswesens in einzelnen Bereichen verbleibt. Vgl. ausführlich Haas (2009), S. 48-81; ebenso Simons/Weißenberger (2008a), S. 142-143.

[27] Zur gesteigerten Internationalisierung vgl. Pellens et al. (2008), S. 40-45.

1993 an die Bedingung geknüpft, zusätzlich zum Konzernabschluss nach HGB einen Konzernabschluss nach US GAAP oder zumindest eine Überleitungsrechnung vom handelsrechtlich aufgestellten Konzernabschluss zu einem Konzernabschluss nach US GAAP aufzustellen.[28] Mit diesem Vorstoß war die Daimler-Benz AG zu diesem Zeitpunkt das erste deutsche Unternehmen, das eine Doppelerstellung des Konzernabschlusses auf sich nahm. Als Pendant zur Daimler-Benz AG gilt die Puma AG, die die Vorreiterrolle für die Umstellung auf IFRS im Jahr 1993 einnimmt.

Nach diesen ersten freiwilligen Vorstößen wurde die eigentliche Umstellungswelle auf die internationale Rechnungslegung durch veränderte rechtliche Grundlagen eingeläutet.[29] Der deutsche Gesetzgeber hat auf die fortschreitenden Internationalisierungsbestrebungen der Konzerne reagiert, indem er im Jahr 1998 die bis zum 31. Dezember 2004 befristet geltende Regelung des § 292a HGB durch das Kapitalaufnahmeerleichterungsgesetz (KapAEG) einführte. Danach wurden deutsche börsennotierte Mutterunternehmen von der Aufstellung eines Konzernabschlusses nach HGB befreit, sofern sie einen Konzernabschluss nach international anerkannten Rechnungslegungsvorschriften (wie IFRS oder US GAAP) aufstellten. Der Bereich der Unternehmen, für die diese Befreiungsvorschrift greift, wurde im Jahr 2000 durch das Kapitalgesellschaften und Co-Richtlinien Gesetz (KapCoRiLiG) erweitert. Weitere gesetzliche Regelungen waren u. a. die Gründung des Neuen Markts als ein Börsensegment speziell für neue Technologien im Jahr 1997, das als Voraussetzung für ein Listing in diesem Segment einen Konzernabschluss nach IFRS oder US GAAP vorschrieb. Einen Höhepunkt erreichte die Internationalisierungsinitiative mit der am 19. Juli 2002 durch die EU-Kommission verabschiedete EU-Verordnung Nr. 1606/2002. Die Übernahme der EU-Verordnung in deutsches Recht erfolgte mit der Verabschiedung des Bilanzrechtsreformgesetzes (BilReG) am 4. Dezember 2004.

Die EU-Verordnung verpflichtet kapitalmarktorientierte EU-Unternehmen, seit dem 1. Januar 2005 einen Konzernabschluss nach IFRS aufzustellen. Für Unternehmen, die lediglich Fremdkapital aufnehmen, und für Unternehmen, die an einer Nicht-EU-Börse notiert sind (z. B. an der NYSE) und einen Konzernabschluss nach Nicht-EU-Standard (z. B. US GAAP) aufstellen, bestand eine Übergangsfrist bis 2007.[30] Mittlerweile sind demnach alle kapitalmarktorientierten EU-Unternehmen zur Aufstellung eines IFRS-Konzernabschlusses verpflichtet. Die Erlassung der EU-Verordnung und ihre

[28] Für eine Auseinandersetzung des Daimler-Benz AG-Listings an der NYSE vgl. Radebaugh/Gebhardt/Gray (1995).

[29] Vgl. Pellens et al. (2008), S. 45-52, zu den Erläuterungen der nachfolgenden Abschnitte.

[30] Vgl. EU-Verordnung, Art. 4 i. V. m. Art. 9.

Anerkennung in mittlerweile über 100 Ländern bzw. ihre Umsetzung bei über 7.000 Unternehmen, darunter über 900 in Deutschland, hat den IFRS auf dem internationalen Parkett enorme Bedeutung beschert.[31]

In Zusammenhang mit der zunehmenden, über europäische Grenzen hinwegreichenden IFRS-Verbreitung wurde mit dem *Memorandum of Understanding* bzw. dem *Norwalk Agreement* im Jahr 2002 die Initiative des IASB und des FASB gegründet, die beiden Normensysteme IFRS und US GAAP zusammenzuführen. In den Jahren 2006 und 2008 wurde diese Absicht des IASB und FASB erneut bestätigt. Diese Absichtserklärung setzt sich die Entwicklung qualitativ hochwertiger Rechnungslegungsstandards zum Ziel, die sowohl für nationale als auch für grenzüberschreitende Finanzberichterstattung genutzt werden.[32] Es sollen einheitliche bzw. vergleichbare[33] Rechnungslegungsstandards durch die Reduzierung unterschiedlicher Ansatz-, Bewertungs- und Ausweisregelungen entstehen, sodass die Unternehmen international auf den Kapitalmärkten zu gleichen Wettbewerbsbedingungen um Finanzmittel werben und das Listing an internationalen Börsenplätzen vereinfacht wird.[34] Dieser Prozess der Vereinheitlichung bzw. die Vereinheitlichung der externen Rechnungslegungsvorschriften IFRS und US GAAP wird als Konvergenz bezeichnet. Wesentliche Meilensteine der Konvergenzbestrebungen von IASB und FASB sind die Durchführung und teilweise bereits der Abschluss gemeinsamer Konvergenzprojekte. Auf der anderen Seite ergibt sich als Folge dieser Konvergenzbestrebungen, dass sich das IASB und damit die IFRS momentan in der größten Umbruchphase ihrer noch jungen Geschichte befinden.[35]

Die aufgezeigten Entwicklungen im externen Rechnungswesen haben verschiedenste Forschungsschwerpunkte entstehen lassen. So bieten aus Sicht der Financial Accounting-Forschung u. a. die Umstellung von nationalen Rechnungslegungs-

---

31 Vgl. EU-Kommission (2008), S. 4-5. Diese Statistik bezieht sich auf das Jahr 2005.

32 Vgl. FASB/IASB (2002); FASB/IASB (2008).

33 Während eine Vereinheitlichung eine vollständige Eliminierung bestehender Unterschiede zwischen IFRS und US GAAP bedeutet, bleiben gewisse Unterschiede bei einer Vergleichbarkeit der Standards bestehen. Grundsätzlich besteht das Ziel des IASB und des FASB darin, die Unterschiede zwischen den IFRS und US GAAP zu minimieren und die Standards als gleichwertige und nebeneinander existierende Standards zu akzeptieren. Vgl. Pellens et al. (2008), S. 86.

34 Vgl. Baker/Barbu (2007), S. 275. Ein erzielter Meilenstein ist u. a., dass die amerikanischen Börsenaufsichtsbehörde SEC für ausländische, an der NYSE gelistete Unternehmen keine Überleitungsrechnung nach US GAAP mehr einfordert. Stattdessen reicht die Vorlage eines Konzernabschlusses aus, der nach den vom IASB original erlassenen IFRS aufgestellt wurde. Vgl. SEC (2007).

35 Unter dem Projekttitel *Annual Improvement Project* veröffentlicht das IASB regelmäßig den aktuellen Stand der Konvergenzprojekte.

standards (z. B. HGB) auf IFRS und die sich daraus ergebenen ökonomischen Konsequenzen, die Konvergenzbewegungen von IFRS und US GAAP sowie die fortlaufenden Änderungen der IFRS und US GAAP exzellente Forschungsgrundlagen.[36]

2.3 Wertorientierte Unternehmenssteuerung

Mit der Internationalisierung des externen Rechnungswesens hat auch im internen Rechnungswesen eine Bedeutungsverschiebung stattgefunden. Während in der traditionellen internen Unternehmenssteuerung die Bereitstellung intern benötigter Informationen im Vordergrund stand, die sich primär auf den Produktionsprozess bezogen,[37] steigt mit der vermehrten Kapitalmarktorientierung das interne Interesse an dem Unternehmenswert und seiner Veränderung.

Die Unternehmen sind auf den internationalen Kapitalmärkten verstärkt dem Wettbewerb um die Ressource Kapital ausgesetzt. Die Eigenkapitalgeber (*shareholder*) werden dadurch zu einer umworbenen Zielgruppe der Unternehmen. Zur Steigerung ihrer Investitionsaktivitäten erhalten ihre Interessen einen stärkeren Einfluss auf die interne Unternehmenssteuerung. Diese Interessen werden allgemein in einer Maximierung des eingesetzten Eigenkapitals (*shareholder value*) angesehen. Die Eigenkapitalgeber orientieren sich dementsprechend bei ihren Investitionsentscheidungen an einer langfristigen Wertsteigerung des Eigenkapitals bzw. allgemein einer langfristigen Unternehmenswertsteigerung.

Auf dieser Zielsetzung baut das ursprünglich aus den USA stammende Konzept der wertorientierten Unternehmenssteuerung bzw. des *value-based management* (VBM) auf, welches Mitte der 1990er-Jahre vor allem durch Alfred Rappaport bekannt wurde. Das von ihm vorgestellte Shareholder Value-Konzept beruht auf der Idee, das Ziel der Eigenkapitalgeber – die Maximierung ihres eingesetzten Eigenkapitals – als primäres Unternehmensziel zu übernehmen und in den Mittelpunkt der Unternehmenssteuerung zu stellen. Für das Management bedeutet eine Ausrichtung der Unternehmenssteuerung an den Zielen der Eigentümer eine Bindung an die Entscheidungsregel, dass nur

---

[36] Die Beiträge in der internationalen Financial Accounting-Forschung sind vielfältig. Vgl. anstatt vieler Baker/Barbu (2007); Daske et al. (2008).

[37] Vgl. Ewert/Wagenhofer (2007), S. 1035-1037, zur traditionellen deutschen Kostenrechnung, sowie Christensen/Wagenhofer (1997) mit ihrem Editorial, in dem sie Beiträge zur deutschen Kostenrechnungstradition ansprechen.

diejenigen Strategien mit einem positiven Beitrag zur Unternehmenswertsteigerung zu verfolgen sind.[38]

Mittlerweile hat sich die wertorientierte Unternehmenssteuerung zu einem fest etablierten strategischen Steuerungsinstrument kapitalmarktorientierter Unternehmen entwickelt. Beim VBM-Ansatz handelt es sich um ein ganzheitliches Steuerungs- und Führungskonzept, welches an der Konzernspitze ansetzt und in sämtliche Bereiche im Konzern- und Unternehmensverbund bis zur operativen Bereichsebene eingebunden wird. Das Konzept dient der Beurteilung mehrperiodischer strategischer Handlungsoptionen sowie der Steuerung des unterjährigen operativen Geschäfts. Es wird eine direkte Verbindung zwischen der internen strategischen und operativen Steuerung und der externen Wertsteigerung geschaffen. Als Rahmenbedingungen für diese durchgängige Wertorientierung gelten ein wertorientiertes Anreiz- und Entgeltsystem und eine wertorientierte Kommunikation gegenüber dem Kapitalmarktpublikum.[39] Zusammengefasst stellt der VBM-Ansatz damit ein komplexes und umfassendes Steuerungsinstrument dar, das die zentralen Aspekte Zielsystem, Strategien und Pläne, Zielvorgaben, Entlohnung und Informationsablauf beachtet, das eine unmittelbare Auswirkung auf die Unternehmensleistung hat und dessen Ausgestaltung und Nutzung von externen Umweltbedingungen und internen Organisationsfaktoren bestimmt wird.[40]

Grundsätzlich werden sechs Bausteine identifiziert, die charakteristisch für den VBM-Ansatz und Gegenstand zahlreicher Beiträge in der internationalen Management Accounting-Forschung sind:[41]

1. Identifikation einer wertorientierten Spitzenkennzahl, die das abstrakte Ziel der Unternehmenswertsteigerung operationalisiert
2. Entwicklung von Strategien und Auswahl einer Organisationsstruktur, die mit dem Ziel der Unternehmenswertsteigerung konsistent sind
3. Identifikation von Werttreibern auf operativen Hierarchieebenen, die sich durch Aufspaltung der wertorientierten Spitzenkennzahl ergeben bzw. zu dieser hinführen

[38] Vgl. grundlegend Rappaport (1998). Die erste Auflage dieses Buchs ist bereits 1986 erschienen. Mittlerweile ist die ausschließliche Shareholder-Orientierung einer Stakeholder-Perspektive gewichen, bei der auch andere Interessengruppen, wie die Mitarbeiter, das Management, Kunden und Lieferanten, berücksichtigt werden.

[39] Vgl. Coenenberg/Salfeld (2007), S. 250-278.

[40] Vgl. Ittner/Larcker (2001), S. 355, bezogen u. a. auf Otley (1980) und Otley (1999).

[41] Vgl. Ittner/Larcker (2001), S. 353, Abbildung 1, S. 358-395, mit einer ausführlichen Meta-Analyse, deren zentralen Befunde in den nachfolgenden Absätzen überblicksartig wiedergegeben werden.

4. Entwicklung von Handlungsanweisungen, Auswahl von Messgrößen und Aufstellung von Zielen basierend auf der Werttreiberanalyse
5. Überprüfung der Handlungsanweisungen und Überprüfung der Unternehmensleistung
6. Fortlaufende Überprüfung des gesamten Rahmenwerks

Einen zentralen Baustein im VBM-Ansatz bildet der erste Schritt: Es ist eine wertorientierte Spitzenkennzahl auszuwählen, die das Ziel der Unternehmenswertsteigerung operationalisiert und die Anforderungskriterien der internen Unternehmenssteuerung erfüllt.[42] Eine wertorientierte Kennzahl zeichnet sich dadurch aus, dass sie einen engen formal- oder sachlogischen Bezug zur Ermittlungsmethodik des Eigenkapitalmarktwerts bzw. seiner Steigerung aufweist. Für die Berechnung des Eigenkapitalmarktwerts stehen in der betriebswirtschaftlichen Bewertungslehre zahlreiche Verfahren zur Verfügung.[43] Entsprechend existiert eine Vielzahl von wertorientierten Steuerungsgrößen, deren Konzepte alle versprechen, das *ideale* zu sein.[44] Empirische Analysen, die die wertorientierten Kennzahlen auf ihre Zweckmäßigkeit zur Erfüllung der Entscheidungs- und Verhaltenssteuerungsfunktion,[45] auf ihre Eignung zur Wiedergabe der Unternehmenswertsteigerung[46] oder die ihre Verbreitung in der Praxis untersuchen,[47] können indes nicht die Überlegenheit einer Kennzahl bestätigen.

Zur Erreichung des im ersten Schritt gesetzten Ziels der Unternehmenswertsteigerung ist im zweiten Schritt eine zu diesem Ziel passende Unternehmensstrategie und Organisationsstruktur auszuwählen. In der empirischen Management Accounting-Forschung wird zumeist die umgekehrte Wirkungsrichtung analysiert: Werden die Unternehmensstrategie und die Organisationsstruktur als gegeben angenommen, so ist das Steuerungsinstrument der Unternehmen (einschließlich der Festlegung und Operationalisierung des Unternehmensziels) entsprechend auszugestalten. In empirischen Studien wird dabei untersucht, welche Auswirkungen sich aus einer bestimmten Strategie (z. B. Defender- versus Prospektor-Strategie) oder aus einem bestimmten Charakteristikum der Organisationsstruktur (z. B. Dezentralisierung) auf

---

42 Zu den Unzulänglichkeiten traditioneller Kennzahlen vgl. Rappaport (1998), S. 15-38.

43 Zu möglichen Wertkonzeptionen bei der Unternehmensbewertung vgl. grundlegend Kuhner/Maltry (2006), S. 31-52, und mit dem Fazit auf S. 62, dass das investitionstheoretische Discounted Cashflow (DCF)-Verfahren das vorrangig verwendete Unternehmensbewertungskonzept ist. Nach Abzug des Marktwerts des Fremdkapitals ergibt sich der Eigenkapitalmarktwert.

44 In diesem Zusammenhang wurde von Myers (1996) der Ausdruck *Metric Wars* geprägt. Einen Überblick über wertorientierte Kennzahlen und ihren Zusammenhang mit dem Unternehmenswert (bzw. den Unternehmensbewertungsverfahren) bietet u. a. Schultze/Hirsch (2005), S. 35-64.

45 Vgl. anstatt vieler Schultze/Hirsch (2005), S. 65-104; Schumann (2008), S. 102-182.

46 Für einen Überblick vgl. Ittner/Larcker (2001), S. 358-362.

47 Vgl. anstatt vieler Homburg/Toksal/Gödde (2004), S. 8-9.

die Ausgestaltung oder Nutzung eines Steuerungsinstruments und ggf. auf die Unternehmensperformance ergeben. Cadez/Guilding (2008) zeigen beispielsweise auf, dass eine Prospektor-Strategie zu einer vermehrten Nutzung von strategischen Steuerungsinstrumenten führt.[48] Haka (1987) berichtet, dass ein DCF-Verfahren bei einer dezentral organisierten Investitionsplanung effektiver ist.[49]

Im dritten Schritt wird das Ziel der Unternehmenswertsteigerung in die operativen Bereiche heruntergebrochen. Dafür wird die Spitzenkennzahl auf unteren Hierarchieebenen in weitere Kennzahlen und ihre Werttreiber zerlegt. Diese Form der Leistungsmessung und Unternehmenssteuerung anhand finanzieller und nichtfinanzieller Werttreiber auf operativen Hierarchieebenen erfolgt mittels spezieller Kennzahlensysteme. Zu einem der bekanntesten Kennzahlensysteme zählt die Balanced Scorecard.[50] Die Balanced Scorecard erweitert die primär bei Kennzahlensystemen dominierende Finanzperspektive um drei weitere Perspektiven: interne Prozess-, Kunden- und Mitarbeiterperspektive. Damit stellt sie ein Konzept dar, das dem Management den Zusammenhang zwischen operativen Maßnahmen und strategischen Zielen verständlich aufzeigt und einen umfassenden Überblick über die Leistungsfähigkeit des Unternehmens bietet. Forschungsbeiträge aus diesem Bereich haben u. a. den von den Unternehmen empfundenen Nutzen der Balanced Scorecard und die Auswirkung einer Balanced Scorecard-Nutzung auf die Unternehmensperformance untersucht.[51]

Im vierten Schritt werden aus dem Unternehmensziel der Wertsteigerung einschließlich der wertorientierten Kennzahl (aus Schritt 1) und aus den Kennzahlensystemen (aus Schritt 3) Handlungsvorgaben für die Mitarbeiter abgeleitet. Ferner finden die finale Auswahl von Messgrößen aus der Analyse der Werttreiber und die Formulierung der Zielvorgaben statt. Analog zum zweiten Schritt konzentrieren sich die Forschungsbeiträge darauf aufzuzeigen, dass die Wahl von Handlungsanweisungen, von Messgrößen oder von Zielvorgaben von organisationsbezogenen Charakteristika abhängt. Eine fortlaufende Überwachung und ggf. Anpassung der

---

48 Vgl. Cadez/Guilding (2008), S. 851. Einen Überblick über Studien, die die Beziehung zwischen der Unternehmensstrategie und einem Steuerungsinstrument untersuchen, bietet u. a. Langfield-Smith (1997), S. 214-216.

49 Vgl. Haka (1987), S. 43. Eine signifikante Auswirkung der Unternehmensstrategie auf die Effektivität des DCF-Verfahren kann Haka (1987) indes nicht bestätigen. Weitere Beispiele für Management Accounting-Studien, die den Zusammenhang zwischen der Organisationsstruktur (als exogene Variable) und einem Steuerungsinstrument (als endogene Variable) untersucht haben, werden in Abschnitt 4.1.2 aufgeführt.

50 Grundlegend zur Balanced Scorecard vgl. Kaplan/Norton (1996).

51 Vgl. u. a. Davis/Albright (2004); Hoque/James (2000); Ittner/Larcker/Meyer (2003).

beschriebenen Schritte sichert dem Unternehmen die Einhaltung ihres primären Ziels, die Unternehmensperformance und damit langfristig den Unternehmenswert zu steigern (fünfter und sechster Schritt).

2.4 Harmonisierung des internen und externen Rechnungswesens

Die Internationalisierungsentwicklungen im externen Rechnungswesen und Entwicklungen zu einer vermehrten Wertorientierung im internen Rechnungswesen gelten als die beiden zentralen Treiber für die Harmonisierung:[52] Aus Sicht des externen Rechnungswesens hat mit dem Wechsel von der gläubigerschutzorientierten HGB-Rechnungslegung zur IFRS-Rechnungslegung die Übereinstimmung der Rechnungszwecke von internem und externem Rechnungswesen zugenommen. Im internen und externen Rechnungswesen dominiert fortan der Rechnungszweck, entscheidungsnützliche Informationen bereitzustellen. Daneben weisen die Standardsetzer des IASB explizit im IFRS-Rahmenwerk sowie in einzelnen IFRS darauf hin, dass Informationen und Strukturen aus dem internen Rechnungswesen eine „Zweitverwendung" im externen Rechnungswesen erfahren sollen.[53] Aus Sicht des internen Rechnungswesens führt die zunehmende Einbindung der Eigenkapitalgeberinteressen zu einer vermehrten wertorientierten Unternehmenssteuerung. Die Investoren erwarten von den Unternehmen eine an der Steigerung des Unternehmenswerts ausgerichtete Unternehmenssteuerung und eine stetige Kommunikation über die wertorientierte Unternehmenssteuerung. Dadurch erfolgt eine engere Verzahnung der für die externe Kommunikation genutzten Berichterstattung und des internen Rechnungswesens.

Neben diesen beiden zentralen Treibern sprechen zwei weitere Vorteile für die Harmonisierung. Aus Sicht der Praxis besteht ein wesentlicher Vorteil in der Verwendung einer einheitlichen Finanzsprache. So lag für die Siemens AG, die als Pionier in der Harmonisierungsbewegung gilt, ein Beweggrund für die Vereinheitlichung des Rechnungswesens in der Notwendigkeit, eine einheitliche Kommunikationsbasis zu schaffen. Intern bei den nichtdeutschen Mitarbeitern, so die Erläuterung der Siemens AG, wurden die parallel nebeneinander zu führenden Ergebnisrechnungen

[52] Für den nachfolgenden Abschnitt vgl. anstatt vieler Schaier (2008), S. 131-133.

[53] Vgl. Velte (2008), S. 133, mit gleicher Hervorhebung. Vgl. Draft IFRS-Framework, Abschnitt OB25. Für eine Übersicht der IFRS mit Bezug zum internen Rechnungswesen vgl. Weißenberger/Maier (2006), S. 2077-2079. Das Thema der Verzahnung von IFRS und interner Unternehmenssteuerung ist in den letzten Jahren verstärkt in die Diskussion gekommen und war u. a. Schwerpunktthema des Deutschen Betriebswirtschafter Tags der Schmalenbach-Gesellschaft im Jahr 2005 sowie Schwerpunktthema im Sonderheft Nr. 2 der Zeitschrift für Controlling und Management im Jahr 2004.

nicht mit- bzw. nachvollzogen.[54] Die Kommunizierbarkeit der Überleitungsrechnungen zwischen (intern berichtetem) Betriebsergebnis und (extern bilanziertem) Jahresüberschuss führte bei internen und externen Adressaten gleichermaßen zu Problemen und wurde international nicht akzeptiert. Ein vierter Vorteil der Harmonisierung besteht in internen Kosten-Nutzen-Überlegungen. Die Erstellung von zwei parallel nebeneinander zu führenden Ergebnisrechnungen führt zu erhöhten Kosten im Vergleich zu einem Einkreissystem.

Trotz der aufgeführten Vorteile sprechen einige Punkte gegen eine vollständige Harmonisierung. Generell wird mit einer Harmonisierung das Problem verbunden, dass die interne Unternehmenssteuerung für externe Interessenten offen einsehbar ist. Neben der vermehrten Informationsbereitstellung für Investoren, die auch als positive Auswirkung einer Harmonisierung diskutiert wird, sprechen bilanzpolitische Einflüsse sowie Ergebnisschwankungen u. a. durch die Fair Value-Bewertung, die bei einer Harmonisierung auf die interne Steuerung durchschlagen, gegen eine vollständige Harmonisierung.[55] Ferner stellt sich die Frage, ob ein harmonisiertes Rechnungswesen die Funktionen von internem und externem Rechnungswesen gleichermaßen erfüllen kann. Dabei stehen sich die Informationsfunktion des externen Rechnungswesens und die Entscheidungs- sowie Verhaltenssteuerungsfunktion des internen Rechnungswesens gegenüber. Das Ergebnis ausführlicher Analysen, die sich mit dieser Fragestellung beschäftigt haben, besteht darin, dass eine vollständige Harmonisierung nur eingeschränkt und stattdessen eine partielle Harmonisierung realisierbar erscheint.[56]

Die aufgeführten Vor- und Nachteile, die bei der Harmonisierung diskutiert werden, und das Fazit einer eher partiell realisierbaren Harmonisierung haben dazu beigetragen, dass die Harmonisierungsdiskussion mittlerweile differenzierter geführt wird, bspw. angelehnt an die Richtung der Harmonisierung. Nach dem *Top Down Approach* richtet sich die interne Unternehmenssteuerung nach dem externen Rechnungswesen. Externe Finanzkennzahlen werden dabei in der internen Unternehmenssteuerung eingebunden, z. B. als Bezugsgröße für die variable Management-Vergütung. Im

[54] Vgl. Ziegler (1994), S. 177. Die Siemens AG hat im Jahr 1992 die Hinwendung zu einem vereinheitlichten Rechnungswesen noch auf HGB-Basis vollzogen.

[55] Vgl. Günther/Zurwehme (2008), S. 117-118.

[56] So das Fazit bei Hoke (2001), S. 17-21 sowie S. 104-109; Simons/Weißenberger (2008a), S. 156. Eine ausführliche Diskussion zur Eignung der IFRS-Bestandteile und -Zielsetzungen für die interne Unternehmenssteuerung bietet u. a. Haaker (2008), S. 161-313. Empirische Erkenntnisse zur Harmonisierung aus Sicht der deutschen bzw. deutschsprachigen Unternehmenspraxis zeigen u. a. Dorfer/Gaber (2006), S. 22; Haring/Prantner (2005), S. 149-153; Hoke (2001), S. 153-189; Horváth/Arnaout (1997), S. 261-267; Müller (2006), S. 127-250; Pellens/Tomaszewski/Weber (2000), S. 1830.

Gegensatz ist beim *Bottom Up Approach* die externe Berichterstattung auf den vom Management genutzten Informationen und Strukturen fundiert. Dieser Ansatz wird in der internationalen Rechnungslegung als *Management Approach* bezeichnet.[57]

Die Harmonisierungsdiskussion im Verlauf dieser Arbeit konzentriert sich auf den Management Approach. Bevor der Untersuchungsgegenstand und die Forschungsfragen eingegrenzt werden, soll im nächsten Abschnitt ein theoretischer Erklärungsansatz für den Management Approach und damit für das (interne und externe) Rechnungswesen und für die Harmonisierung geboten werden.

2.5 Theoretische Herleitung des Management Approach

Die Prinzipal-Agenten-Theorie bzw. kurz Agency Theorie als Teilgebiet der Neuen Institutionenökonomik fußt auf einem Vertragsverhältnis zwischen einem Prinzipal und einem Agenten.[58] Der Prinzipal beauftragt den Agenten, in seinem Namen eine bestimmte Leistung zu erbringen. Die Leistung des Agenten, die üblicherweise als Arbeitsleistung interpretiert wird, verursacht dem Agenten einen Disnutzen bzw. Opportunitätskosten. Mit der Durchführung der Arbeitsleistung erlangt der Agent einen Informationsvorsprung gegenüber dem Prinzipal, den er für die Durchsetzung seiner eigenen Interessen und zum Ausgleich seiner entstandenen Opportunitätskosten ausnutzen kann, die wiederum im Widerspruch zu den Interessen des Prinzipals stehen können. Das Verhältnis zwischen dem Prinzipal und dem Agenten ist folglich durch asymmetrisch verteilte Informationen und Zieldivergenz geprägt, die in opportunistisches Handeln des Agenten münden kann. Im Extremfall kann es zu einem Abbruch der Vertragsbeziehungen zwischen dem Prinzipal und dem Agenten kommen. Eine Möglichkeit zur Vermeidung dieser Entwicklung besteht darin, dass der Prinzipal den Agenten überwacht und ihm einen Anreiz setzt, einen Informationsvorsprung nicht opportunistisch auszunutzen und stattdessen Entscheidungen in seinem Sinne zu treffen. Die Überwachung und der Ausgleich der Informationsunterschiede zwischen Prinzipal und Agent können durch die Festlegung von auszutauschenden Informationen im Rahmen des Rechnungswesens erfolgen.[59]

Dem externen Rechnungswesen kommt bei der Beziehung zwischen einem Kapitalgeber (Prinzipal) und dem Management (Agent) eine wichtige Funktion zu. Das

---

[57] Vgl. Martin (1997), S. 29; Velte (2008); S. 133-135.

[58] Grundlegend zur Agency Theorie vgl. u. a. Fama (1980); Jensen/Meckling (1976). Eine umfassende theoretische und formale Darstellung der Agency Theorie ist mit diesem Abschnitt nicht beabsichtigt. Stattdessen werden einzelne Zusammenhänge herausgegriffen.

[59] Grundlegend zum Einsatz der Agency Theorie im Rechnungswesen siehe Lambert (2001).

externe Rechnungswesen nach IFRS dient originär dem Informationszweck und damit der Überwindung der Informationsasymmetrie zwischen unternehmensexternen Akteuren und der Unternehmensleitung. Darüber hinaus ist der Inhalt und Umfang der bereitzustellenden Informationen gesetzlich kodifiziert, sodass die Möglichkeiten für opportunistisches Handeln beschränkt sind.[60] Im Gegensatz dazu baut sich das interne Rechnungswesen nach den Vorstellungen des Management auf. Wie bereits erläutert, dient das interne Rechnungswesen der Entscheidungs- und Verhaltenssteuerungsfunktion. Die Verhaltenssteuerungsfunktion soll dazu verhelfen, Zielkonflikte und Informationsasymmetrien zwischen Personen innerhalb des Unternehmens zu vermindern.[61] In einem Konzernverbund ist es üblich, dass Entscheidungen, Verantwortlichkeiten und Zuständigkeiten vom Management auf der Konzernebene (Prinzipal) an das operative Management (Agent) delegiert werden. Durch diese Delegation entsteht innerhalb eines Konzerns eine Prinzipal-Agenten-Beziehung. Mittels eines Steuerungssystems kann es zu einer Verminderung der Informationsasymmetrie und zu einer Zielangleichung zwischen Prinzipal und Agent kommen. Im Kontext einer wertorientierten Unternehmenssteuerung bedeutet dies, dass das VBM-Konzept auf dezentralen Unternehmenseinheiten zielkongruent zu verankern ist und das Management dieser dezentralen Einheiten anhand der wertorientierten Kennzahl (oder ggf. anhand der Werttreiber dieser Kennzahl) beurteilt wird. Eine direkte Verknüpfung zwischen der Kennzahl und Leistung der hierarchischen Organisationseinheit ist dabei ein elementarer Bestandteil. So ausgestaltet kann die wertorientierte Unternehmenssteuerung dem Prinzipal die notwendigen Informationen liefern, die dieser für die Kontrolle des Agenten benötigt. Gleichzeitig dienen die Informationen dem Prinzipal für die Beurteilung der Arbeitsleistung des Agenten. Die Anreizsetzung in Form einer (anreiz-)kompatiblen Entlohnung des Bereichsmanagement (z. B. basierend auf einer Größe aus dem internen Berichtswesen) soll im Umkehrschluss das Bereichsmanagement dazu motivieren, im Sinne des Prinzipals zu handeln.

In einer börsennotierten, diversifizierten Publikumsgesellschaft, die sich durch eine Trennung von Eigentum und Unternehmensleitung auszeichnet, kommt es somit zu der in Abbildung 1 dargestellten zweistufigen Prinzipal-Agenten-Beziehung:

[60] Überblicksartig zur Agency Theorie und externem Rechnungswesen vgl. Wagenhofer (2001).
[61] Überblicksartig zur Agency Theorie und internem Rechnungswesen vgl. Pfaff/Pfeiffer (2001).

Abbildung 1: Theorie des Rechnungswesens: Zweistufige Prinzipal-Agenten-Beziehung[62]

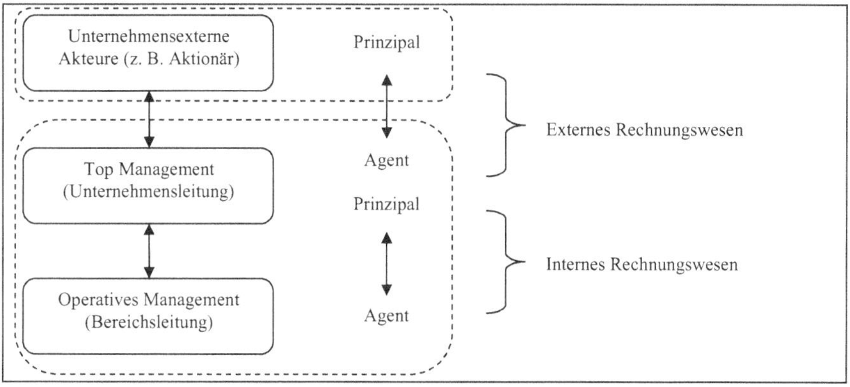

Die Unternehmensleitung agiert sowohl als Agent (in der Beziehung zu unternehmensexternen Akteuren) als auch als Prinzipal (gegenüber dem operativen Management). Bei einem getrennten internen und externen Rechnungswesen und bei nicht bzw. nur schwer ineinander überführbaren Finanzgrößen (von internem und externem Rechnungswesen) kann es sich ergeben, dass die Unternehmensleitung intern nach anderen Größen steuert als die, die nach außen kommuniziert werden. So ist der Fall denkbar, dass mit internen Steuerungsgrößen ein internes Zielvorhaben erreicht wird, jedoch diese Zielerreichung keine oder nicht die gewünschte Auswirkung auf externe Finanzgrößen hat. Die Unternehmensleitung mit ihrer Doppelfunktion steht damit in einem Zielkonflikt zwischen den internen und externen Vorgaben. Es kommt zu einem Bruch in der Zielkongruenz. Eine Möglichkeit zur Herstellung der Zielkongruenz, d. h. in einer übereinstimmenden Zielsetzung und übereinstimmenden Zielgrößen von unternehmensexternen Akteuren, der Unternehmensleitung und der Bereichsleitung, besteht in der Harmonisierung von internem und externem Rechnungswesen.[63]

Der Management Approach als eine Richtung der Harmonisierung knüpft unmittelbar an den Informationsnachteil des unternehmensexternen Akteurs (Prinzipal) an und fordert, dass die Unternehmenssituation im externen Rechnungswesen aus dem Blickwinkel des Management („*through management's eyes*“)[64] dargestellt und somit der

---

[62] In Anlehnung an Müller (2006), S. 89.
[63] Vgl. Müller (2006), S. 90-93.
[64] Martin (1997), S. 29.

Informationsnachteil des Prinzipals gegenüber dem Agenten ausgeglichen wird.[65] Hinter dem Management Approach steht die Idee, dass die für das Management relevanten und verlässlichen Informationen und Strukturen auch für den Adressaten der externen Rechnungslegung entscheidungsnützlich sind. Diese Informationen und Strukturen sind ursprünglich für interne Steuerungszwecke angelegt bzw. erstellt worden und finden ihre Zweitverwendung in der externen Berichterstattung. Entsprechend zählen die Informationen und Strukturen, die ausschließlich der externen Berichterstattung dienen („Erstverwendung"), nicht zum Anwendungsfeld des Management Approach.[66] Übergreifend über alle IFRS wird in IFRS F.11 Folgendes festgelegt: „[D]ie veröffentlichten Abschlüsse basieren auf den vom Management verwendeten Informationen über die Vermögens-, Finanz- und Ertragslage sowie Veränderungen in der Vermögens- und Finanzlage des Unternehmens."[67]

Neben seiner herausragenden Bedeutung zur Minderung der Prinzipal-Agenten-Problematik bietet der Management Approach auch Anlass zur Kritik.[68] Die Umsetzung des Management Approach erweist sich bei den Unternehmen als problematisch, in denen die interne Steuerung nicht oder nicht vollständig die für die externe Berichterstattung benötigten Strukturen oder Informationen vorweist. Indes dürfte der Management Approach bei einem so gestalteten Defizit Motivationsanlass dafür sein, die Unternehmenssteuerung auszubauen und zu verbessern. Ein zweiter Kritikpunkt bezieht sich auf die Möglichkeit, dass die Verlässlichkeit der Informationen aus der internen Steuerung sinkt. Die Unternehmensleitung kann (bilanzpolitisch) dazu

---

[65] Vgl. Velte (2008), S. 134-135.

[66] Vgl. Velte (2008), S. 133-134, Hervorhebung wie Original; Weißenberger/Maier (2006), S. 2077. Der Ursprung des Management Approach wird auf die Einführung des US GAAP-Standards zur Segmentberichterstattung, SFAS 131 *Disclosures about Segments of an Enterprise and Related Information*, im Jahr 1997 zurückgeführt. Vgl. dazu SFAS 131.4: "*The method the Board chose for determining what information to report is referred to as the management approach. The management approach is based on the way that management organizes the segments within the enterprise for making operating decisions and assessing performance. Consequently, the segments are evident from the structure of the enterprise's internal organization, and financial statement preparers should be able to provide the required information in a cost-effective and timely manner.*" Und weiter in SFAS 131.5: "*The management approach facilitates consistent descriptions of an enterprise in its annual report and various other published information. It focuses on financial information that an enterprise's decision makers use to make decisions about the enterprise's operating matters.*"

[67] Aktuell wird das IFRS-Rahmenwerk überarbeitet. Veröffentlicht wurde bisher ein *Exposure Draft* (ED) *Conceptual Framework for Financial Reporting, Chapter 1: The Objective (OB) of Financial Reporting*. Darin heißt es in ED IFRS F.BC1.34 "*The third issue is whether some information in financial reports should be presented in a way that is consistent with how management views the business.*" Der Management Approach findet somit eine aktuelle Beachtung bei der Überarbeitung des IFRS-Rahmenwerks.

[68] Zu diesem Absatz vgl. Velte (2008), S. 135; Weißenberger/Maier (2006), S. 2082-2083.

motiviert werden, solche Änderungen im internen Rechnungswesen vorzunehmen, die für die Unternehmenssteuerung weder entscheidungsnützlich noch anreizverträglich sind, jedoch für das Kapitalmarktpublikum informationsnützlich sind (sog. Zirkularitätseffekt). Ebenso kann das operative Management (bilanzpolitisch) dazu motiviert sein, intern gegenüber der Unternehmensleitung Information verzerrt bzw. verfälscht weiterzuleiten (sog. Manipulationseffekt). Beiden Effekten kann durch effiziente Kontrollen und Anreize entgegengewirkt werden. Die im Rahmen des Management Approach zweitverwendeten Strukturen und Informationen sollten originär für Zwecke der Unternehmenssteuerung erstellt und damit nicht durch bilanzpolitische Überlegungen überlagert sein. Ein weiterer kritischer Aspekt bei der Anwendung des Management Approach mag in einer mangelnden Relevanz und Verlässlichkeit der Informationen für Unternehmensexterne liegen. So kann nicht automatisch aus der Entscheidungsnützlichkeit von Informationen aus dem internen Rechnungswesen auf die Entscheidungsnützlichkeit eben derselben Informationen für externe Kapitalmarktakteure geschlossen werden.

Trotz der aufgezählten Einschränkungen wird dem Management Approach zusammenfassend ein hohes Maß an Relevanz zugesprochen. Es werden dem Kapitalmarktpublikum unmittelbar Informationen und Strukturen des Management präsentiert, die zur Minderung der Informationsunterschiede dienen.

2.6 Zwischenergebnis und Abgrenzung der Arbeit

In den vorangehenden Abschnitten werden die Internationalisierungsentwicklungen im externen Rechnungswesen, die Entwicklungen einer vermehrten wertorientierten Unternehmenssteuerung und die Harmonisierung von internem und externem Rechnungswesen skizziert und die Forschungsschwerpunkte dieser Themengebiete angerissen. Bei diesem Überblick über die Forschung im Financial Accounting und im Management Accounting fällt auf, dass sie weitgehend unabhängig voneinander verläuft. Die Harmonisierungsdiskussion schafft zwar eine Verbindung zwischen den Accounting-Bereichen, jedoch vermag die Harmonisierungsforschung nicht die Lücke einer integrierten Financial und Management Accounting-Forschung zu schließen.[69]

Ein Themengebiet, das zur Schließung dieser Forschungslücke beitragen kann und als ein zentrales Anwendungsfeld des Management Approach nach IFRS gilt, ist die Goodwill-Bilanzierung. Ausgehend von deutschen kapitalmarktorientierten Unternehmen, einer Rechnungslegung nach IFRS und einer wertorientierten Unternehmens-

---

[69] Vgl. Ittner/Larcker (2001), S. 402; Lambert (2007), S. 265. Siehe zudem die Hinweise in Kapitel 1.

steuerung konzentriert sich daher die vorliegende Arbeit auf den Management Approach mit speziellem Fokus auf die Vereinheitlichung von Goodwill-Bilanzierung und wertorientierter Unternehmenssteuerung.[70] Die Begründung für die Eingrenzung des Forschungsbereichs für diese Arbeit findet sich in den nachstehenden Abschnitten.

Die Konzentration der Untersuchung auf deutsche Unternehmen ist durch drei Gründe motiviert. Erstens ist das interne Rechnungswesen deutscher Unternehmen hoch entwickelt und bietet einen idealen Ausgangspunkt für die internationale Forschung.[71] Zweitens sind mit der Übernahme der EU-Verordnung in deutsches Recht sämtliche deutschen kapitalmarktorientierten Unternehmen spätestens seit dem Jahr 2007 verpflichtet, einen Konzernabschluss nach IFRS zu veröffentlichen. Die vorliegende Untersuchung kann daher grundlegende und erstmalige Erkenntnisse zur IFRS-Anwendung in Deutschland aufzeigen. Drittens eignen sich deutsche Unternehmen insbesondere für die Analyse von Fragestellungen zur Harmonisierung der Rechnungswesensysteme. Traditionell ist das deutsche Rechnungswesen durch eine strenge Zweiteilung in internes und externes Rechnungswesen gekennzeichnet. Durch die Vorstöße einer zunehmenden Bedeutung der IFRS und einer zunehmenden Bedeutung der wertorientierten Unternehmenssteuerung hat sich die Harmonisierungsdiskussion in Deutschland zu einem aktuellen Diskussionsthema entwickelt.[72]

Die Annahme der wertorientierten Unternehmenssteuerung ist bei kapitalmarkt- und damit eigenkapitalgeberorientierten Unternehmen gerechtfertigt. Das VBM-Konzept gilt als fest etabliertes Führungskonzept internationaler und kapitalmarktorientierter Unternehmen. Dabei setzt das Konzept der wertorientierten Unternehmenssteuerung auf die langfristige Steigerung des Eigenkapitalmarktwerts und dient damit dem langfristigen Interesse aller Unternehmensbeteiligten.

Die Eingrenzung der Untersuchung auf die Goodwill-Bilanzierung ist zum einen motiviert durch die Akquisitionstätigkeiten deutscher Unternehmen in den vergangenen Jahren und entsprechend durch die zunehmende Bedeutung der Position Goodwill in den Konzernbilanzen. Die Unternehmen sind mehr denn je mit der

[70] Die betrachtete Wirkungswirkung ist dementsprechend die Wirkung der internen wertorientierten Unternehmenssteuerung auf die externe Berichterstattung. Zu einer umgekehrten Integrationsrichtung kritisch und mit Verweis auf entsprechende Literatur vgl. Schumann (2008), S. 318-322. Neben der Goodwill-Bilanzierung wird die Segmentberichterstattung nach IFRS 8 *Operating Segments* als bedeutendes Anwendungsfeld des Management Approach betont. Vgl. u. a. Velte (2008), S. 136-137.

[71] Vgl. Christensen/Wagenhofer (1997); Ewert/Wagenhofer (2007), S. 1035; Messner et al. (2008); Wagenhofer (2006).

[72] Hinweise zu Sonderheften, Veröffentlichungen und Tagungen finden sich in den Fußnoten der vorangehenden Abschnitte.

Herausforderung konfrontiert, den Goodwill als zentrale Größe sowohl im internen als auch im externen Rechnungswesen zu betrachten.[73] Neben ihrer Bedeutung für die Unternehmenspraxis ist die Goodwill-Bilanzierung auch durch seine ständige Reformierung seit Jahren für die Financial Accounting-Forschung von höchstem Interesse.[74]

Einzig aus Sicht der Management Accounting-Forschung finden sich nur wenige wissenschaftliche Beiträge, die die Verbindung zwischen der Goodwill-Bilanzierung und der wertorientierten Unternehmenssteuerung behandeln.[75] Die vorliegende Arbeit knüpft daher an die Forschungslücke an und leistet einen Beitrag zur Management Accounting-Forschung. Aus Sicht der Management Accounting-Forschung ergibt sich die Frage, welche Überschneidungen sich zwischen der Goodwill-Bilanzierung und den internen Steuerungsinstrumenten bzw. internen Strukturen ergeben, ob eine vollständige Einbindung der Goodwill-Bilanzierung in die interne wertorientierte Unternehmenssteuerung möglich ist, von welchen Faktoren diese Einbindung abhängt und welche ökonomischen Konsequenzen sich an diese Einbindung anschließen.

Um zu verdeutlichen, dass die Goodwill-Bilanzierung und die wertorientierte Unternehmenssteuerung als ein Anwendungsfeld des Management Approach für die Arbeit ausgewählt werden, wird der Begriff Integration eingeführt. Noch recht weit gefasst, wird Integration als die Übereinstimmung von Strukturen, Informationen und Methoden der Goodwill-Bilanzierung und der wertorientierten Unternehmenssteuerung definiert.[76]

---

[73] Zur Bedeutung des Goodwill in der Unternehmenspraxis vgl. Küting (2006); Küting (2007); Küting (2008).

[74] Zur Goodwill-Bilanzierung in der internationalen Financial Accounting-Forschung vgl. anstatt vieler Kuhner (2008), S. 26-32.

[75] Monografien, die sich mit der Thematik der Goodwill-Bilanzierung nach IFRS und der wertorientierten Unternehmenssteuerung auseinandergesetzt haben, sind u. a. Haaker (2008); Haas (2009); Schumacher (2008). Einen Überblick über die Behandlung dieser Thematik in der wissenschaftlichen Literatur bietet Haas (2009), S. 9-11.

[76] Der Begriff Integration wird unter vielfältigen Definitionen geführt. In dieser Arbeit soll der Begriff explizit zur Harmonisierung im Allgemeinen und zur Konvergenz externer Rechnungslegungssysteme abgrenzen. Zur Verwendung des Begriffs Integration in anderen Forschungsrichtungen vgl. Barki/Pinsonneault (2005), S. 166. Bei den Autoren wird Integration definiert als „*the extent to which distinct and interdependent organizational components constitute a unified whole*".

3 Integrationspotenzial von Goodwill-Bilanzierung und wertorientierter Unternehmenssteuerung

Das Ziel des dritten Kapitels ist es, das Integrationspotenzial der Goodwill-Bilanzierung und der wertorientierten Unternehmenssteuerung aufzudecken, zu analysieren und einzugrenzen sowie konkrete Forschungsfragen abzuleiten. Die Goodwill-Bilanzierung ist unmittelbar an die bilanzielle Behandlung eines Unternehmenszusammenschlusses (*business combinations)* geknüpft. Daher werden in Abschnitt 3.1 zunächst kurz das Projekt *Business Combinations* und anschließend die Goodwill-Bilanzierung dargestellt. Im Rahmen dieser Ausführungen werden einzelne Teilaspekte der Goodwill-Bilanzierung hervorgehoben, um so die Integrationspotenziale abzuleiten. Diese Integrationspotenziale werden in Abschnitt 3.2 näher analysiert. Als Ergebnis wird der Begriff Integration für die weitergehende Untersuchung näher spezifiziert. Das Kapitel schließt in Abschnitt 3.3 mit der Ableitung der konkreten Forschungsfragen.

3.1 Goodwill-Bilanzierung nach IFRS 3/IFRS 3R und IAS 36

3.1.1 Das Projekt Business Combinations

Mit der Veröffentlichung der US-amerikanischen Standards SFAS 141 *Business Combinations* und SFAS 142 *Goodwill and Other Intangible Assets* im Juli 2001 hat das IASB begonnen, die Bilanzierung von Unternehmenszusammenschlüssen nach IFRS zu überarbeiten und das entsprechende Projekt *Business Combinations* in seine Arbeitsagenda aufgenommen. Spätestens seitdem gehört die Bilanzierung von Unternehmenszusammenschlüssen (und damit zusammenhängend die Bilanzierung des im Rahmen eines Unternehmenszusammenschlusses entstandenen Goodwill bzw. Geschäfts- oder Firmenwerts) zu den zentralen Diskussionsthemen der internationalen Rechnungslegung.[77]

Das wesentliche Ziel des IASB mit der Einberufung eines Projekts bestand in der Erreichung einer internationalen Konvergenz der Standards zu Unternehmenszusammenschlüssen und zur Folgebewertung des Goodwill sowie der immateriellen Vermögensgegenstände, die im Rahmen von Unternehmenszusammenschlüssen

[77] Mit einem historischen Überblick über die Entwicklung der Goodwill-Bilanzierung u. a. in Deutschland vgl. Ding/Richard/Stolowy (2008).

erworben wurden. Schon zu Beginn des Projekts wurde deutlich, dass dieses Ziel nur in mehreren Phasen umzusetzen war. Zunächst wurden zwei Projektphasen unterteilt, deren Zielsetzungen und wesentliche Ergebnisse in den nächsten Abschnitten kurz dargestellt werden.

3.1.1.1 Phase 1 des Projekts: 2001 bis 2004

Die im Juli 2001 vom IASB ins Leben gerufene erste Projektphase hat sich zum Ziel gesetzt, die Definition und die bilanzielle Darstellung von Unternehmenszusammenschlüssen zu behandeln. Gleichzeitig sollten die Vorschriften zum Ansatz und zur Bewertung des Goodwill sowie der immateriellen Vermögenswerte überarbeitet werden.[78]

Als Ergebnis der ersten Phase wurde am 31. März 2004 der IFRS 3 *Business Combinations* veröffentlicht, der den existierenden Standard IAS 22 *Business Combinations* ersetzte. Zudem wurden Korrekturen zu den bestehenden Standards IAS 36 *Impairment of Assets* (*revised* 2004) und IAS 38 *Intangible Assets* (*revised* 2004) veröffentlicht. Am 29. Dezember 2004 erfolgte die rechtskräftige Übernahme der drei Standards in europäisches Recht und galt damit ab dem 1. Januar 2005 für deutsche kapitalmarktorientierte Unternehmen. Aufgrund der eher allgemein gehaltenen Anwendungshinweise in IFRS 3 wurde am 18. Oktober 2005 vom Institut der Wirtschaftsprüfer (IDW) eine Hilfestellung für die praktische Anwendung des IFRS 3 herausgegeben: die Stellungnahme IDW RS HFA 16 Bewertungen bei der Abbildung von Unternehmenserwerben und bei Werthaltigkeitsprüfungen nach IFRS.[79]

Ein Unternehmenszusammenschluss wird nach IFRS 3.4 als „Zusammenführung von separaten Unternehmen oder Geschäftsbetrieben in ein Bericht erstattendes Unternehmen“ definiert. Bilanziell ist ein Unternehmenszusammenschluss nach der Erwerbsmethode zu behandeln, die nach IFRS 3.16 drei Schritte vorsieht:

1. Identifikation des Erwerbers,
2. Bestimmung der Anschaffungskosten, insbesondere des Anschaffungs- bzw. Kaufpreises und der Anschaffungsnebenkosten, und
3. Durchführung der Kaufpreisallokation: Die Anschaffungskosten sind auf die erworbenen Vermögenswerte, Schulden und Eventualverbindlichkeiten zu

[78] Vgl. IASB (2008), S. 7.

[79] Die Verlautbarungen des IDW unterstützen die Wirtschaftsprüfer bei der Befolgung der internationalen Rechnungslegungsstandards mit dem Ziel, ein einheitliches und hochwertiges Qualitätsniveau zu gewährleisten.

verteilen unter der Voraussetzung, dass zum Erwerbszeitpunkt sämtliche im Rahmen des Unternehmenszusammenschlusses erworbenen und identifizierbaren Vermögenswerte (einschließlich immaterieller Vermögenswerte) und Schulden sowie Eventualverbindlichkeiten zum beizulegenden Zeitwert bzw. *Fair Value*[80] bewertet werden.

Im dritten Schritt werden sämtliche stillen Reserven und Lasten unabhängig von der Beteiligungsquote aufgedeckt. Bei einem Erwerb von weniger als 100 % der Unternehmensanteile enthalten diese somit auch einen nicht-beherrschenden Anteil am erworbenen Unternehmen, der zu ermitteln und als separater Posten „Minderheitenanteil" in der konsolidierten Konzernbilanz des erwerbenden Unternehmens auszuweisen ist.[81]

Verbleibt eine positive[82] Residualgröße bei der Gegenüberstellung der Anschaffungskosten für das erworbene Unternehmen und den zum Fair Value bewerteten anteiligen Vermögenswerten, Schulden und Eventualverbindlichkeiten – bezeichnet als Nettovermögen –, so ist diese Differenz nach IFRS 3.51b im Erwerbszeitpunkt als Goodwill zu aktivieren. Der Goodwill wird dabei auf den Goodwill-Anteil begrenzt, der dem beherrschenden Anteil am Unternehmen zugehörig ist, indem sich der Goodwill als Differenz zwischen dem Kaufpreis und dem anteiligen Nettovermögen (bezogen auf den Mehrheitseigentümer) ermittelt.[83]

Im Ergebnis stellt der Goodwill ein Gemisch unterschiedlicher immaterieller Werttreiber dar, die nicht einzeln aktiviert werden können: "*In the case of acquired goodwill, its value arises from the collection of assembled assets that make up an acquired entity or the value created by assembling a collection of assets through a business combination, such as the synergies that are expected to result from*

80 Die Fair Value-Bewertung ist eine zentrale Säule der internationalen Rechnungslegung. Im Mai 2009 hat das IASB mit der Veröffentlichung des ED *Fair Value Measurements* eine erste konzeptionelle Grundlage für eine einheitliche, standardübergreifende Fair Value-Bestimmung vorgestellt. Der ED ist in weiten Teilen an SFAS 157 *Fair Value Measurements* angelehnt. Zu einer Übersicht über den Einsatz des Fair Value in ausgewählten IFRS vgl. Ballwieser/Küting/Schildbach (2004), S. 532-533.

81 Vgl. IAS 27.22. Nach IFRS 3.A ist der Minderheitenanteil definiert als „[d]er Teil des Ergebnisses und des Nettovermögens eines Tochterunternehmens, der auf Anteile des Eigenkapitals entfällt, die nicht direkt vom Mutterunternehmen oder nicht indirekt über andere Tochterunternehmen vom Mutterunternehmen gehalten werden.".

82 Bei einer negativen Differenz ist diese zunächst auf ihre Richtigkeit hin zu überprüfen und anschließend erfolgswirksam zu erfassen (sog. *bargain purchase*). Vgl. IFRS 3.56.

83 IFRS 3.36 i. V. m. IAS 27.22.

combining two or more entities or businesses."[84] Im Kern besteht der Goodwill somit aus den erwarteten Synergien des Unternehmenszusammenschlusses.[85]

Abbildung 2 veranschaulicht die Entstehung des Goodwill nach IFRS 3.

Abbildung 2: Goodwill-Bilanzierung: Entstehung des Goodwill nach IFRS 3

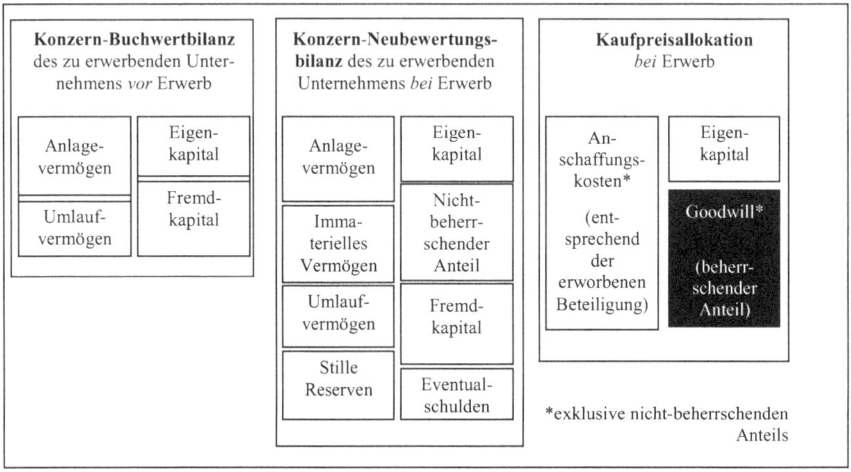

Ein wesentlicher Meilenstein des IFRS 3 besteht darin, dass seit seiner Gültigkeit sämtliche Unternehmenszusammenschlüsse verpflichtend nach der Erwerbsmethode zu bilanzieren sind und die Anwendung der Interessenzusammenführungsmethode (*pooling of interest-method,* kurz *Pooling*-Methode) verboten wird. Ein *Merger of Equals* – wie er noch zur Entstehung der DaimlerChrysler AG im Jahr 1998 möglich war – ist nicht mehr zulässig. Die primäre Begründung für die ausschließliche Konzentration auf die Erwerbsmethode ist die Auffassung der Standardsetzer, dass bei jedem Unternehmenszusammenschluss eindeutig ein Erwerber identifiziert werden kann. In der Vergangenheit kam es vermehrt zu einer missbräuchlichen Anwendung der Pooling-Methode. Diese Methodik wurde vielfach für vorteilhafter erachtet, da zum Zeitpunkt des Unternehmenszusammenschlusses ein entstandener Goodwill erfolgsneutral mit den Rücklagen verrechnet werden konnte. In den Folgeperioden fielen somit keine Goodwill-Abschreibungen an, die das Konzernergebnis negativ beeinflusst haben.[86]

[84] IFRS 3.BC93.

[85] Vgl. IFRS 3.BC131-132; Johnson/Patron (1998), S. 294-296. Ausführlich zu den Arten, Interpretationsmöglichkeiten und der Konzeption des Goodwill vgl. Haaker (2008), S. 62-141.

[86] Mit ähnlicher Zusammenfassung vgl. Kuhner (2008), S. 10-13.

Als zweiter wesentlicher Meilenstein der ersten Projektphase gilt die Neuregelung zur Folgebewertung des derivativen[87] Goodwill. In Verbindung mit IAS 36 regelt IFRS 3, dass eine planmäßige Abschreibung des Goodwill fortan verboten ist. Stattdessen wird die Pflicht zur Durchführung eines mindestens jährlich durchzuführenden Wertminderungstests, Niederstwerttests bzw. Impairment Tests (sog. *impairment-only approach* (IOA) oder *non-amortization approach*) und damit die alleinige Zulässigkeit einer außerplanmäßigen Abschreibung eingeführt.[88] Mit dieser Neuregelung schloss sich das IASB dem FASB an, das sich bereits im Jahr 2001 mit der Veröffentlichung von SFAS 142 von einer planmäßigen zugunsten einer außerplanmäßigen Goodwill-Abschreibung verabschiedet hat. Neben dem Angleichen der Regelungen zur Goodwill-Folgebewertung mit dem FASB hat das IASB die Neuregelung damit begründet, dass der Goodwill einen nicht-abnutzbaren Vermögenswert darstellt und daher eine planmäßige Abschreibung über eine gewählte Nutzungsdauer als willkürlich und unzuverlässig erscheint. Eine außerplanmäßige Abschreibung hingegen übermittelt nach Auffassung des IASB den Adressaten der Rechnungslegung Informationen über den tatsächlichen wirtschaftlichen Gehalt des Goodwill.[89] Ein weiterer Grund, der im Rahmen der Veröffentlichung von SFAS 142 spekuliert wurde und teilweise empirisch bewiesen werden konnte, ist die Entschädigung der bilanzierenden Unternehmen für die Abschaffung der Pooling-Methode.[90]

3.1.1.2 Phase 2 des Projekts: 2001 bis 2008

In der ersten Projektphase erreichte das IASB die Abschaffung der Pooling-Methode und die Anwendung der Erwerbsmethode sowie die Einführung einer allein nur noch zulässigen außerplanmäßigen Goodwill-Abschreibung. Weitergehende Themen zu Unternehmenszusammenschlüssen wurden aus der Zielsetzung der ersten Phase aus-

[87] Für den originären, selbst geschaffenen Goodwill besteht ein Aktivierungsverbot nach IAS 38.48.

[88] Bis dato war ein Goodwill planmäßig über eine gewöhnliche Nutzungsdauer von 20 Jahren und bei außergewöhnlichen Vorkommnissen zusätzlich auch außerplanmäßig abzuschreiben. Zu dieser Zusammenfassung der Ergebnisse der ersten Projektphase vgl. IASB (2008), S. 7.

[89] Analog auch die Argumentation des FASB. Vgl. Hitz/Kuhner (2002), S. 276-277. Zu einem Überblick der empirischen Befunde zur außerplanmäßigen Goodwill-Abschreibungen bezogen auf SFAS 142 vgl. Hitz/Kuhner (2002), S. 283-294; Kuhner (2008), S. 26-32. In einer aktuellen Studie zeigen Ramanna/Watts (2009), dass das Management seinen Handlungsspielraum beim Impairment Test nicht für die Übermittlung entscheidungsnützlicher Informationen (und damit zur Reduzierung der Informationsasymmetrie gegenüber dem Kapitalmarktpublikum) nutzt, sondern stattdessen seinen Handlungsspielraum opportunistisch ausnutzt.

[90] Zur Lobby-Arbeit der sog. Pro-Poolers für die Einführung eines Impairment Tests nach SFAS 142 deskriptiv-theoretisch vgl. Beresford (2001) und mit empirischen Ergebnissen vgl. Ramanna (2008).

geklammert und für die zweite Phase vorgesehen. Somit ergab sich für beide Phasen derselbe Startzeitpunkt im Juli 2001.[91]

In der zweiten Projektphase, in der das IASB und das FASB zusammenarbeiteten,[92] wurden Fragen zur Anwendung der Erwerbsmethode, zur Fair Value-Bewertung sowie noch nicht geklärte Fragestellungen bei Unternehmenszusammenschlüssen diskutiert. Das Ziel dieser Projektphase bestand in der Verbesserung, Vereinfachung und Vereinheitlichung der internationalen Standards zu Unternehmenszusammenschlüssen. Es sollte ein einziger, verständlicher, qualitätsgerechter Standard für die Bilanzierung von Unternehmenszusammenschlüssen entwickelt werden.[93]

Seinen Abschluss fand die zweite Projektphase in der Veröffentlichung der veränderten SFAS 141 (*revised* 2007) und SFAS 160 *Noncontrolling Interests in Consolidated Financial Statements* im Dezember 2007 und des veränderten IFRS 3 (*revised* 2008) und IAS 27 *Consolidated and Separate Financial Statements* (IAS 27) (*revised* 2008) im Januar 2008.[94] Die Anerkennung des IFRS 3R durch die EU erfolgte am 3. Juni 2009. IFRS 3R ersetzt IFRS 3 und gilt spätestens für Unternehmenszusammenschlüsse, deren Akquisitionspunkte am oder nach dem 1. Juli 2009 liegen.[95]

Das Ziel der zweiten Projektphase, einen einzigen Standard für die Bilanzierung von Unternehmenszusammenschlüssen zu entwickeln, wurde nicht erreicht. Obwohl das IASB und das FASB die zweite Projektphase gemeinsam durchgeführt haben, unterscheiden sich die finalen Standards der beiden Boards.[96] Zudem existieren noch immer Themengebiete, z. B. Unternehmenszusammenschlüsse unter gemeinsamer Beherrschung, die noch nicht in den neuen Regelungen adressiert wurden. Das IASB hat sich ferner vorgenommen, zwei Jahre nach der zwingenden Anwendung des IFRS 3R – wahrscheinlich in der ersten Jahreshälfte 2012 – einen sog. *Post-Implementation Review* durchzuführen.[97] Es bleibt demnach abzuwarten, wann die dritte Phase des *Business Combinations*-Projekts beginnen wird.

Im überarbeiteten IFRS 3R wird ein Unternehmenszusammenschluss neu definiert und gilt nach IFRS 3R.A als „eine Transaktion oder ein anderes Ereignis, durch die/das ein

[91] Vgl. IASB (2008), S. 7.
[92] Das Business Combinations-Projekt gilt daher als ein Paradebeispiel für die Umsetzung des Norwalk-Agreements. Vgl. FASB/IASB (2008), S. 2
[93] Vgl. IASB (2008), S. 7.
[94] Die neuen Standards werden nachfolgend als IAS 27R, IFRS 3R, SFAS 141R und SFAS 160R bezeichnet.
[95] Vgl. IFRS 3R.64.
[96] Vgl. IASB (2008), S. 9-10.
[97] Vgl. FASB/IASB (2008), S. 3; IASB (2008), S. 11.

Erwerber die Beherrschung über einen Geschäftsbetrieb oder mehrere Geschäftsbetriebe erlangt". Im Vergleich zur alten Fassung wird ein Unternehmenszusammenschluss damit deutlich enger definiert und explizit die Erlangung der Beherrschung in den Vordergrund gerückt.[98] Nach der Identifikation eines Unternehmenszusammenschlusses erfolgt die Anwendung der Methodik für ihre bilanzielle Abbildung. Auch diese wurde im Übergang von IFRS 3 auf IFRS 3R überarbeitet. Die Erwerbsmethode wurde in der vom IASB erlassenen Fassung des IFRS 3R in die Akquisitionsmethode umbenannt,[99] deren Anwendungsleitfaden nach IFRS 3R.5 vier Schritte vorsieht:

1. Identifikation des Erwerbers,
2. Bestimmung des Erwerbszeitpunkts,
3. Ansatz und Bewertung der identifizierbaren Vermögenswerte und Schulden[100] einschließlich des nicht-beherrschenden Anteils am erworbenen Unternehmen[101] und
4. Ansatz und Bewertung eines Goodwill oder Realisierung eines Erfolgs.

Während die ersten Schritte ähnlich zur Erwerbsmethodik des IFRS 3 sind, finden sich im vierten Schritt die zentralen Änderungen von IFRS 3R. Zunächst sind im dritten Schritt der Akquisitionsmethode analog zur Erwerbsmethode sämtliche identifizierbaren Vermögenswerte und Schulden (d. h. das Nettovermögen) des übernommenen Unternehmens zum Fair Value zu bewerten und anzusetzen. Es werden somit alle identifizierbaren stillen Reserven und Lasten des übernommenen Unternehmens unabhängig von der Beteiligungsquote aufgedeckt. Der nicht-beherrschende Anteil am Nettovermögen ist getrennt auszuweisen.

Im vierten Schritt wird der Goodwill als Differenz zwischen dem Gesamtunternehmenswert und dem neu bewerteten Nettovermögen ermittelt. Anders als nach IFRS 3 sind nach IFRS 3R beide Positionen unabhängig von der erworbenen Beteiligungsquote anzusetzen. Die Bestimmung des Gesamtunternehmenswerts enthält ein Bewertungswahlrecht, das sich unmittelbar auf die Bestimmung der Residualgröße

[98] „Beherrschung ist die Möglichkeit, die Finanz- und Geschäftspolitik eines Unternehmens zu bestimmen, um aus dessen Tätigkeit Nutzen zu ziehen." IAS 27R.4.

[99] Mit der Umbenennung wurde primär dem Umstand Rechnung getragen, dass ein Unternehmen auch ohne den Austausch von Anteilen über ein anderes Unternehmen Kontrolle erlangen kann. Vgl. Hendler/Zülch (2008), S. 485. Vgl. ebenfalls IFRS 3.43. Die deutsche Übersetzung des IFRS 3 verwendet hingegen weiterhin den Begriff der Erwerbsmethode.

[100] Eventualverbindlichkeiten werden nicht mehr explizit erwähnt, sondern als Bestandteil der Schulden angesehen.

[101] Der nicht-beherrschende Anteil am erworbenen Unternehmen, der nach IFRS 3 noch als Minderheitenanteil bezeichnet wurde, wird in IFRS 3R.A definiert als „[d]as Eigenkapital eines Tochterunternehmens, das einem Mutterunternehmen weder unmittelbar noch mittelbar zugeordnet wird".

Goodwill auswirkt. Im nächsten Abschnitt werden daher das Bewertungswahlrecht und die Entstehung des Goodwill nach IFRS 3R ausführlich erläutert.

3.1.2 Erstbilanzierung des Goodwill

3.1.2.1 Entstehung und Bewertung des Goodwill

Im Zuge eines Unternehmenszusammenschlusses ergibt sich nach IFRS 3R.32 ein derivativer Goodwill im Akquisitionszeitpunkt als die Differenz zwischen

1. dem kumulierten Betrag aus
   i. dem gezahlten Entgelt,
   ii. dem Betrag der nicht-beherrschenden Anteile am erworbenen Unternehmen, entweder (a) als proportionaler Anteil am Nettovermögen oder (b) zum Fair Value bewertet, und
   iii. bei einem sukzessiven Erwerb zusätzlich dem Fair Value der Eigenkapitalanteile zum Erwerbszeitpunkt, die zuvor durch den Erwerber gehalten wurden, und
2. dem Nettovermögen, bestehend aus den erworbenen identifizierbaren Vermögenswerten und den übernommenen Schulden.

Den Ausgangspunkt bei der Goodwill-Bestimmung bildet das gesamte erworbene Unternehmen (Schritt 1). Zum Akquisitionszeitpunkt ist ein Unternehmenswert zu ermitteln, der bei einem Erwerb von unter 100 % der Unternehmensanteile den Kaufpreis (1.i) um den zusätzlich anzusetzenden Betrag der nicht-beherrschenden Anteile am erworbenen Unternehmen (1.ii) übersteigen kann. Dabei wird das folgende Vorgehen vorgeschlagen: Den Ausgangspunkt bildet der Kaufpreis (1.i), der sich bei einem nicht vollständigen Unternehmenskauf ausschließlich auf den erworbenen Unternehmensanteil (z. B. 70 %) bezieht. Im nächsten Schritt (1.ii) ist zur Ermittlung des gesamten Unternehmenswerts der nicht-beherrschende Unternehmensanteil zu bewerten (hier: 30 %). Für die Bewertung dieses Anteils besteht ein Wahlrecht entweder (a) zum proportionalen Anteil am Nettovermögen oder (b) zum Fair Value.

Durch dieses Wahlrecht in der Bewertung des nicht-beherrschenden Anteils kommt es bei der Bestimmung des Goodwill (als vierten Schritt in der Akquisitionsmethode) entweder zur Aktivierung (a) eines beteiligungsproportionalen Goodwill oder (b) eines Full Goodwill. Diese sind betragsmäßig ungleich. Die Differenz ist der nicht-beherrschende Goodwill-Anteil. Abbildung 3 veranschaulicht die Entstehung des Goodwill nach IFRS 3R.

Abbildung 3: Goodwill-Bilanzierung: Entstehung des Goodwill nach IFRS 3R

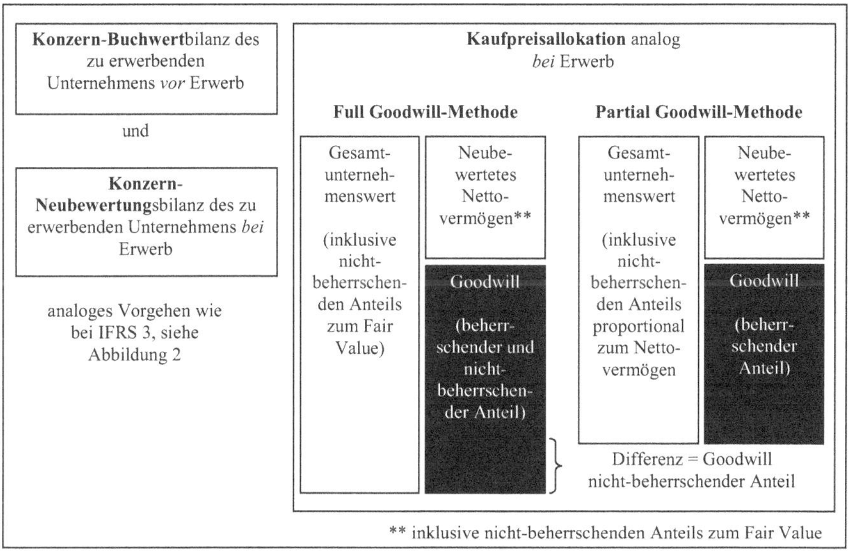

Zusätzlich zur Abbildung 3 soll ein Beispiel die Unterschiedlichkeit bei der Entstehung des Goodwill nach IFRS 3R illustrieren: Die X AG erwirbt eine 70 %-Beteiligung an der Y GmbH für 840 Geldeinheiten (GE). Der beizulegende Zeitwert (Fair Value) der 30 %-Beteiligung, die auf den nicht-beherrschenden Anteil am erworbenen Unternehmen entfällt, beläuft sich auf 360 GE (= 840 / 0,7 · 0,3). Der Fair Value des gesamten erworbenen Unternehmens beträgt damit 1.200 GE (= 840 + 360) (Schritt 1). Diesem Gesamtunternehmenswert steht ein zum Fair Value neu bewertetes Nettovermögen von 800 GE gegenüber (Schritt 2). Als Residualgröße ergibt sich ein Full Goodwill von 400 GE (= 1.200 – 800), der sich aus einem beherrschenden Anteil von 280 GE (= 400 · 0,7) und einem nicht-beherrschenden Anteil 120 GE (= 400 · 0,3 oder 400 – 280) zusammensetzt. Bei Anwendung der *Full Goodwill*-Methode ist in der Konzernbilanz des erwerbenden Unternehmens das neu bewertete Nettovermögen des gekauften Unternehmens mit 800 GE, der Full Goodwill mit 400 GE und der nicht-beherrschende Anteil am erworbenen Unternehmen mit 360 GE auszuweisen. Bei Anwendung der *Partial Goodwill*-Methode wird ebenfalls das neu bewertete Nettovermögen des gekauften Unternehmens mit 800 GE angesetzt. Hingegen wird nun auf der Aktivseite ausschließlich der auf den beherrschenden Goodwill-Anteil in Höhe von 280 GE und auf der Passivseite ein nicht-beherrschender Anteil am erworbenen Unternehmen in Höhe von 240 GE (= 360 – 120 oder 800 · 0,3) ausgewiesen. Wird in

Schritt 1 bereits der Partial Goodwill-Methode gefolgt, so wird der nicht-beherrschende Anteil am erworbenen Unternehmen anteilig zum Nettovermögen bestimmt. In dem Beispiel beläuft sich das Nettovermögen auf 800 GE, ein 30%iger Anteil entspricht demnach (800 · 0,3 =) 240 GE. Der Gesamtunternehmenswert, der sich aus dem Kaufpreis von 840 GE (Schritt 1.i) und dem nicht-beherrschenden Anteil am erworbenen Unternehmen von 240 GE (Schritt 1.ii) zusammensetzt, beläuft sich auf 1.080 GE (= 840 + 240). Wenn von diesem Gesamtunternehmenswert der Wert des Nettovermögens (Schritt 2.) abgezogen wird, ergibt sich der Partial Goodwill in Höhe von 280 GE (= 1.080 – 800). Tabelle 1 stellt die beiden Ansätze gegenüber.[102]

Tabelle 1: Goodwill-Bilanzierung: Gegenüberstellung der Full Goodwill- und der Partial Goodwill-Methode in IFRS 3R

	Full Goodwill-Methode	**Partial Goodwill-Methode**
1.i	Gezahltes Entgelt	Gezahltes Entgelt
1.ii	+ Fair Value des nicht-beherrschenden Anteils am erworbenen Unternehmen	+ Proportional zum Nettovermögen bestehender nicht-beherrschender Anteil am erworbenen Unternehmen
1.iii	+ Fair Value der Eigenkapitalanteile (bei sukzessivem Anteilserwerb)	+ Fair Value der Eigenkapitalanteile (bei sukzessivem Anteilserwerb)
2.	– vollständig neubewertetes Nettovermögen in seiner Gesamtheit (einschließlich des nicht-beherrschender Anteils)	– vollständig neubewertetes Nettovermögen in seiner Gesamtheit (einschließlich des nicht-beherrschenden Anteils)
	= Full Goodwill	**= Beteiligungsproportionaler Goodwill**
	Differenz = Nicht-beherrschender Goodwill-Anteil	

Das IASB favorisiert die Full Goodwill-Methode. Nach ihrer Auffassung gewinnt die Darstellung der finanziellen Lage eines konsolidierten Unternehmens an Informationsnutzen, wenn sämtliche Vermögenswerte und Schulden einschließlich des zu bilanzierenden Goodwill vollständig abgebildet werden, unabhängig davon, ob der Beteiligungsanteil des erworbenen Unternehmens bei 100 % oder weniger als 100 % liegt. Es wird die Meinung vertreten, dass das beherrschende Unternehmen für alle Vermögenswerte und Schulden verantwortlich ist. Mit dieser Auffassung bewegt das IASB seinen Fokus von der Interessen- zur Einheitstheorie.[103]

Das Bewertungswahlrecht für den nicht-beherrschenden Anteil am erworbenen Unternehmen existiert nach US GAAP nicht: Nach SFAS 141R.20 sind einheitlich alle Vermögenswerte und Schulden sowie der nicht-beherrschende Anteil am erworbenen Unternehmen zum Fair Value zu bewerten. Es ist somit stets ein Full Goodwill zu aktivieren. Das Wahlrecht in IFRS 3R wird daher nicht nur im Hinblick auf die hervorgerufene Inkonsistenz zu SFAS 141R kritisiert. Es kommt vielmehr auch durch

[102] Ähnlich zu diesem Beispiel vgl. Pellens et al. (2008), S. 700-701.
[103] Zu den Konzerntheorien vgl. Pellens et al. (2008), S. 695.

das Wahlrecht zu einer Inkonsistenz bei der Bilanzierung nach IFRS und einem Verstoß gegen das Ziel der konsequenten Umsetzung der Einheitstheorie. Nach der Einheitstheorie sind sämtliche identifizierbaren Vermögenswerte und Schulden sowie ein entstehender Goodwill zum Fair Value in der Konzernbilanz anzusetzen, unabhängig davon, ob sie dem beherrschenden oder dem nicht-beherrschenden Gesellschafter zuzuordnen sind. Wird nun ein beteiligungsproportionaler Goodwill anstelle eines Full Goodwill aktiviert, dann wird das Prinzip der vollständigen Neubewertung beim Goodwill durchbrochen. Andererseits wird das Wahlrecht und damit die Partial Goodwill-Methode begrüßt. So betonen Kritiker der Full Goodwill-Methode, dass ihre Anwendung zu einer Durchbrechung des Prinzips der Pagatorik führt. Im Erwerbszeitpunkt wird ein Full Goodwill aktiviert, dem keine geleistete Zahlung gegenübersteht. Ferner wird befürwortet, dass es unter der weiter zulässigen Anwendung der buchwertproportionalen Goodwill-Methode nicht zu einem inkonsistenten Goodwill-Ausweis im Zeitablauf kommt. Der Goodwill sowie das Eigenkapital erhöhen sich nicht um den nicht-beherrschenden Anteil am erworbenen Unternehmen.[104]

Nach Bestimmung des Goodwill kommt es im Erwerbszeitpunkt zu einer Allokation des Goodwill auf Cash-Generating Units und in den Folgeperioden zur Überprüfung der Werthaltigkeit des Goodwill. Diese beiden Themenbereiche werden in den nächsten Abschnitten erläutert und dabei Integrationspotenziale zur internen wertorientierten Unternehmenssteuerung aufgezeigt.

3.1.2.2 Festlegung der Cash-Generating Unit

Der Goodwill stellt ein Residuum dar, das aus nicht einzeln identifizierbaren Vermögenswerten besteht. Der Goodwill verkörpert die Synergiepotenziale aus dem Unternehmenszusammenschluss. Durch diese Definition ist es unmöglich, den Goodwill einzeln zu bewerten. Stattdessen wird der Goodwill einer Ebene zugeordnet, der die Synergiepotenziale aus dem Unternehmenszusammenschluss zugerechnet werden.[105] Die Bewertung des Goodwill erfolgt anschließend zusammen mit dieser Ebene. Dabei handelt es sich um eine zahlungsmittelgenerierende Einheit (ZGE) bzw. *Cash-Generating Unit* (CGU) oder eine Gruppe von CGUs. Vereinfachend wird in dieser Arbeit ausschließlich von einer CGU gesprochen und damit sowohl eine einzelne als auch eine Gruppe von CGUs verstanden.

[104] Vgl. Kuhner (2008), S. 14-15, u. a. mit Verweis auf Pellens/Amshoff/Sellhorn (2008), S. 602, die postulieren, dass das Wahlrecht einen „politischen Kompromiss" darstellt.

[105] IAS 36.80 stellt das Synergiepotenzial als primäres Allokationskriterium dar, anhand dessen die Aufteilung des Goodwill auf die CGUs erfolgen soll. Ausführlicher vgl. u. a. Haaker (2008), S. 351-363.

IAS 36 gibt einige Hinweise, was sich hinter einer CGU verbirgt. Eine CGU ist in IAS 36.6 als die kleinste identifizierbare betriebliche Gruppe von Vermögenswerten definiert, die Mittelzuflüsse erzeugt, welche weitestgehend abgrenzbar und unabhängig von den Mittelzuflüssen anderer Vermögenswerte oder anderer Gruppen von Vermögenswerten sind. Ihre Identifikation und Abgrenzung soll gemäß IAS 36.72-73 im Zeitverlauf konsistent erfolgen. Ergibt sich durch Restrukturierungen oder Transaktionen eine veränderte CGU-Struktur, so muss über diese Änderung berichtet werden. Ferner gibt IAS 36.80 vor, dass eine Goodwill-tragende CGU eines erwerbenden Unternehmens diejenige Einheit sein soll, die aus den Synergien des Unternehmenszusammenschlusses Nutzen zieht, unabhängig davon, ob andere Vermögenswerte oder Schulden des erworbenen Unternehmens dieser Einheit zugewiesen werden. IAS 36.80 bestimmt weiter, dass es sich bei einer CGU um eine Unternehmensebene handeln soll, auf der der Goodwill für interne Managementzwecke überwacht wird. Die Bildung einer CGU orientiert sich demnach am Konzept der internen Steuerung und an den Einheiten im internen Berichtswesen. Dabei nennt IAS 36.80a-b zwei Grenzen: Zum einen soll es sich bei einer CGU um die niedrigste Unternehmensebene handeln, auf der das Management das Unternehmen überwacht. Zum anderen darf die gewählte Unternehmensebene nicht größer sein als ein Geschäftssegment entsprechend der Segmentberichterstattung nach IFRS 8 *Operating Segments*.

Zusammenfassend beurteilt sind die Vorschriften in IAS 36 zur Identifikation und Abgrenzung einer CGU recht vage und beinhalten in hohem Maße – wie auch vom IASB erkannt – Handlungsspielräume für die bilanzierenden Unternehmen: „Die Identifizierung der zahlungsmittelgenerierenden Einheit eines Vermögenswertes erfordert Einschätzungen."[106] Dennoch können grundsätzlich die nachstehenden sechs Identifikations- und Abgrenzungsmerkmale aufgezählt werden:[107]

1. Die Bildung einer CGU orientiert sich an den Einheiten im internen Berichtswesen.
2. Eine CGU stellt die niedrigstmögliche Aggregationsstufe von Vermögenswerten dar.
3. Eine CGU ist maximal auf die Größe eines Geschäftssegments beschränkt.

---

[106] IAS 36.68.

[107] Ausführlich zu diesen Merkmalen und den Ausführungen in den folgenden Abschnitten vgl. Beyhs (2002), S. 100-113; Klingels (2005), S. 60-242; Schumann (2008), S. 225-239; Wirth (2005), S. 11-18.

4. Eine CGU stellt eine Gruppe von Vermögenswerten dar, die die Fähigkeit besitzt, Einzahlungen zu generieren.
5. Die generierten Einzahlungen einer CGU sind weitestgehend unabhängig von den generierten Einzahlungen anderer CGUs.
6. Die in einer CGU produzierten Outputs können auf einem aktiven Markt angeboten werden.

Den ersten Anhaltspunkt bei der Identifikation und Abgrenzung einer CGU geben die Strukturen des internen Berichtswesens. IAS 36.80a sowie IDW RS HFA 16, Tz. 96 weisen darauf hin, dass sich die Identifikation einer CGU an der Steuerung der Unternehmensaktivitäten durch das Management orientieren soll und an der Art der Entscheidungsfindung, „wie das Management Entscheidungen über die Fortsetzung oder den Abgang der Vermögenswerte bzw. die Einstellung von Unternehmenstätigkeiten trifft".[108] Daraus schlussfolgert IAS 36.BC140, dass es eine direkte Verbindung zwischen der CGU-Ebene und der Ebene für die interne Unternehmenssteuerung geben soll: "*The Board confirmed that its intention was that there should be a link between the level at which goodwill is tested for impairment and the level of internal reporting that reflects the way an entity manages its operations.*" In IAS 36.82 wird explizit hervorgehoben, dass die Entwicklung zusätzlicher Organisations- und Berichtsstrukturen nicht erforderlich ist. Die Vorgabe der Strukturen aus der internen Unternehmenssteuerung für die externe Berichterstattung fällt in den Anwendungsbereich des Management Approach. Die Ableitung der CGU-Struktur nach Vorlage der internen Steuerungsstruktur kann demnach als erstes Integrationspotenzial zwischen der Goodwill-Bilanzierung und der wertorientierten Unternehmenssteuerung festgehalten werden.

IAS 36 nennt mit Punkt 2 und 3 aus der obigen Aufzählung zwei Grenzen für die Bestimmung einer CGU. Die Forderung nach der niedrigstmöglichen Aggregationsstufe als zweites Identifikationsmerkmal für eine CGU ist Resultat des grundsätzlich geltenden Saldierungsverbots in der externen Rechnungslegung.[109] Eine möglichst enge Abgrenzung einer CGU verhindert die Saldierung gegensätzlicher Wertverläufe von Erträgen und Aufwendungen und die Aggregation unterschiedlicher Vermögenswerte. So werden Ausgleichseffekte zwischen einer negativen Wertentwicklung des derivativen Goodwill und einer positiven Wertentwicklung eines anderen derivativen

[108] IAS 36.69.
[109] Das Saldierungsverbot findet sich in IAS 1.32 *Presentation of Financial Statements*. Darin heißt es, dass „Vermögenswerte und Schulden sowie Erträge und Aufwendungen (...) nicht miteinander saldiert werden [dürfen], soweit nicht die Saldierung von einem Standard bzw. einer Interpretation gefordert oder erlaubt wird".

oder des originären Goodwill gehemmt.[110] Die Forderung nach der niedrigsten Ebene bedeutet aber gleichzeitig nicht, dass tatsächlich die niedrigste Ebene zu identifizieren ist. So kann es sich bei einer Goodwill-tragenden CGU auch um eine Zusammenfassung von hierarchisch tiefer liegenden CGUs handeln. Stattdessen hängt die Anzahl der zu definierenden CGUs von der Diversifikation und Heterogenität der Produkte und Geschäftsfelder ab.[111] Als Richtlinien zur Bestimmung dieser Aggregationsstufe nennt IAS 36.69 die Produktlinien, Produktgruppen, Werke, Geschäftsfelder, Standorte, Bezirke und Regionen eines Unternehmens.

Gleichzeitig begrenzt IAS 36.80b den Umfang einer CGU maximal auf die Größe eines Geschäftssegments (vor Zusammenfassung mehrerer Segmente gemäß IFRS 8.12). Ein solches Segment ist in IFRS 8.5 als „Bereich eines Unternehmens, a) das Geschäftstätigkeiten betreibt, mit denen Erträge erwirtschaftet werden und bei denen Aufwendungen anfallen können (...), b) dessen Betriebsergebnisse regelmäßig vom Hauptentscheidungsträger des Unternehmens im Hinblick auf Entscheidungen über die Allokation von Ressourcen zu diesem Segment und die Bewertung seiner Ertragskraft überprüft werden und c) für das einschlägige Finanzinformationen vorliegen", definiert. Die Segmentabgrenzung folgt damit auch dem Management Approach, indem sie in IFRS 8.5b explizit auf die internen Berichts- und Steuerungsstrukturen verweist. Ein Segment stellt damit eine Aggregationsstufe bzw. eine organisatorische Teileinheit dar, die mit der CGU-Abgrenzung übereinstimmen könnte. Es ist jedoch keine pauschale Aussage darüber möglich, ob die Segmentabgrenzung eine kritische Obergrenze für die CGU-Abgrenzung bildet.[112]

Neben diesen in IAS 36.80a-b angesprochenen organisatorischen Grenzen, die zusammen mit der Vorgabe der internen Berichts- bzw. Steuerungsstruktur erste Anhaltspunkte bei der Abgrenzung und Identifikation einer CGU liefern, sind von

---

[110] Hingegen kommt es bei einer weiten CGU-Abgrenzung zu einer Nettung der Vermögenszu- und -abnahmen der in einer CGU zusammengefassten Vermögenswerten und Schulden, dem sog. horizontalen Verlustausgleich. Vgl. Pellens/Sellhorn (2001), S. 719. In IAS 36.BC167bii wird diese Möglichkeit der Kompensation als Kissen zur Vermeidung eines Impairments bezeichnet („*cushions to offset the impairment loss*"). Bei einer weiten CGU-Abgrenzung verringern sich die Anzahl der identifizierten CGUs und entsprechend die Anzahl der durchzuführenden Impairment Tests. Der Aufwand für das interne Berichtswesen reduziert sich. Gleichzeitig verringert sich die Möglichkeit einer festzustellenden Wertminderung. Vgl. Ramanna/Watts (2009).

[111] Vgl. Hitz/Kuhner (2002), S. 276, mit Bezug auf die *Reporting Units* (berichterstattenden Einheiten) nach SFAS 142. Bei einem Vergleich zwischen einer CGU und einer Reporting Unit stellt das IASB fest, dass eine Reporting Unit häufig höher angesetzt wird als eine CGU. Vgl. IAS 36.BC167bii.

[112] Beyhs (2002), S. 111-112, schlussfolgert noch bezogen auf IAS 14 *Segment Reporting*, dem Vorgänger-Standard von IFRS 8, dass eine CGU zumeist organisatorisch unterhalb eines Segments einzuordnen ist.

einer CGU die konstitutiven Definitionskriterien des IAS 36 zu erfüllen. Eine grundlegende Anforderung an eine CGU stellt ihre Fähigkeit dar, Einzahlungen bzw. Umsatzerlöse aus ihrer fortlaufenden Nutzung zu generieren. Aus dem Merkmal der Erzielung von Zahlungseingängen folgt, dass es sich bei einer CGU um einen abgrenzbaren Leistungsverbund handelt, der absatzfähige Produkte herstellt und für diese Produkte Umsatzerlöse erzielen kann. Eine CGU stellt damit einen operativen Bereich dar, der die Beschaffung, die Produktion und den Absatz eines abgrenzbaren Gebiets umfasst. Eine transparente Produktdiversifizierung vereinfacht es, einzelne Produkte mit ihren betrieblichen Funktionen zu separieren und jeweils als eine CGU zu identifizieren und abzugrenzen.[113]

Das vierte Kriterium einer CGU bezieht sich auf das Vorhandensein eines aktiven Markts für den produzierten Output. Ein aktiver Markt ist nach IAS 36.6 als „ein Markt, der die nachstehenden Bedingungen kumulativ erfüllt: (a) die auf dem Markt gehandelten Produkte sind homogen; (b) vertragswillige Käufer und Verkäufer können in der Regel jederzeit gefunden werden; und (c) Preise stehen der Öffentlichkeit zur Verfügung“ definiert. Dabei ist es nicht entscheidend, dass der Output auch tatsächlich auf einem externen aktiven Markt angeboten wird, sondern es ist allein die Möglichkeit zum Angebot auf dem Sekundärmarkt maßgebend. IAS 36.70 erläutert dazu, dass auch Produktionsverbunde, die nicht auf einem externen Markt angeboten werden, sondern teilweise oder vollständig für die interne Weiterverarbeitung (d. h. Zwischen- bzw. Vorprodukte) vorgesehen sind, eine CGU darstellen können.

Die Forderung an eine CGU, Einzahlungen zu generieren, wird in IAS 36.69 durch den Zusatz eingeschränkt, die Einzahlungen der betrachteten Unternehmenseinheit müssten von den Einzahlungen *unabhängig* sein, die durch einen anderen Unternehmensteil generiert werden. Diese Anforderung sieht vor, dass zwischen den CGUs keine Abhängigkeiten bestehen. Ein Ereignis (wie z. B. ein Zahlungsstrom) ist unabhängig, wenn es nicht durch ein anderes Ereignis beeinflusst wird. In einer CGU werden dementsprechend nur dann unabhängige Mittelzuflüsse generiert, wenn die Zuflüsse vollständig unbeeinflusst von anderen Einheiten oder anderen Ereignissen der betrachteten Einheit zugeordnet sind. Dies ist beispielsweise dann gegeben, wenn bei einem Zweiproduktunternehmen die Produkte separat an einem aktiven Markt gehandelt werden, die Stilllegung bzw. Veräußerung einer Produktionsanlage die andere Produktionsanlage nicht berührt und wenn für beide Anlagen eine hinreichende

---

[113] Haaker (2006a), S. 46, beschreibt die CGU daher als „Quasi-Einproduktunternehmen“ (Hervorhebung ähnlich wie im Original).

Planung und Steuerung durch das Management erfolgt. Auf der anderen Seite ist die Unabhängigkeit der Mittelzuflüsse nicht gewährleistet, wenn zwischen den CGUs Interdependenzen bestehen. Diese Interdependenzen können durch fehlende Entscheidungsfreiheit z. B. bei der Errichtung, Veräußerung oder Stilllegung von Produktions- oder Absatzleistungen, durch die Intensität der bestehenden Verbundeffekte oder durch rechtliche, faktische oder technische Abhängigkeiten zwischen den CGUs bestimmt sein.[114]

Die Forderung in IAS 36.69 sieht keine vollständige Unabhängigkeit der durch eine Einheit generierten Zahlungsströme vor, sondern nur eine *weitestgehende* Unabhängigkeit. Damit geht IAS 36 nicht so weit, dass sämtliche Wechselwirkungen zu einem Verbot der Identifikation einer CGU führen. Liegen beispielsweise Interdependenzen zwischen Unternehmensbereichen in Form von Risikodiversifikationseffekten vor, so wie dies bei Produktionsverbunden auftreten kann, gefährden diese Interdependenzen nicht den Anspruch der *weitestgehenden* Unabhängigkeit der Zahlungsströme der beiden Unternehmenseinheiten.[115] Kombinationseffekte zwischen CGUs in Form von Synergien sind möglich und keineswegs bei der Abgrenzung von CGUs zu ignorieren. Stattdessen sollen die Synergien auf eine objektivierbare Weise zu den CGUS hinzugerechnet werden. Auf der Suche nach einer konkreteren Auslegung, was *weitestgehend* unabhängige Mittelzuflüsse sind, verweist Klingels (2005) auf das Wesentlichkeitspostulat in der Rechnungslegung und auf Schwellenwerte, die in anderen IFRS genannt werden.[116] Abgeleitet aus IAS 1.11 sind Mittelzuflüsse wesentlich, wenn „ihr Weglassen oder ihre fehlerhafte Darstellung (...) die auf der Basis des Abschlusses getroffenen wirtschaftlichen Entscheidungen der Adressaten beeinflussen könnten“. Wenn ein Mittelzufluss in die Beurteilung über die Wertminderung eines Bereichs eingeht und ein Wertminderungsbedarf für diesen Bereich festgestellt wird, kann der Mittelzufluss als wesentlich eingeschätzt werden. Eine quantitative Einschätzung, wann eine Information bzw. ein Mittelzufluss wesentlich ist, findet sich in IAS 1 nicht, sodass die endgültige Beurteilung dem Management obliegt. Die Entscheidung, wann eine Information bzw. ein Mittelzufluss wesentlich ist, ist folglich einzelfallbezogen zu entscheiden.

---

[114] Vgl. Telkamp/Bruns (2000), S. 26.
[115] So die Schlussfolgerung bei Beyhs (2002), S. 105.
[116] Zu den Ausführungen in diesem Absatz vgl. Klingels (2005), S. 78-89.

3.1.3 Folgebilanzierung des Goodwill

Die planmäßige Abschreibung des Goodwill ist seit der Veröffentlichung des IFRS 3 und des überarbeiteten IAS 36 im Jahr 2004 nicht mehr zulässig. Stattdessen ist mindestens einmal jährlich ein Niederstwerttest durchzuführen, der den Bedarf einer außerplanmäßigen Goodwill-Abschreibung anzeigt.[117]

Beim Niederstwerttest wird die CGU, zu der der Goodwill zugeordnet ist, auf ihre Werthaltigkeit untersucht.[118] Ein Wertminderungsbedarf bzw. *Impairment* ergibt sich aus der Gegenüberstellung des Buchwerts einer CGU und des sogenannten erzielbaren Betrags dieser Einheit. Die Bestimmung des Buchwerts der CGU soll konsistent zur Bestimmung des erzielbaren Betrags erfolgen. Der erzielbare Betrag der CGU ist das Maximum aus dem Nettoveräußerungserlös bzw. dem beizulegenden Zeitwert abzüglich der Veräußerungskosten und dem Nutzungswert der CGU. Der Nettoveräußerungserlös stellt den Wert dar, den das Unternehmen aus dem Verkauf der betrachteten CGU zum Bewertungsstichpunkt erzielen könnte. Der Nutzungswert ergibt sich als Barwert der zukünftig erwarteten Zahlungsströme der Einheit. Er wird demnach als Teilunternehmenswert berechnet. In der Regel wird der Nutzungswert als Referenzwert des erzielbaren Betrags einer CGU herangezogen.[119]

Im Detail sieht IAS 36.31 vor, dass für die Ermittlung des Nutzungswerts einer CGU eine Zahlungsreihe (*cashflows*) und ein Kapitalisierungszinssatz zu bestimmen sind und daraus ein Barwert zu berechnen ist. Dabei weist IAS 36.33 explizit darauf hin, dass die Cashflows auf den aktuellen Finanzplänen des Management basieren sollen. Die Bestimmung des Nutzungswerts auf Grundlage interner Planungsrechnungen kann demnach als zweites Integrationspotenzial zwischen der Goodwill-Bilanzierung und der wertorientierten Unternehmenssteuerung festgehalten werden. Die Bewertungsmethodik für den Nutzungswert weist eine hohe Ähnlichkeit zur Bewertungsmethodik für die Unternehmensbewertung und für die wertorientierte Unternehmenssteuerung auf.

Mit der Entscheidung für den höheren Wert – entweder aus dem Verkauf oder aus der weiteren internen Nutzung – wird implizit die bestmögliche Verwendungsentschei-

[117] Vgl. IFRS 3.55 bzw. IFRS 3R.54 i. V. m. IAS 36.88-90. Der Werthaltigkeitstest ist bei einer vermuteten Wertminderung auch unterjährig durchzuführen. Vgl. IAS 36.12.

[118] Vgl. zu diesem Abschnitt IAS 36.19-57, 66-79, 88-90.

[119] Zu diesem Fazit vgl. Beyhs (2002), S. 97. Ausführlich zur Nutzungswertbestimmung vgl. Beyhs (2002), S. 117-153; Schumann (2008), S. 256-279; Wirth (2005), S. 29-82.

dung eines rational handelnden Management getroffen.[120] Die Abbildung 4 fasst den Impairment Test zusammen.

Abbildung 4: Goodwill-Bilanzierung: Goodwill Impairment Test nach IAS 36

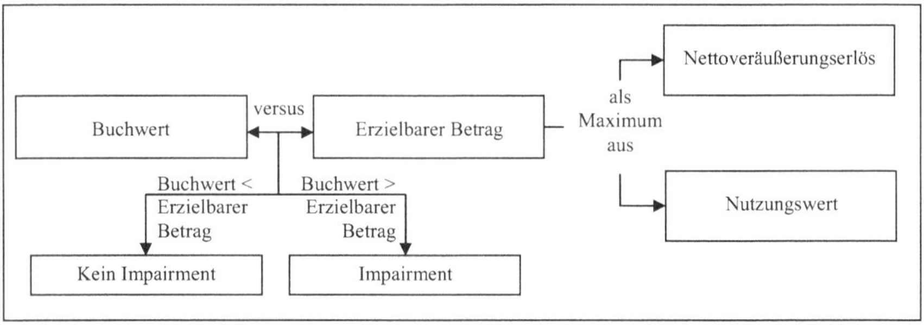

Liegt der Buchwert der CGU unter dem erzielbaren Betrag der CGU, ergibt sich kein Bedarf an außerplanmäßiger Abschreibung.[121] Wenn jedoch der Buchwert höher ist als der erzielbare Betrag, ergibt sich in Höhe der Differenz ein Wertminderungsbedarf, der gemäß IAS 36.104 unmittelbar erfolgswirksam zu erfassen ist. Das Impairment führt zunächst zu einer Reduzierung des Goodwill der CGU bis auf Null. Ein darüber hinausgehender Wertberichtigungsbedarf wird anteilig auf die anderen Vermögenswerte der CGU aufgeteilt.[122] Ein einfaches Beispiel ohne Berücksichtigung der Beteiligungsquote soll den Ablauf des Werthaltigkeitstests verdeutlichen. Bei einem Buchwert der CGU von 1.190 GE und einem erzielbaren Betrag von 950 GE ergibt sich ein Impairment-Bedarf in Höhe von 240 GE (= 1.190 – 950). Bisher wird ein Goodwill in Höhe von 200 GE aktiviert, der in voller Höhe um das Impairment wertgemindert wird. Der verbleibende Impairment-Bedarf von 40 GE (= 240 – 200) wird anteilig unter den anderen Vermögenswerten der CGU verteilt.

Wird nun die Beteiligungsquote explizit betrachtet und wird bei einer Unternehmenstransaktion weniger als 100 % der Unternehmensanteile erworben, so ist eine Besonderheit beim Goodwill Impairment Test zu berücksichtigen. Bei der beteiligungsproportionalen Goodwill-Methode umfasst der Buchwert der CGU die

[120] Vgl. IAS 36.BCZ23.

[121] Stattdessen kann es zu einer Wertaufholung kommen. Nach IAS 36.122 ist eine Wertaufholung erlaubt und den Vermögenswerten der CGU, nicht dem Goodwill, zuzurechnen. Eine Wertaufholung des Goodwill ist gemäß IAS 36.124 nicht zulässig, da vom IASB unterstellt wird, dass im Laufe der (Ab-)Nutzung des derivativen Goodwill dieser durch originären Goodwill ersetzt wird.

[122] Vgl. IAS 36.104-105. Die anteilige Verteilung bezieht sich auf die Relation „Buchwert des Vermögenswerts versus Gesamtbuchwert der CGU". Der Vermögenswert darf maximal auf den höheren Betrag aus Nettoveräußerungsbetrag, Nutzungswert oder Null abgeschrieben werden.

beherrschenden und die nicht-beherrschenden Anteile am Nettovermögen sowie den beherrschenden Goodwill-Anteil. Der Goodwill-Anteil des nicht-beherrschenden Gesellschafters ist nicht enthalten. Als Vorbereitung für den Impairment Test ist zunächst der Buchwert der CGU fiktiv um den nicht-beherrschenden Anteil zu erhöhen. Anschließend kann dieser hochgerechnete Buchwert der CGU mit dem erzielbaren Betrag der CGU, der sich auf eine fiktive 100 %-Beteiligung bezieht, verglichen werden. Im Falle eines Wertberichtigungsbedarfs ist das Impairment pro rata auf den beherrschenden und nicht-beherrschenden Goodwill-Anteil aufzuteilen. Nur der Anteil, der dem beherrschenden Gesellschafter zugeordnet wird, ist erfolgswirksam zu erfassen. Diese Notwendigkeit der Buchwerthochrechnung entfällt bei der Full Goodwill-Methodik, da der Buchwert der CGU bereits den gesamten (Full) Goodwill umfasst. Wird bei Anwendung des Full Goodwill-Ansatzes ein Impairment-Bedarf festgestellt, wird der gesamte Abschreibungsbedarf erfolgswirksam erfasst.[123]

Das fortgeführte Beispiel aus Abschnitt 3.1.2.1 soll dieses Vorgehen illustrieren: Es wird angenommen, dass das gekaufte Unternehmen als CGU im kaufenden Unternehmen weitergeführt wird. Im Erwerbszeitpunkt wird dieser CGU ein beteiligungsproportionaler Goodwill in Höhe von 280 GE zugeordnet. Der Full Goodwill in diesem Beispiel ist 400 GE (= 280 / 0,7). Zum Zeitpunkt des Impairment Tests beträgt der Buchwert der CGU 1.070 GE, enthält aber nur den beteiligungsproportionalen Goodwill. Der Buchwert der CGU muss somit auf eine 100 %-Beteiligung und damit auf 1.190 GE (= 1.070 – 280 + 400) fiktiv hochgerechnet werden. In dem Niederstwerttest wird anschließend der hochgerechnete Buchwert dem erzielbaren Betrag in Höhe von 950 GE gegenübergestellt. In Höhe der Differenz von 240 GE (= 1.190 – 950) ergibt sich ein Impairment-Bedarf. Dieses Impairment bezieht sich auf den Full Goodwill. Im Fall der Aktivierung eines beteiligungsproportionalen Goodwill ist nur ein beteiligungsproportionales Impairment erfolgswirksam zu erfassen. In diesem Beispiel beträgt das Impairment 168 GE (= 240 · 0,7), das den aktivierten beteiligungsproportionalen Goodwill auf 112 GE (= 280 – 168) reduziert. Wird hingegen zum Erwerbszeitpunkt die Full Goodwill-Methode ausgewählt, ist ein Goodwill von 400 GE aktiviert. Zum Zeitpunkt des Impairment Tests liegt der Buchwert der CGU bei 1.190 GE, dem ein erzielbarer Betrag von 950 GE gegenübergestellt wird. Die Differenz von 240 GE (= 1.190 – 950) ist das Impairment, das bei

[123] Zur Partial Goodwill-Methode vgl. ehemals IAS 36.91-94. Diese Paragrafen wurden mit Abschluss von IFRS 3R gestrichen und dafür Anhang C hinzugefügt, der die Behandlung des nicht-beherrschenden Goodwill-Anteils regelt. Vgl. dazu IFRS 3.C10.

der Full Goodwill-Methode vollständig erfolgswirksam zu erfassen ist. Der Full Goodwill reduziert sich entsprechend auf 160 GE (= 400 – 240).[124]

Während die Full Goodwill-Methode bei der Erstbilanzierung eines Goodwill zu einer erfolgsneutralen Bilanzverlängerung führt, ergibt sich in der Folgebewertung eine erfolgswirksame Konsequenz: Beim Full Goodwill-Ansatz ist die erfolgswirksame Abschreibung um den nicht-beherrschenden Anteil höher als beim beteiligungsproportionalen Goodwill-Ansatz. Die Wahl der Ansatzmethodik hat damit einen erheblichen Einfluss auf die Höhe der erfolgswirksam erfassten Abschreibung und auf den Jahresüberschuss. Neben dieser Konsequenz für Ertrags- bzw. Bilanzanalyse aus der Full Goodwill-Methode kommt es zu einer Durchbrechung des Kongruenzprinzips: Im Fall einer Wertminderung werden Abschreibungen, die dem nicht-beherrschenden Goodwill-Anteil zuzuordnen sind, erfolgswirksam realisiert, obwohl ihnen keine Zahlungsausgänge in vorherigen Perioden gegenüberstehen.[125]

3.1.4 Kritische Würdigung der Goodwill-Bilanzierung

Die Goodwill-Bilanzierung bietet an verschiedenen Stellen Anlass zur Kritik. Diese Kritik zielt insbesondere auf das breite Repertoire an Einfluss- und Manipulationsmöglichkeiten, die eine zuverlässige und vergleichbare Goodwill-Bilanzierung erschweren. In der Literatur werden die bei den Bewertungs- und Abgrenzungsvorgängen auftretenden Ermessenspielräume unter dem Stichwort „Entobjektivierung“ zusammengefasst.[126] Es soll nicht die Aufgabe der vorliegenden Arbeit sein, die Summe aller Kritik wiederzugeben. Stattdessen werden einige der Kernkritikpunkte kurz hervorgehoben.

Bei der Erstbilanzierung bestehen Ermessensspielräume darin, den Fair Value des gesamten Unternehmens zu bemessen sowie die einzelnen identifizierbaren Vermögenswerte und Schulden zu bewerten. Die Anzahl der Bewertungsvorgänge und die dabei möglichen Fehlerpotenziale wirken sich unmittelbar auf die Residualgröße Goodwill aus.[127] Ferner existieren umfangreiche Gestaltungsspielräume bei der Bildung einer CGU, bei der Aufteilung des Goodwill auf CGUs, bei der Bestimmung der beherrschenden und nicht-beherrschenden Anteile am erworbenen Unternehmen und damit zusammenhängend beim wahlweisen Ansatz eines Full Goodwill oder Partial Goodwill. Aus diesen Ermessensspielräumen folgen Konsequenzen für die

[124] Ähnlich zu diesem Beispiel vgl. Pellens et al. (2008), S. 727.
[125] Vgl. Kuhner (2008), S. 14-15, mit Verweis auf Pellens/Amshoff/Sellhorn (2008), S. 602-604.
[126] Vgl. Kuhner (2008), S. 3.
[127] Vgl. Herz et al. (2001), S. 169.

Bewertung dieser Ebene und damit für die Möglichkeit, Wertverluste innerhalb der Einheit auszugleichen und ein Goodwill Impairment zu vermeiden.

Die Ermessensspielräume setzen sich bei der Folgebewertung fort. Die Bestimmung des erzielbaren Betrags einer CGU unterliegt umfassenden subjektiven Einschätzungen, die sich unmittelbar auf die Notwendigkeit eines Impairment Tests und – bei Durchführung des Tests – auf die Höhe einer Wertminderung auswirken. Durch Gestaltungsstrategien wie dem sog. *Big Bath-Accounting* (d. h., eine ungewöhnlich hohe Abschreibung findet in nur einer Periode statt) und der Gewinnglättung (d. h., die Abschreibung wird über eine bestimmte Zeitspanne gestreckt) wird die Abschreibung gezielt auf bestimmte Perioden verlagert und verteilt. Eine weitere Problematik ist es, verlässlich zu überprüfen, ob der ursprünglich angesetzte derivative Goodwill als Wert noch Bestand hat oder durch bereits neu geschaffenen, somit originären Goodwill ersetzt wurde.

3.1.5 Zwischenergebnis

In den vorangegangenen Abschnitten werden die Regelungen zur Bilanzierung von Unternehmenszusammenschlüssen und zur Bilanzierung eines aus einem Unternehmenszusammenschluss resultierenden Goodwill dargestellt und kritisch erläutert. An zwei Stellen wird explizit auf ein Integrationspotenzial von Goodwill-Bilanzierung und wertorientierter Unternehmenssteuerung aus Sicht des Management Approach hingewiesen. Aus der Perspektive der betriebswirtschaftlichen Bewertungslehre soll ein Teilunternehmenswert auf Basis interner Finanzpläne bestimmt werden. Die Bewertung sieht eine analoge Ansatz- und Bewertungsmethodik zur Unternehmensbewertung bzw. wertorientierten Unternehmenssteuerung vor. Aus der Perspektive der internen Organisations- und Berichtsstruktur soll die Ebene für die wertorientierte Unternehmenssteuerung bzw. die wertorientierte Einheit richtungweisend für die Bestimmung der CGU-Ebene sein.[128]

Auf Basis dieser Integrationspotenziale schlussfolgern u. a. Lorson/Heiden (2002), dass der Goodwill Impairment Test „(...) zweifelsfrei eine unternehmenswert

[128] Die Identifikation dieser beiden Integrationspotenziale ist nicht ausschließlich zu interpretieren. Zu weiteren Integrationspotenzialen bei IFRS 3 und IAS 36 vgl. Weißenberger/Maier (2006), S. 2078-2079. Zudem werden explizit Integrationspotenziale ausgeklammert, die nicht eine dem Management Approach entsprechende Wirkungsrichtung intern auf extern aufweisen. Zur anderen Richtung, d. h. zur Nutzung von Informationen aus dem Goodwill Impairment Test für die wertorientierte Unternehmenssteuerung. Vgl. u. a. Haaker (2008), S. 431-530; Schultze (2005); Schultze/Hirsch (2005), S. 139-164.

orientierte Ausrichtung von Unternehmensrechnung und Controlling [fordert]".[129] Alvarez/Biberacher (2002) äußern sich ähnlich: „Durch die erhöhte Transparenz, die der neue Standard nach sich zieht, wird die Wertorientierung endgültig auch auf nachgelagerten Ebenen etabliert."[130] Inwieweit eine vollständige Integration der Goodwill-Bilanzierung und der wertorientierten Unternehmenssteuerung bei den beiden identifizierten Integrationspotenzialen tatsächlich möglich ist, wird im nächsten Abschnitt analysiert.

3.2 Analyse der zwei identifizierten Integrationspotenziale von Goodwill-Bilanzierung und wertorientierter Unternehmenssteuerung

In diesem Abschnitt werden die beiden im vorangehenden Abschnitt identifizierten Integrationspotenziale zwischen der Goodwill-Bilanzierung und der wertorientierten Unternehmenssteuerung als Ausprägungsmerkmale des Management Approach näher analysiert. Zunächst werden die Ansatz- und Bewertungsmethodik bei der Folgebewertung des Goodwill, insbesondere bei der Bestimmung des Nutzungswerts der CGU, und die Ansatz- und Bewertungsmethodik bei der Unternehmensbewertung bzw. bei der wertorientierten Unternehmenssteuerung gegenübergestellt. Anschließend wird auf die mögliche Übereinstimmung der Organisations- und Berichtsstruktur für die Bestimmung der CGU und für die Ebene der wertorientierten Unternehmenssteuerung eingegangen. Das Ziel dieses Abschnitts besteht darin herausstellen, welches der zwei Integrationspotenziale sich für eine vollständige Integration anbietet.

Die Analyse konzentriert sich auf deutsche, nach IFRS bilanzierende Unternehmen. Entsprechend werden als Vorschriften für die betriebswirtschaftliche Unternehmensbewertung die Hinweise in IDW Standard 1 Grundsätze zur Durchführung von Unternehmensbewertungen (IDW S 1 i. d. F. 2008; kurz: IDW S 1) genutzt. Die Bewertungsanlässe sind vielfältig und umfassen u. a. den Kauf bzw. Verkauf von Unternehmen und die wertorientierte Unternehmenssteuerung. Es soll nun der Frage nachgegangen werden, ob eine integrierte Bewertung für die drei Themenkomplexe Unternehmensbewertung, wertorientierte Unternehmenssteuerung und Goodwill Impairment Test möglich ist und welche Grenzen sich bei einer Integration ergeben.[131] Abbildung 5 verdeutlicht diese Analyse. Wie bereits in Abschnitt 2.3 dargelegt, existiert ein formal- oder sachlogischer Bezug zwischen der wertorientierten Kennzahl

[129] Lorson/Heiden (2002), S. 379.
[130] Alvarez/Biberacher (2002), S. 352.
[131] Zu den nachfolgenden Abschnitten ausführlich vgl. Beyhs (2002), S. 202-213; Schumann (2008), S. 331-378; Trützschler et al. (2005), S. 384-398, 403; Wirth (2005), S. 29-82.

und der Bewertung eines Unternehmens. Eine integrierte Bewertung für Zwecke der wertorientierten Unternehmenssteuerung und der Unternehmensbewertung ist somit möglich. Im nachstehenden Abschnitt wird daher die methodische Verbindung zwischen der Unternehmensbewertung und der Goodwill-Folgebilanzierung systematisch analysiert.

Abbildung 5: Integrationspotenzial: Einheitliche Methodik für die wertorientierte Unternehmenssteuerung, Unternehmensbewertung und Goodwill-Bilanzierung[132]

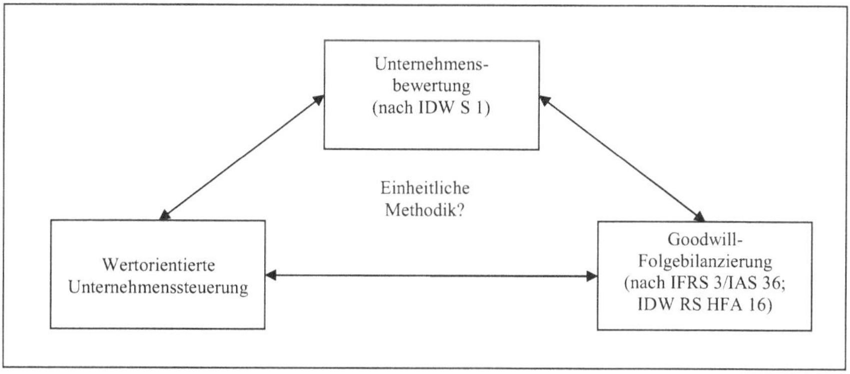

Für die Folgebilanzierung des Goodwill wird auf den Nutzungswert der CGU abgestellt.[133] Der Nutzungswert ergibt sich nach IAS 36.6 als „der Barwert der künftigen Cashflows, der voraussichtlich aus (...) einer zahlungsmittelgenerierenden Einheit abgeleitet werden kann". Diese Methodik entspricht dem DCF-Verfahren als gängiges Gesamtbewertungsverfahren in der Unternehmensbewertung. Für die Ermittlung des Nutzungswerts sowie für die Bestimmung des Unternehmenswerts sind demnach Informationen über die Nutzungsdauer, die zukünftigen Cashflows und der Kapitalisierungszinssatz notwendig.[134]

Bei einer CGU wird von einer unendlichen Nutzungsdauer ausgegangen, sodass – analog zur betriebswirtschaftlichen Unternehmensbewertung nach IDW S 1, Tz. 77 – zwei Phasen unterteilt werden: Die erste Phase nennt sich Detailplanungsphase und

[132] In Anlehnung an Schultze/Hirsch (2005), S. 4.

[133] Vgl. Beyhs (2002), S. 97, mit der Schlussfolgerung, dass der Nutzungswert der CGU im Normalfall als Referenzwert bei der Goodwill-Folgebilanzierung herangezogen wird.

[134] Für die Ermittlung des Nutzungswerts bietet der Anhang A des IAS 36 eine grundlegende Anleitung zur Barwertbestimmung. Für die betriebswirtschaftliche Unternehmensbewertung gilt IDW S 1, Abschnitt 7.3. Grundsätzlich kann auch das Residualgewinnverfahren anstelle eines DCF-Verfahrens genutzt werden. Vgl. Herz et al. (2001), S. 168.

umfasst den Planungshorizont (in der Regel die nächsten fünf Planungsjahre) der internen Finanzplanung. Die zweite Phase ist die Fortschreibungsphase, in der unter Verwendung von Wachstumsraten die Zahlungsströme bis in die Ewigkeit extrapoliert werden. Grundsätzlich stimmen somit die Annahmen zum Planungshorizont bei der Goodwill-Folgebilanzierung mit den Grundprinzipien zur betriebswirtschaftlichen Unternehmensbewertung überein.

Die zu prognostizierenden Cashflows einer CGU umfassen grundsätzlich die Cashflows aus der laufenden Nutzung dieser Einheit (IAS 36.39a), so wie sie in den aktuellen Finanzplänen des Management vorgesehen sind. Davon werden in IAS 36.44a explizit die Cashflows für zukünftige Restrukturierungsmaßnahmen ausgeschlossen, zu denen ein Unternehmen noch nicht verpflichtet ist. Ferner sind nach IAS 36.44b die Cashflows, die aufgrund „einer Verbesserung oder Erhöhung der Ertragskraft des Vermögenswertes“ bzw. der CGU erwartet werden (sog. Erweiterungsinvestitionen), nicht zu beachten. Während somit eigentlich die Zahlungsströme aus den internen Finanzplänen zur Ermittlung des Nutzungswerts einer Einheit angesetzt werden sollen, werden diese Cashflows im Ergebnis um Cash(out)flows für zukünftige Restrukturierungen und Erweiterungen zu niedrig angesetzt. Durch diese Vorgaben können Inkonsistenzen zur Zahlungsstrombasis für die Unternehmensbewertung und die wertorientierte Unternehmenssteuerung entstehen. „*Bewertungsrelevantes Wissen* wird durch die Vorschriften des IAS 36 *unterdrückt*.“[135] Des Weiteren werden in IAS 36.50a-b explizit Cashflows aus Finanzierungsaktivitäten und aus Ertragssteuern ausgeschlossen. Insbesondere der Vor-Steuer-Ansatz der Zahlungsströme wird in IAS 36.BC91 kritisch im Hinblick auf eine Harmonisierung mit dem internen Rechnungswesen gesehen, da dort primär mit Nach-Steuer-Größen gearbeitet wird. Bereits aus diesen ersten, offensichtlich in IAS 36 angegebenen Hinweisen wird deutlich, dass erhebliche Divergenzen bei der Bestimmung der relevanten Zahlungsgröße bestehen und damit eine integrale Nutzung der Cashflow-Prognose für die Bestimmung des Nutzungswerts, für die wertorientierte Unternehmenssteuerung und für weitere betriebswirtschaftliche Bewertungsanlässe nicht bzw. nur über Sonderrechnungen möglich ist.

---

[135] Beyhs (2002), S. 206; Hervorhebung wie im Original. Vgl. zudem die Anmerkungen des IASB in IAS 36.BC73: "(...) *Paragraph [33b] required value in use to be based on the most recent forecasts approved by management – which would be likely to reflect management's intentions in relation to future restructurings and future capital expenditure – whereas paragraph [44] required value in use to exclude the effects of a future restructuring to which the enterprise is not yet committed and future capital expenditure that will improve or enhance the asset in excess of its originally assessed standards of performance.*"

Für den Kapitalisierungszinssatz bei der Bestimmung des Nutzungswerts wird in IAS 36 gefordert, dass es sich um einen Vor-Steuer-Zinssatz handeln soll, der unabhängig von der Kapitalstruktur der CGU sein soll.[136] IAS 36.A17 schlägt als Startwert für die Bestimmung des Diskontierungssatzes den gewichteten Gesamtkapitalkostensatz (*weighted average cost of capital*, WACC) vor. Der Widerspruch ist offensichtlich: IAS 36.A19 fordert zum einen, einen Diskontierungssatz unabhängig von der Kapitalstruktur zu bestimmen, während der WACC explizit die Kapitalstruktur der zu bewertenden Einheit berücksichtigt. Dieser Widerspruch innerhalb des IAS 36 führt ebenfalls dazu, dass sich unterschiedliche WACC-Sätze für die Bestimmung des Nutzungswerts, für die Bestimmung einer wertorientierten Kennzahl und für die betriebswirtschaftliche Unternehmensbewertung ergeben.

Zusammenfassend zeigen sich bei dem überblicksartigen Vergleich der Ansatz- und Bewertungsgrundsätze für die Goodwill-Folgebilanzierung und für die betriebswirtschaftliche Unternehmensbewertung offenkundige Divergenzen. Eine vollständige Vereinheitlichung der Bewertung für die Anlässe der Folgebewertung des Goodwill, der wertorientierten Unternehmenssteuerung und der betriebswirtschaftlichen Unternehmensbewertung erscheint nicht möglich. Stattdessen verbleibt die Notwendigkeit von parallel anzuwendenden Unternehmensbewertungsrechnungen.[137]

Neben dem Bewertungsaspekt wird als weiteres Integrationspotenzial die Abgrenzung von CGUs in Anlehnung an die internen Berichtsstrukturen identifiziert. In Abschnitt 3.1.2.2 sind sechs Kriterien für die Abgrenzung einer CGU identifiziert und erläutert worden. Der Management Approach findet sich unmittelbar im ersten Kriterium wieder. Als Orientierungshilfe für die Identifikation einer CGU sollen die internen Steuerungs- und Berichtsstrukturen dienen. Das IASB fordert in IAS 36.BC140 explizit den „Link" zwischen interner und externer Berichtsstruktur. In Gesprächen mit Unternehmensvertretern wurde das IASB häufig mit der Frage konfrontiert, welche Einheit in der internen Unternehmenssteuerung angesprochen wird: "*[T]he most frequent questions [is] 'what level of management?'*."[138] Für die Beantwortung dieser Frage gilt es, die Strukturen der internen Unternehmenssteuerung näher zu betrachten. In der Terminologie der internen Unternehmenssteuerung liegt ein Vergleich zwischen der Einheit einer CGU und der eines Profit Centers nahe. Der

---

[136] Vgl. IAS 36.55; IAS 36.A19. Entsprechend wird kein Steuervorteil einer Fremdfinanzierung beachtet. Ausführlich zum Kapitalisierungszinssatz nach IAS 36 vgl. Haring (2004), S. 209-246.

[137] Ebenso zu diesem Fazit und zu einer zusammenfassenden Gegenüberstellung vgl. Beyhs (2002), S. 212; Trützschler et al. (2005), S. 403.

[138] IAS 36.BC141.

Profit Center mit seiner Eigenschaft, Einzahlungen zu generieren und eine gesonderte Ergebnisrechnung aufzustellen, bietet sich als Unternehmensebene für eine CGU an. In einem Profit Center trägt das Bereichsmanagement eine vollständige Gewinnverantwortung und damit die Verantwortung über die Erlös- und Kostenseite. Das VBM-Konzept liefert ein Steuerungsinstrument für die Steuerung des gesamten Unternehmens einschließlich der operativen Einheiten eines divisional organisierten Unternehmens. Aus Sicht der wertorientierten Unternehmenssteuerung kann folglich der Profit Center als die hierarchisch niedrigste operative Einheit interpretiert werden, auf der eine wertorientierte Spitzenkennzahl oder die wesentlichen Werttreiber bestimmt werden. Diese Einheit wird als wertorientierte Einheit bezeichnet.[139]

Nachdem mit der Ebene eines Profit Centers bzw. der wertorientierten Einheit zunächst die Frage beantwortet werden kann, welche interne Steuerungsebene als Orientierungshilfe zur Bestimmung einer CGU gewählt wird, wird im nächsten Schritt überprüft, ob diese Ebene die CGU-Kriterien erfüllt. In einem Profit Center trägt das Bereichsmanagement die volle Gewinnverantwortung. Aus der Gewinnverantwortung folgt, dass neben der Steuerung auf das Gewinnziel auch eine entsprechende Kontrolle stattfindet. Das Management hat Entscheidungsrechte zur Beurteilung operativer Entscheidungen. So kann es über die Stilllegung oder die Veräußerung von Teilbereichen innerhalb der Einheit entscheiden. Diese Anforderung entspricht dem CGU-Kriterium, wonach bei der Festlegung der CGU-Struktur zu entscheiden ist, „wie das Management Entscheidungen über die Fortsetzung oder den Abgang der Vermögenswerte bzw. die Einstellung von Unternehmenstätigkeiten trifft".[140] Aus der Gewinnverantwortlichkeit eines Profit Centers kann zudem geschlossen werden, dass innerhalb eines Profit Centers ein Output entsteht und dieser weiterveräußert wird. Ein Profit Center erfüllt demnach die an eine CGU gestellte Anforderung, Output zu produzieren, der auf einem aktiven Markt angeboten werden kann.

Innerhalb eines Profit Centers können für die Vorbereitung von Entscheidungen einzelne Geschäftsprozesse und damit zusammenhängend einzelne Zahlungsströme und Investitionsprojekte transparent dargestellt werden. Die für die Evaluierung der Entscheidung herangezogenen Informationen beziehen sich demnach auf den betrach-

[139] Zur Eignung eines Profit Centers als Unternehmensebene für die CGU vgl. ebenfalls Beyhs (2002), S. 108; Haaker (2005), S. 352; Klingels (2005), S. 57; Wirth (2005), S. 17. In diesem Zusammenhang wendet Schumann (2008), S. 326-329, ein Ausschlussverfahren zur Bestimmung, was sich hinter der internen Reportingstruktur verbergen könnte, an. Er kommt zum Ergebnis, dass eine unternehmenswertorientierte Einheit einer idealtypischen CGU entspricht. Grundlegend zum Center-Konzept vgl. Ewert/Wagenhofer (2008), S. 401-402.

[140] IAS 36.69.

teten Unternehmensbereich und weisen keine wesentlichen Verbundeffekte zu anderen Unternehmensbereichen auf. Die Zahlungsmittelzu- und -abflüsse eines Profit Centers sind weitestgehend unabhängig von den Zahlungsmittelzu- und -abflüssen anderer Profit Center. Diese Anforderung gilt sowohl für die Beurteilung des gesamten Bereichs als auch einzelner Geschäftsprozesse oder Leistungen. Ein Profit Center erfüllt damit das CGU-Kriterium nach einer weitgehenden Unabhängigkeit der Zahlungsströme.[141]

Die vergleichende Analyse eines Profit Centers als Proxy für eine wertorientierte Einheit und einer CGU zeigt eine grundsätzliche Übereinstimmung der Charakteristika und Kriterien beider Unternehmensbereiche auf. Eine vollständige Übereinstimmung einer CGU und einer wertorientierten Einheit ist möglich.[142]

3.3 Zwischenergebnis und Ableitung der Forschungsfragen

In diesem Kapitel werden die beiden Phasen des Projekts *Business Combinations* und die Regelungen zur Bilanzierung eines im Rahmen eines Unternehmenszusammenschlusses entstandenen Goodwill vorgestellt. Es werden zwei Anwendungsbereiche des Management Approach identifiziert, in denen die Vorschriften zur Goodwill-Bilanzierung explizit die Verbindung zum internen Rechnungswesen bzw. zur wertorientierten Unternehmenssteuerung ansprechen. Aus der Perspektive der betriebswirtschaftlichen Bewertungslehre soll die Folgebewertung des Goodwill auf den Finanzplänen des Unternehmens aufbauen, sodass eine Ansatz- und Bewertungsmethodik analog zur Unternehmensbewertung bzw. wertorientierten Unternehmenssteuerung angewendet wird. Aus der Perspektive der internen Organisations- und Berichtsstruktur soll die Ebene einer wertorientierten Einheit, die einem Profit Center entspricht, richtungweisend für die Bestimmung der CGU-Ebene sein.

Die Analyse der beiden Integrationspotenziale zeigt auf, dass Divergenzen bei den unterschiedlichen Bewertungsanlässen verbleiben und aus Organisationsperspektive die Überführung der CGU-Struktur aus der internen Organisations- und Berichtsstruktur möglich ist. Die vorliegende Arbeit konzentriert sich daher in ihrem weiteren Verlauf auf die Übereinstimmung einer CGU und einer wertorientierten Einheit. Dafür wird der Begriff Integration konkretisiert und fortan als die Übereinstimmung einer

[141] An diesem Kriterium – die Interdependenzen zwischen den CGUs und die Gültigkeit der Wertadditivität – ist ein Disput zwischen Haaker (2005), Haaker (2006a), Haaker (2006b) auf der einen Seite und Klingelhöfer (2006), Olbrich (2006a), Olbrich (2006b) auf der anderen Seite entstanden. Zu diesem Disput auch Schumann (2008), S. 322-325.

[142] Zu diesem Fazit ebenfalls vgl. Beyhs (2002), S. 108; Haaker (2005), S. 352; Klingels (2005), S. 57; Wirth (2005), S. 17.

CGU und einer wertorientierten Einheit definiert. Eine vollständige Integration zeichnet sich dadurch aus, dass erstens eine CGU und eine wertorientierte Einheit übereinstimmen, dass zweitens die CGU auch als wertorientierte Einheit genutzt wird und dass drittens die CGU und die wertorientierte Einheit die niedrigsten Unternehmensebenen für die Steuerung darstellen.[143]

Die vorliegende Arbeit setzt sich zum Ziel, das Ausmaß der Integration zu analysieren. Nach der theoretischen Herleitung, dass eine Übereinstimmung einer CGU und einer wertorientierten Einheit möglich ist, gilt es somit empirisch zu überprüfen, wie hoch in der Unternehmenspraxis das Ausmaß der Integration ist. Eine fundierte Analyse im Bereich Management Accounting fragt nicht nur nach dem Zustand einer interessierenden Eigenschaft, sondern ebenfalls nach den Einflussfaktoren für diesen Zustand und nach den Konsequenzen, die sich aus dem Zustand ergeben. Unter der Annahme, dass kapitalmarktorientierte Unternehmen analysiert werden, die dem Ziel ihrer Kapitalgeber nachkommen und sich der Maximierung des Shareholder Value verpflichten, interessiert die Auswirkung der Integration auf die Performance.[144] Das Forschungsziel dieser Arbeit besteht somit in der Analyse der Integration, der Faktoren, die einen Einfluss auf die Integration haben, und der Performancekonsequenzen, die sich aus einer hohen oder niedrigen Integration ergeben. Neben dem Interesse am Ausmaß der Integration können die folgenden zwei Forschungsfragen hergeleitet werden:

1. Von welchen Einflussfaktoren hängt die Integration ab?
2. Welchen Einfluss hat die Integration auf die Unternehmensperformance?

Für die Beantwortung dieser Forschungsfragen bedarf es einer empirischen Untersuchung, da Informationen über die interne Unternehmenssteuerung und insbesondere über die organisatorische Strukturierung der Steuerung nicht öffentlich zugänglich sind. Eine rein theoretisch geführte Analyse vermag zudem die Forschungsfragen nicht umfassend zu erfassen.

[143] In Bezug auf diesen Forschungsschwerpunkt sind in der wissenschaftlichen Literatur bislang Defizite zu verzeichnen. So stellt Schumann (2008), S. 3, fest: „[I]nwieweit die Bewertungsobjekte der wertorientierten Unternehmensführung eine Grundlage für die Bildung zahlungsmittelgenerierender Einheiten darstellen können, wurde hingegen noch nicht ausführlich erörtert.“

[144] In dieser Arbeit wird Performance als langfristige finanzielle Unternehmensleistung eines kapitalmarktorientierten Unternehmens definiert. Die Begriffe (Unternehmens-)Performance, Unternehmensleistung und Effektivität werden synonym verwendet.

4 Theoretischer Bezugsrahmen und Hypothesenbildung

Das Ziel des vierten Kapitels ist es, aufbauend auf den in Kapitel 3 hergeleiteten Forschungsfragen einen theoretisch fundierten Analyserahmen für die anschließende empirische Überprüfung auszuwählen und Hypothesen zu entwickeln. In Abschnitt 4.1 werden zunächst die Ergebnisse zentraler Meta-Analysen zusammengestellt, die die in der empirischen Management Accounting-Forschung genutzten theoretischen Bezugsrahmen vorstellen. Mit dem kontingenztheoretischen Ansatz wird der theoretische Bezugsrahmen für diese Arbeit ausgewählt und kurz vorgestellt. Darauf basierend werden in Abschnitt 4.2 die Hypothesen abgeleitet, die die vermuteten Beziehungen zwischen ausgewählten Einflussfaktoren und der Integration, die Auswirkung der Integration auf die Unternehmensperformance und die den Effekt der Einflussfaktoren über die Integration auf die Unternehmensperformance beschreiben. Das Kapitel endet in Abschnitt 4.3 mit einer zusammenfassenden Darstellung des theoretischen Modells.

4.1 Theoretischer Bezugsrahmen

4.1.1 Überblick über die theoretische Fundierung der (empirischen) Management Accounting-Forschung

Die theoretische Fundierung der empirischen Management Accounting-Forschung wird in der Literatur kritisch diskutiert. Zimmerman (2001) postuliert gar, dass es keine Theorie im Bereich Management Accounting gibt. Statt der Überprüfung von Theorien, so Zimmerman (2001), fokussiere sich die empirische Forschung auf die praktische Beschreibung von Management Accounting.[145] Dieser Äußerung wird in der Literatur energisch widersprochen und auf die Breite der verwendeten Theorien hingewiesen.[146] Um einen Überblick über die Theorien im Bereich Management Accounting zu erhalten, sollen an dieser Stelle die Feststellungen zentraler Meta-Analysen zum Theorieeinsatz kurz vorgestellt werden.

[145] Vgl. Zimmerman (2001), S. 411.

[146] Vgl. die sich auf Zimmerman (2001) beziehenden Artikel von Hopwood (2002); Ittner/Larcker (2002); Luft/Shields (2002); Lukka/Mouritsen (2002). Zudem klagt u. a. Mitchell (2002) über eine Lücke zwischen Forschung und Praxis, sog. *research/practice gap*.

Shields (1997) konzentriert seine Analyse auf Artikel, die Anfang der 1990er-Jahre in den sechs führenden US-Zeitschriften zur Management Accounting-Forschung[147] veröffentlicht wurden. Insgesamt identifiziert er 152 relevante Beiträge, die zu 57 % empirische Arbeiten umfassen. Inhaltlich beziehen sich die Artikel primär auf die Ausgestaltung von Managementkontrollsystemen einschließlich Kennzahlensystemen. Hinsichtlich ihres Theoriebezugs weisen die Beiträge eine klare Dominanz der Institutionenökonomik, insbesondere der Prinzipal-Agenten-Theorie, und Theoriebeiträgen der Psychologie, Soziologie und der Kontingenztheorie auf.

Scapens/Bromwich (2001) erweitern die Analyse von Shields (1997) und beschreiben die Themen, die in den ersten zehn Jahren in der Zeitschrift Management Accounting Research seit ihrem erstmaligen Erscheinen im Jahr 1990 veröffentlicht wurden. Bezogen auf die Anzahl der Artikel stellen die Autoren fest, dass mit 34 % der Artikel vornehmlich anwendungsbezogene Themen ohne konkreten theoretischen Bezug veröffentlicht wurden. Artikel mit konkretem theoretischen Fundament basieren primär auf der Institutionenökonomik, insbesondere der Prinzipal-Agenten-Theorie. Einen weiteren Theorienschwerpunkt bildet die Organisationstheorie einschließlich des kontingenztheoretischen Ansatzes.

Luft/Shields (2003) untersuchen analog zu Shields (1997) die sechs führenden US-Zeitschriften zur Management Accounting-Forschung bis zum Jahr 2002. Sie identifizieren 275 relevante Artikel und verdeutlichen grafisch die in den Artikeln untersuchten Ursachen für bzw. Wirkungen von Management Accounting anhand von neun Karten. Hinsichtlich der verwendeten Theorien konzentrieren sie sich auf sozialwissenschaftliche Theorien zur Erklärung der Management Accounting-Praxis, wie beispielsweise der Institutionenökonomik, insbesondere der Prinzipal-Agenten-Theorie, und dem kontingenztheoretischen Ansatz.

Chenhall (2003) konzentriert seine Analyse auf Studien, die Managementkontrollsysteme (*management control systems*, MCS) unter kontingenztheoretischen Aspekten untersuchen. Diese gesammelten Erkenntnisse, die insgesamt einen Forschungszeitraum von mehr als 20 Jahren umfassen, stellt er systematisch dar.

Wagenhofer (2006) analysiert die Forschung zum Management Accounting in deutschsprachigen Zeitschriften. Insgesamt identifiziert er 221 Artikel, die in den Jahren 1998 bis 2004 in den sechs führenden deutschsprachigen Zeitschriften zur

[147] Bei diesen sechs Zeitschriften handelt es sich um die folgenden: Accounting, Organizations and Society, Accounting Review, Contemporary Accounting Research, Journal of Accounting and Economics, Journal of Accounting Research und Journal of Management Accounting Research.

Management Accounting-Forschung[148] veröffentlicht wurden. Er stellt den starken Bezug zur traditionellen Kostenrechnung und Produktion in der deutschen Management Accounting-Forschung heraus, gefolgt von Forschung mit theoretischer Fundierung aus der Institutionenökonomik.

Zusammenfassend kann für die Management Accounting-Forschung keine eindeutige Dominanz eines theoretischen Fundaments abgeleitet werden. Die Institutionenökonomik ist eine vielfach verwendete theoretische Basis. Daneben werden häufig theoretische Grundlagen und gewonnene Erkenntnisse aus anderen Wissenschaftsdisziplinen auf die Management Accounting-Forschung übertragen. Eine prominente Forschungsrichtung ist die Organisationstheorie und im Speziellen die Kontingenztheorie.[149]

4.1.2 Einbindung der Kontingenztheorie in die (empirische) Management Accounting-Forschung

Der kontingenztheoretische Ansatz wurde in den 1960er-Jahren als Gegenstrom zu der bis dato in der klassischen Management- und Organisationstheorie vorherrschenden Auffassung des Ansatzes, es gebe *„one best way to organize*“,[150] entwickelt. Die Kontingenztheorie geht stattdessen von der Annahme aus, dass die Struktur einer Organisation durch bestimmte Situations-, Kontext- bzw. Kontingenzfaktoren (*contingency factors*), wie z. B. durch die Unternehmensumwelt, die Unternehmensgröße, die Aufgabenunsicherheit und -abhängigkeit oder die Technologie, bestimmt wird. Im Zentrum des Interesses stehen demnach die Organisationsstruktur und ihre Abhängigkeit von bestimmten Kontexten. Die Ausgestaltung der Organisationsstruktur kann wiederum die Effektivität eines Unternehmens beeinflussen. Eine universell effektive Organisationsstruktur gibt es nicht, da die Organisationsstruktur eines jeden

---

[148] Bei diesen Zeitschriften handelt es sich um die folgenden: Betriebswirtschaftliche Forschung und Praxis, Die Betriebswirtschaft, Zeitschrift für Betriebswirtschaft, Zeitschrift für betriebswirtschaftliche Forschung einschließlich Schmalenbach Business Review, Journal für Betriebswirtschaft und Die Unternehmung – Schweizerische Zeitschrift für betriebswirtschaftliche Forschung und Praxis.

[149] Vgl. so auch die Feststellung bei Zimmerman (2001), S. 417. Einen Überblick über Organisationstheorien bieten Kieser/Ebers (2006). Im englischen Sprachgebrauch wird die Kontingenztheorie als *contingency theory* oder *contingency approach* bezeichnet. Im deutschen Sprachgebrauch werden die Begriffe Kontingenzansatz, Kontingenztheorie oder Situativer Ansatz verwendet. Die deutschen und englischen Begriffe werden in dieser Arbeit synonym genutzt.

[150] Donaldson (2001), S. 3.

Unternehmens durch unternehmensindividuelle Kontingenzfaktoren bestimmt wird und sich mit ihnen verändert, um effektiv und effizient zu bleiben.[151]

Der kontingenztheoretische Ansatz unterstellt folglich erstens, dass es keine allgemeingültige Organisationsstruktur gibt ("*there is no one best way to organize*"), und zweitens, dass nicht jede Organisationsstruktur effektiv ist ("*any way of organizing is not equally effective*").[152] Aus diesen beiden Annahmen leiten sich drei Forschungsfragen für den situativen Ansatz ab:[153]

1. Wie kann die Organisationsstruktur konzipiert und operationalisiert werden?
2. Welche Kontingenzfaktoren können Unterschiede zwischen Organisationsstrukturen erklären und wie können sie operationalisiert werden?
3. Welche Auswirkung haben unterschiedliche Kontext-Struktur-Beziehungen auf die Effektivität des Unternehmens und auf das Verhalten der Organisationsmitglieder?

Die ersten beiden Forschungsfragen befassen sich mit der Auswahl, Konzeptionalisierung und Operationalisierung der Kontextfaktoren und der Organisationsstruktur sowie mit der Kontext-Struktur-Beziehung. Der Auswahl der Kontextfaktoren sind keine Grenzen gesetzt.[154] Stattdessen sind alle Faktoren in die Analyse einzubeziehen, von denen eine Erklärung für die Ausgestaltung der Organisationsstruktur erwartet wird. Ausgehend von der Vielfalt der möglichen Kontextfaktoren existiert eine Vielzahl an empirischen Studien, die die Wirkung auf bestimmte Organisationsstrukturen beschreiben. Auf Basis der Auswahl bestimmter Kontingenzfaktoren und ihres Zusammenspiels mit der Organisationsstruktur haben sich zudem unterschiedliche Forschungsrichtungen entwickelt. So fokussiert sich das Bürokratiemodell auf die Unternehmensgröße als zentralen Kontextfaktor und stellt heraus, dass mit zunehmender Unternehmensgröße die Dezentralisierung, Spezialisierung, Standardisierung und Formalisierung der Organisationsstruktur zunimmt. Der organische Ansatz konzentriert sich auf den Kontextfaktor Unsicherheit. Die zentralen Forschungsbefunde sind, dass Unternehmen bei stabilen, sicheren Umweltbedingungen und einer bürokratischen (mechanistischen) Struktur erfolgreicher sind,

---

[151] Vgl. Donaldson (2001), S. 4. Der Kontingenzansatz fordert demnach nicht ein maximales Level einer Organisationsstrukturvariablen, um eine maximale Unternehmensleistung zu erzielen, sondern ein angemessenes Level.

[152] Galbraith (1973), S. 2, zu beiden Zitaten.

[153] Vgl. Kieser/Ebers (2006), S. 218.

[154] Einschränkend gilt nur die Forderung, dass die Kontextfaktoren konsistent zu der Ebene auszuwählen sind, auf der die Daten erhoben und analysiert werden. Vgl. Chenhall (2003), S. 156; Luft/Shields (2003), S. 171.

während Unternehmen mit einer eher unbürokratischen (organischen) Struktur besser auf instabile Umweltbedingungen reagieren können.[155]

Aus der dritten Forschungsfrage folgt, dass eine Organisation eine Passung bzw. einen Fit zwischen den Kontingenzfaktoren und ihrer Organisationsstruktur sucht und dass dieser Fit die Effektivität des Unternehmens bestimmt. Nur wenn ein Unternehmen seine Organisationsstruktur auf die gegebenen Kontingenzfaktoren einstellt und laufend an diese anpasst, kann es effektiv sein. Es entsteht eine Rückkoppelungs schleife, wenn das aus einer Kontext-Struktur-Beziehung resultierende Effektivitäts-niveau auf einen Misfit hinweist.[156] Die Abbildung 6 fasst das Grundmodell des kontingenztheoretischen Ansatzes zusammen.

Abbildung 6: Theoretischer Bezugsrahmen: Grundmodell des kontingenztheoretischen Ansatzes

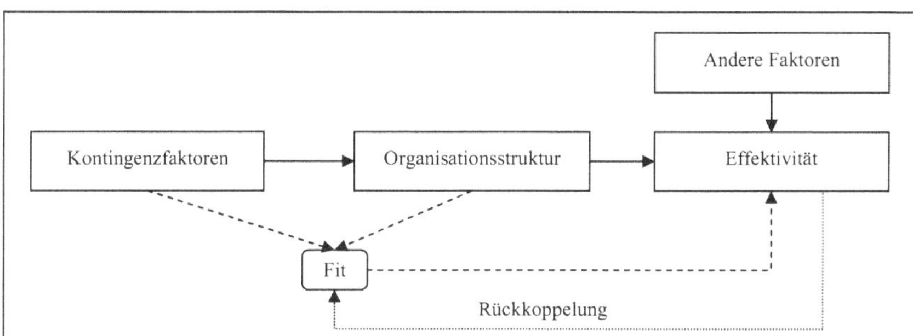

Der Kontingenzansatz hat in der Organisationsforschung einen erheblichen Beitrag zur Erklärung von Organisationsstrukturen geleistet. Dennoch wird die Kontingenz-forschung vielfältig kritisiert. Aus methodischer Sicht zielt die Kritik auf die fehlende oder uneinheitliche Auswahl, Konzeptionalisierung und Operationalisierung der Kontextfaktoren und der Organisationsstruktur und damit nahezu die Unmöglichkeit, Forschungsergebnisse zu vergleichen. Ferner wird kritisiert, dass die verwendeten statistischen Verfahren teilweise nicht angemessen sind und die Stichprobe häufig nicht repräsentativ ist. Aus theoretischer Sicht zielt die Kritik insbesondere wegen der Uneinheitlichkeit der Forschungsergebnisse auf die geringe theoretische Erklärungs-leistung des Kontingenzansatzes.[157]

[155] Für eine Übersicht über die zentralen Forschungsbefunde vgl. Chenhall (2003), S. 145; Donaldson (2001), S. 18-30; Ebers (2004), Sp. 658-660; Kieser/Ebers (2006), S. 223-230.

[156] Vgl. grundlegend Donaldson (2001), S. 7-16.

[157] Vgl. Ebers (2004), Sp. 660-663; Kieser/Ebers (2006), S. 231-239.

Die genannten Kritikpunkte, insbesondere der Vorwurf des geringen theoretischen Beitrags, sind schwerwiegend. Dennoch halten viele Forscher vehement am Situativen Ansatz in der Organisationsforschung fest, insbesondere wegen seines erheblichen Beitrags zur Erklärung von Organisationsstrukturen. Ebenfalls wird der Ansatz vermehrt in empirischen Untersuchungen über die Grenzen der Organisationsforschung hinaus als theoretischer Bezugsrahmen gewählt, so beispielsweise auch im internationalen Forschungsfeld des Management Accounting.

Die Grundhypothese in der kontingenztheoretischen Management Accounting-Forschung lautet, dass es kein universell verwendbares Steuerungsinstrument gibt, das zu allen Organisationen unter Beachtung sämtlicher Kontextfaktoren passt. Stattdessen wird die Ausgestaltung einzelner Eigenschaften oder die Nutzung des Steuerungsinstruments durch ausgewählte Kontextfaktoren bestimmt. Die Aufgabe der kontingenztheoretischen Management Accounting-Forschung besteht demzufolge erstens darin, die interessierenden Eigenschaften des Steuerungsinstruments zu identifizieren. Im zweiten Schritt sind Kontextfaktoren auszuwählen, bei denen vermutet wird, die Ausgestaltung oder die Nutzung des Steuerungsinstruments zu beeinflussen. Es ist eine Passung bzw. ein Fit zwischen den gewählten Kontextfaktoren und dem Steuerungsinstrument zu bestimmen. Im dritten Schritt gilt es nachzuweisen, dass das zu den gegebenen Kontextfaktoren passende Steuerungsinstrument zu einer höheren Effektivität der Organisation führt.[158] Abbildung 7 veranschaulicht ein Grundmodell des Situativen Ansatzes im Forschungsfeld Management Accounting.

Abbildung 7: Theoretischer Bezugsrahmen: Grundmodell des kontingenztheoretischen Ansatzes in der Management Accounting-Forschung

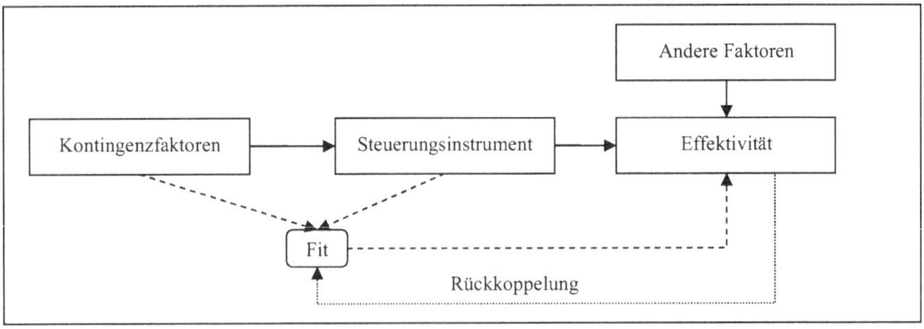

[158] Vgl. Otley (1980), S. 419-420.

Besteht das Forschungsinteresse darin, das Management bei seiner Aufgabe der Unternehmenssteuerung zu unterstützen, so fokussiert sich die Forschung auf die Erklärung der dafür notwendigen Ausgestaltung, Nutzung oder Nützlichkeit eines bestimmten Steuerungsinstrumentariums. Die Variable des Steuerungsinstrumentariums wird als abhängige Variable ausgewählt, die durch bestimmte Kontextfaktoren (als die erklärenden bzw. exogenen Variablen) bestimmt wird. Der Forschungsbeitrag endet somit nach der Analyse des Fit-Zustands zwischen Kontext und Steuerungsinstrument. So zeigen Gosselin (1997) und Krumwiede (1998), welchen Effekt die Auswahl der Unternehmensstrategie und der Organisationsstruktur auf die Wahl und Implementierung der Prozesskostenrechnung hat. Gerdin (2005a) stellt ein kontingenztheoretisches Modell vor, mit dem er den Einfluss von Abhängigkeitsverhältnissen zwischen einzelnen Abteilungen und der Organisationsstruktur auf die Ausgestaltung von Steuerungsinstrumenten beschreibt. Al-Omiri/Drury (2007) untersuchen den Einfluss von insgesamt neun Kontextfaktoren auf die Wahl von Instrumenten für die Produktkostenrechnung. Tillema (2005) fokussiert sich auf den Anwendungsbereich von Steuerungsinstrumenten; im Speziellen auf die drei Dimensionen Fokus, Quantifizierung und Zeithorizont der mit einem Steuerungsinstrument generierten Informationen. Sie stellt mithilfe einer Fallstudie dar, welche Kontextfaktoren diese Dimensionen beeinflussen.

Während die Mehrzahl der empirischen Beiträge zur Management Accounting-Forschung die Analyse des Fit-Zustands als ihr primäres Ziel deklariert, untersuchen nur wenige Studien auch die dritte Forschungsfrage des kontingenztheoretischen Ansatzes. Zu ihnen zählen die folgenden: Hoque/James (2000) überprüfen die Beziehung zwischen der Unternehmensgröße und der Nutzung der Balanced Scorecard mit Auswirkung auf die Unternehmensperformance. Ittner/Larcker/Randall (2003) untersuchen in ihrem kontingenztheoretischen Modell den Performance-Effekt, der sich aus der Nutzung von strategischen Steuerungsinstrumenten verbunden mit Werttreibersystemen und Unternehmensstrategien ergibt. Gerdin (2005b, 2005c) analysiert den Fit, der sich aus der Beziehung der Abhängigkeitsverhältnisse zwischen Abteilungen und der Nutzung eines passenden Steuerungsinstruments ergibt, sowie den sich aus dem Fit-Zustand ergebenen Performance-Effekt. Hyvönen (2007) überprüft die Beziehung zwischen einer kundenzentrierten Unternehmensstrategie und der Unternehmensperformance unter Berücksichtigung der Informationstechnologie und finanzieller sowie nicht-finanzieller Kennzahlen. Cadez/Guilding (2008) untersuchen neben anderen Faktoren den Einfluss der Unternehmensgröße und Unternehmensstrategie auf die Nutzung strategischer Steuerungsinstrumente und den sich daraus ergebenden Einfluss auf die Unternehmensperformance.[159]

Zusammengefasst besteht die Anforderung an die Management Accounting-Forschung darin, erstens den Fit zwischen den Kontextfaktoren und dem Steuerungsinstrument zu bestimmen und gegebenenfalls zweitens auf die höhere Effektivität des Fits gegenüber dem Misfit einzugehen. Ebendiese Konzeptionalisierung des Fits einschließlich der zu treffenden Annahmen für die Analyse der Effektivität stellt einen der zentralen Bausteine in der kontingenztheoretischen Forschung dar. Basierend auf Gerdin/Greve (2004) beschreibt das Rahmenwerk in Abbildung 8 die unterschiedlichen Fit-Konzepte in der kontingenztheoretischen Management Accounting-Forschung.

Abbildung 8: Theoretischer Bezugsrahmen: Fit-Konzepte der kontingenztheoretischen Management Accounting-Forschung[160]

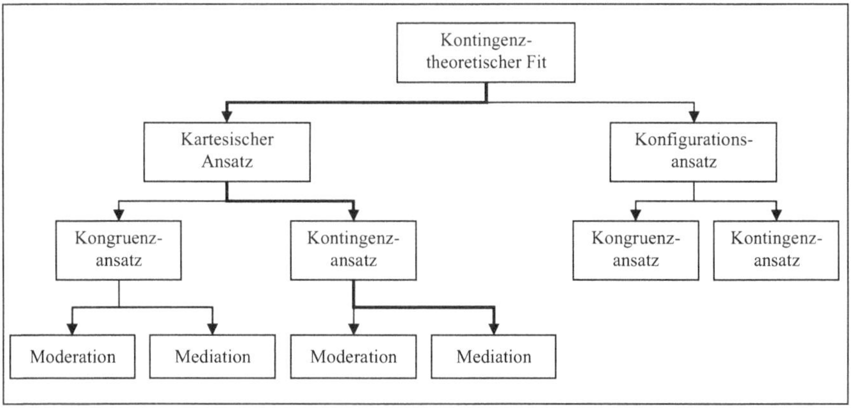

Die drei dargestellten Unterscheidungsebenen des kontingenztheoretischen Fits können wie folgt interpretiert werden:[161] Auf der ersten Ebene unterscheiden sich der kartesische Ansatz und der Konfigurationsansatz. Die Vertreter des ersten Ansatzes, der auch als klassischer Ansatz der Kontingenztheorie bezeichnet wird, fassen den Fit zwischen Kontext und Steuerungsinstrument als eine kontinuierliche Entwicklung auf. Es existiert eine Fit-Linie, die die Optima unterschiedlicher Kontext-

[159] Während die Analyse des Fit-Zustands dem zweiten Schritt im VBM-Ansatz entspricht, erfolgt die fortlaufende Überprüfung des Fits im fünften und sechsten Schritt innerhalb des VBM-Ansatzes. Vgl. dazu die Erläuterungen in Abschnitt 2.3.

[160] In Anlehnung an Gerdin/Greve (2004), S. 304. Eine weitergehende Differenzierung findet sich bei Gerdin/Greve (2008), S. 1000. Die Unterscheidung geht u. a. auf Drazin/Van de Ven (1985) zurück.

[161] Zu den nachfolgenden Ausführungen vgl. Gerdin/Greve (2004), S. 304-310.

Steuerungsinstrument-Beziehungen darstellt und auf der sich ein Unternehmen bei kleinen Änderungen von Kontext und Steuerungsinstrument entlang bewegen kann. Im Gegensatz dazu sieht der Konfigurationsansatz nur wenige Zustände des Fits vor. Ändert sich der Kontext oder das Design bzw. die Nutzung des Steuerungsinstruments, so muss das betrachtete Unternehmen „Anpassungssprünge" von einem Fit-Zustand zum nächsten vornehmen, um keine Effektivitätseinbußen zu erleiden.

Auf der zweiten Ebene unterscheiden sich der Kongruenz- und der Kontingenzansatz. Der erste unterstellt implizit, dass nur die effektiven Unternehmen überleben (sog. *survival of the fittest condition*). Entsprechend werden nur Unternehmen mit einer optimalen Kontext-Steuerungsinstrument-Beziehung und einer optimalen Unternehmensperformance beobachtet. Aus dieser Annahme erübrigt sich die explizite Beachtung der Unternehmensperformance. Die Analyse konzentriert sich nur auf die Beziehung zwischen Kontext und Steuerungsinstrument sowie auf den Fit-Zustand. Die *survival of the fittest*-Annahme wird vielfach kritisiert und letztlich unter dem Kontingenzansatz aufgegeben. Unter ihm sind Fit- und Misfit-Zustände möglich, die eine hohe und niedrige Unternehmensperformance bedingen. Die Aufgabe der Forschung ist es demnach zu zeigen, dass ein Fit zu einer hohen Performance führt und ein Misfit die Performance reduziert. Die Wahl zwischen dem Kongruenz- und dem Kontingenzansatz ist entscheidend. So bestimmt die Wahl, ob nur die ersten beiden der oben aufgeführten Forschungsfragen des kontingenztheoretischen Ansatzes oder alle drei Forschungsfragen analysiert werden. Aus der Wahl zwischen den beiden Ansätzen ergibt sich die Wahl der abhängigen Variablen im Forschungsmodell. Die Vertreter des Kongruenzansatzes wählen das Steuerungsinstrument als abhängige Variable, die durch bestimmte Kontingenzfaktoren (als die erklärenden bzw. exogenen Variablen) bestimmt wird. Bei der Analyse der Beziehung zwischen den Kontextfaktoren und dem Steuerungsinstrument wird eine Gleichgewichtssituation (*equilibrium conditions*) unterstellt. In dieser Gleichgewichtssituation wird angenommen, dass nur effektive Kontext-Steuerungsinstrument-Beziehungen bestehen. Jedes Unternehmen erzielt eine optimale Unternehmensperformance bei einer passenden (*fitted*) Kontext-Steuerungsinstrument-Beziehung. Diese Annahme der optimalen Performance wird unter der Gleichgewichtsannahme nicht überprüft, sondern gilt als Voraussetzung. Besteht hingegen das Forschungsinteresse darin, die Auswirkungen des Steuerungsinstruments zu untersuchen, so wird im Forschungsmodell die Performance als abhängige Variable ausgewählt. Bei der Analyse der Auswirkungen unterschiedlicher Kontext-Steuerungsinstrument-Beziehungen auf die Unternehmensperformance wird keine Gleichgewichtssituation mehr unterstellt (*disequilibrium conditions*). Stattdessen wird angenommen, dass es Unternehmen gibt, die ein nicht ihrer Situation entsprechendes Steuerungssystem nutzen. Ein Fit zwischen Unternehmenskontext und Steuerungsinstrument führt zu einer Steigerung der Unternehmensperformance, während ein schlechter Fit bzw. ein Misfit eine Verringerung der Unternehmensperformance bedingt.[162] Der Taxonomie von Gerdin/Greve (2004) folgend ergibt sich ein Kontingenzansatz.

Der Konfigurationsansatz endet nach der zweiten Ebene. Der kartesische Ansatz hingegen unterscheidet auf einer dritten Ebene mit der Moderation und Mediation zwei alternative Wege zur Fit-Messung. Bei einer Moderation wird unterstellt, dass der Effekt einer unabhängigen Variablen (dem Steuerungsinstrument) auf eine abhängige Variable (höhere Performance) von einer dritten Variablen, der sogenannten Moderatorvariablen bzw. dem Moderator (einem Kontextfaktor), beeinflusst wird. Ein mediierender Effekt bzw. ein Fit via Mediation liegt vor, wenn ein signifikanter indirekter Effekt der unabhängigen Variablen (einem Kontextfaktor) über eine mediierende Variable bzw. dem Mediator (dem Steuerungsinstrument) auf die abhängige Variable (Performance) zu beobachten ist. Moderation und Mediation sind per Konstruktion damit gegensätzliche Wege zur Fit-Messung. Während das Steuerungsinstrument im Moderatormodell als unabhängige Variable dargestellt wird, ist es im Mediatormodell die mediierende Variable.[163]

Die Ausführungen verdeutlichen, dass es sich auf den ersten beiden Ebenen (kartesischer Ansatz versus Konfigurationsansatz und Kongruenzansatz versus Kontingenzansatz) um alternative, sich ausschließende Fit-Konzeptionen handelt. Gerdin/Greve (2004) verweisen darauf, dass die Wahl auf diesen beiden Ebenen durch das Forschungsziel zu treffen ist. Die Wahl auf der dritten Ebene zwischen der moderierenden oder mediierenden Fit-Konzeption hingegen erfolgt zusammen mit der expliziten Modellierung des Forschungsdesigns, da die Ansätze unterschiedlicher Annahmen zum Zusammenhang der Variablen treffen.[164]

Das dargestellte Rahmenwerk der kontingenztheoretischen Management Accounting-Forschung dient als ideales Rahmenwerk für die in dieser Arbeit zu untersuchenden

---

162 Grundlegend zu diesen Annahmen vgl. Chenhall (2003), S. 134-135; Gerdin/Greve (2004), S. 307; Gerdin/Greve (2008), S. 997; Luft/Shields (2003), S. 201-202. Daneben diskutiert Langfield-Smith (1997), S. 226, die Unternehmensperformance als unabhängige Variable zu konzeptionalisieren. Eine entsprechende Forschungsfrage könnte dabei lauten, ob die Einführung eines bestimmten Steuerungsinstruments auf eine hohe oder niedrige Unternehmensperformance zurückzuführen ist.

163 Zu einer ausführlichen Unterscheidung zwischen Moderation und Mediation siehe Abschnitt 5.1.4.3.

164 Vgl. Gerdin/Greve (2004), S. 306, 310.

Fragestellungen: Das Konzept der Integration, definiert als die Übereinstimmung einer CGU und einer wertorientierten Einheit, ist die zentrale Variable in den Fragestellungen und dient – übertragen auf das kontingenztheoretische Rahmenwerk – als eine spezielle Ausgestaltung des Steuerungsinstruments. Die in Abschnitt 3.3 hergeleiteten Forschungsfragen zielen auf die Determinierung der Einflussfaktoren für einen bestimmten Zustand der Integration und auf die Konsequenzen der Integration hinsichtlich der Unternehmensperformance. Die Einflussfaktoren sind – übertragen auf das Rahmenwerk des kontingenztheoretischen Ansatzes – die Kontextfaktoren. Im Rahmen der Hypothesenbildung gilt es, passende Kontextfaktoren zu identifizieren und ihren Einfluss auf die Integration herzuleiten. Es wird unterstellt, dass es eine kontinuierliche Fit-Linie gibt, auf der sich Änderungen von Kontextfaktoren und Ausprägungen der Integration entsprechen und zu einem Fit oder Misfit führen. Nach der Taxonomie von Gerdin/Greve (2004) entspricht diese Fit-Konzeption einem kartesischen Ansatz. Würde das Forschungsinteresse der vorliegenden Arbeit ausschließlich darin bestehen, die Beziehung zwischen den Kontextfaktoren und Integration zu analysieren, dann wäre Integration die endogene Variable. In diesem Modellkontext wäre das Ausmaß der Integration bei jedem Unternehmen optimal und würde dem Zustand der identifizierten Kontextfaktoren entsprechen. Es würde sich bei jedem Unternehmen eine optimale Passung von Kontextfaktoren und Integration ergeben, die bei jedem Unternehmen zu einem optimalen Performance-Niveau führen würde. Integration hätte in diesem Modellkontext keine Auswirkung auf die Performance, da nur effektive Unternehmen beobachtet werden würden. Diese Annahmen erscheinen in der Realität und daher auch zum Zeitpunkt der Befragung nicht gegeben zu sein. Stattdessen wird ein Ungleichgewichtszustand unterstellt (*disequilibrium conditions*), in dem die befragten Unternehmen einen Zustand der Integration aufweisen, der um ihre unternehmensindividuelle optimale Integration kreisen kann. Die unternehmensindividuell optimale Integration beschreibt dabei den Fit-Zustand zwischen Kontextfaktoren und Integration. In einem hier unterstellten Ungleichgewichtszustand ist es angebracht, Performance als die abhängige Variable zu definieren. Nach der Taxonomie von Gerdin/Greve (2004) ergibt sich somit für die vorliegende Arbeit ein kartesischer Kontingenzfit.

Das ausgewählte Fit-Konzept ist in Abbildung 8 mit stärker hervorgehobenen Pfeilen zusammengestellt. Die Herleitung des Fits als passendes Zusammenspiel zwischen den Kontextfaktoren und der Integration sowie der Nachweis, dass der Fit zwischen den Kontextfaktoren und Integration zu einer höheren Effektivität der Organisation führt, erfolgen im Rahmen der Hypothesenbildung. Die Effektivität als Maßgröße für die

Wirtschaftlichkeit gilt als vorrangige Zielgröße der organisatorischen Gestaltung. Sie determiniert damit – bezeichnet als Performance – die Zielgröße und damit die endogene Variable in der vorliegenden Arbeit.

Dieses grundsätzliche Abstecken eines theoretischen Rahmenwerks zur Analyse der dieser Arbeit zugrunde liegenden Forschungsfragen erlaubt es, ein vorläufiges theoretisches Grundmodell aufzustellen. Zusammengefasst besteht das Forschungsanliegen unter Bezugnahme auf den kontingenztheoretischen Ansatz darin, die Integration zu analysieren, den Zusammenhang zwischen bestimmten Organisationscharakteristika und der Integration zu bestimmen und zu untersuchen, ob die Integration (für sich genommen und über den Fit) die Unternehmensperformance beeinflusst. Dieses Forschungsanliegen ist in Abbildung 9 dargestellt.

Abbildung 9: Theoretischer Bezugsrahmen: Theoretisches Grundmodell

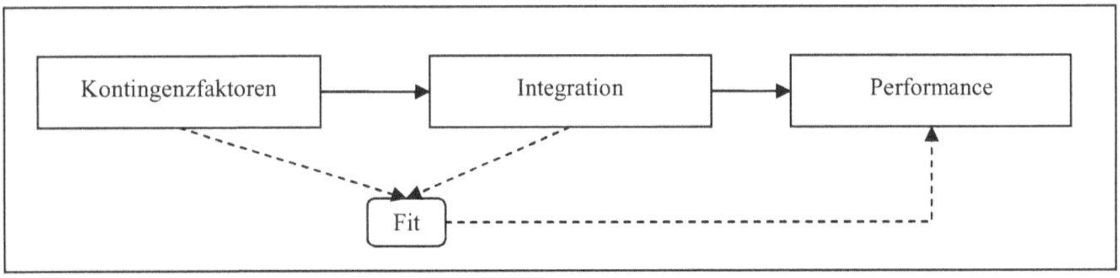

Bevor dieses theoretische Grundmodell im nächsten Abschnitt mit der Herleitung von Hypothesen konkretisiert wird, wird zunächst mit der Endogenität ein zentrales Problem in der empirischen Forschung angesprochen. Aus der Darstellung des theoretischen Grundmodells wird deutlich, dass Integration eine endogene Variable ist, die durch die Kontingenzfaktoren beeinflusst wird. Gleichzeitig wirkt sich der Zustand der Integration als eine exogene Variable auf die endogene Variable Performance aus. Endogenität bezeichnet in dieser Konstellation den Zustand, in dem Ursache (exogene Variable, hier: Integration) und Wirkung (endogene Variable, hier: Performance) nicht exakt voneinander zu trennen sind. In dem hier vorgestellten Grundmodell kann Endogenität dahin gehend vermutet werden, dass der Zustand der Integration und die Performance nicht exakt voneinander getrennt werden können. Formal zeigt sich die Endogenität durch eine Korrelation zwischen der betrachteten exogenen Variablen und dem Fehlerterm der endogenen Variablen. Das Vorhandensein von Endogenität führt zu fehlerhaften (*biased*) und inkonsistenten Schätzern in der Gleichung, die zur empirischen Überprüfung der zuvor aufgestellten theoretischen Hypothese genutzt wird. Aus einer fehlerhaften und inkonsistenten Schätzung ergibt sich, dass das Vertrauen in die Aussagefähigkeit der Annahme oder Ablehnung der Hypothese gemindert wird und damit insgesamt das Forschungsergebnis infrage gestellt wird.[165] In dem hier vorgestellten Grundmodell wird zunächst theoretisch eine mögliche Endogenität dadurch umgangen, dass ein Ungleichgewichtszustand vermutet wird und damit eine Auswirkung von der Integration auf die Performance bestehen kann. Die Existenz von Endogenität wird zusätzlich in der empirischen Überprüfung des Modells durch die Korrelation von Integration und dem Fehlerterm in der Performance-Regression untersucht.

4.2 Hypothesenbildung

Ausgehend von der in Kapitel 3 hergeleiteten und abgesteckten Konzeption der Integration und eingebettet in den theoretischen Bezugsrahmen aus Abschnitt 4.1 werden in diesem Abschnitt fünf mögliche Einflussfaktoren für die Integration und Determinanten, die auf diese Einflussfaktoren wirken, vorgestellt sowie die vermutete Auswirkung der Integration auf die Unternehmensperformance hergeleitet.

Aufgrund der Neuartigkeit der zu untersuchenden Fragestellung liegen bisher keine vergleichbaren empirischen Befunde vor. Die vorliegende Arbeit kann daher nicht auf überprüfte und bestätigte Kontext-Integrations-Zusammenhänge oder auf Konzeptionalisierungs- und Operationalisierungsergebnisse zurückgreifen. Stattdessen werden die Erkenntnisse aus vergleichbaren Untersuchungen herangezogen und auf die Fragestellungen übertragen.

4.2.1 Wertorientierte Unternehmenssteuerung und Integration

Die wertorientierte Unternehmenssteuerung stellt ein Steuerungsinstrumentarium dar, das sich mit der Unternehmenswertsteigerung explizit den Zielen der Eigenkapitalgeber (Prinzipal) verpflichtet und das Handeln der Unternehmensleitung (Agent/Prinzipal) und der Bereichsleitung (Agent) auf diese Ziele ausrichtet. Sie bietet daher mit ihrer Ausgestaltung eine Möglichkeit zur Verringerung bestehender Informationsasymmetrien und Interessenkonflikten zwischen Prinzipal und Agent.[166]

Diese Möglichkeit, mit der Ausgestaltung der wertorientierten Unternehmenssteuerung mögliche Konflikte zwischen Prinzipal und Agent zu mildern, wurde von den Standardsetzern des IASB bei der Einführung des Management Approach in IAS 36.80a aufgegriffen. Der Standard schreibt vor, dass die interne Berichtsstruktur als Vorlage für die Bestimmung der Berichtsstruktur des externen Berichtswesens

[165] Ausführlich zur Endogenität vgl. Chenhall/Moers (2007).

[166] Vgl. Ittner/Larcker (2001), S. 368; Ryan/Trahan (2007), S. 113. Siehe ebenfalls Ausführungen in Abschnitt 2.3 und 2.5.

dienen soll. Durch die Angleichung der Berichtsstrukturen soll es einem Investor ermöglicht werden, das Unternehmen aus dem Blickwinkel des Management zu betrachten und Einblicke in die internen Strukturen des Unternehmens zu erhalten. Die Integration beider Ebenen führt somit zu einer Milderung des Prinzipal-Agenten-Konflikts.

In der vorliegenden Arbeit wird angenommen, dass die wertorientierte Unternehmenssteuerung die Grundlage für die Integration bietet. Nur wenn für die interne Steuerung umfassende Berichtsstrukturen ausgestaltet sind, können diese Strukturen in einem nächsten Schritt für das externe Berichtswesen übernommen werden. Je mehr ein Unternehmen wertorientiert steuert und je detaillierter die Strukturen dafür innerhalb des Unternehmens ausgestaltet sind, desto besser ist die Möglichkeit einer Integration. Das Ausmaß von VBM wird damit als erster Kontingenzfaktor zur Beeinflussung der Integration identifiziert.

Bei dieser Annahme eines positiven Einflusses von VBM auf die Integration kann jedoch ein Problem der Simultanität vermutet werden.[167] Dabei wird angenommen, dass die Entscheidung, Goodwill auf eine bestimmte Ebene zu allokieren, nicht separat davon getroffen wird, dieselbe Ebene auch zu steuern. Es kann vermutet werden, dass der Einfluss von VBM auf Integration auch umgekehrt gültig ist, dass nämlich Integration einen Einfluss auf VBM hat. Die Beziehung zwischen VBM und Integration wäre dann durch eine Wechselwirkung gekennzeichnet, die eine gerichtete Hypothesenbildung und -überprüfung unmöglich macht oder die – bei Ignoranz der Wechselwirkung – erhebliche Auswirkungen auf die Ergebnisanalyse hat. Für die vorliegende Untersuchung soll die Vermutung der Simultanität zunächst theoretisch und später auch empirisch widerlegt werden. Der Management Approach schreibt vor, dass die interne Steuerungs- und Berichtsstruktur als Vorlage für die Bestimmung der Berichtsstruktur des externen Berichtswesens dienen soll. Ohne ein umfassendes wertorientiertes Steuerungsinstrument und ohne eine entsprechende Berichtsstrukturvorlage ist es folglich nicht möglich, eine Integration herbeizuführen. Ohne Berichtsstruktur müsste für Zwecke der externen Rechnungslegung eine neue und damit zusätzliche Berichtsstruktur entstehen. Genau dies ist jedoch nach IAS 36.BC140 nicht die Intention der Standardsetzer. Die wertorientierte Unternehmenssteuerung und ihre Strukturvorlage sind damit eine notwendige Voraussetzung für eine Integration, nicht

[167] Simultanität ist eine Ausprägungsform der Endogenität. Endogenität unterstellt, dass ein Zusammenhang zwischen einer erklärenden Variable (hier: VBM) und dem Fehlerterm in der vermuteten Beziehung zwischen einer erklärenden und einer erklärten Variable (hier: Integration) existiert. Zu einer ausführlichen Diskussion zum Endogenitätsproblem vgl. Chenhall/Moers (2007).

umgekehrt. Der Umfang der wertorientierten Unternehmenssteuerung hängt nicht von Integration ab, sondern wird von anderen Faktoren, wie z. B. der Unterstützung durch die Unternehmensleitung, der Übertragung von Entscheidungskompetenzen auf das untere Management, der Mitarbeiterschulung zum Einsatz wertorientierter Steuerungsinstrumente oder der IT-Infrastruktur bestimmt.[168] Es wird daher an der Annahme festgehalten, dass die wertorientierte Unternehmenssteuerung bzw. VBM einen positiven Einfluss auf die Integration ausübt, sodass die erste Hypothese (H) lautet:

H1: VBM hat einen positiven Einfluss auf die Integration.

4.2.2 Harmonisierung und Integration

Neben der wertorientierten Unternehmenssteuerung wird die Harmonisierung des internen und externen Rechnungswesens als zweite Möglichkeit zur Milderung von Prinzipal-Agenten-Konflikten angesehen.[169] Empirische Studien bestätigen die Wichtigkeit, mit einem harmonisierten Rechnungswesen die Informationsunterschiede zwischen unternehmensinternen und -externen Akteuren auszugleichen. In Deutschland ist der Harmonisierungsprozess zu Beginn der 1990er-Jahre angelaufen. Bei einer Vielzahl der Unternehmen ist der Harmonisierungsprozess bereits abgeschlossen.[170] Ähnliche Entwicklungen finden sich bei Unternehmen aus Großbritannien. In einer Befragung unter den sechs größten Unternehmen bestätigen Hopper et al. (1992), dass fünf der sechs Unternehmen ein vereinheitlichtes Rechnungswesen haben und dass für die Unternehmenssteuerung Kennzahlen aus dem externen Rechnungswesen genutzt werden.[171] Auf diese Befragung aufbauend berichten auch Joseph et al. (1996) und Drury/Tayles (1997) von einer zunehmenden Harmonisierung in Großbritannien.[172]

In Übereinstimmung zu den Ausführungen bei H1 wird auch bei der Harmonisierung angenommen, eine notwendige Voraussetzung für die Umsetzung des Management Approach zu sein. Es wird angenommen, dass zwischen dem Harmonisierungsgrad im Rechnungswesen und dem Ausmaß der Integration einer CGU und einer wertorientierten Einheit ein Zusammenhang besteht. Unternehmen, die ein harmonisiertes

[168] Vgl. u. a. Cavalluzzo/Ittner (2004), S. 245.
[169] Vgl. dazu die Ausführungen in Abschnitt 2.4 und 2.5.
[170] Vgl. Ewert/Wagenhofer (2007), S. 1040-142; Schaier (2008), S. 123, mit Verweis auf empirische Studien. Vgl. zudem Jones/Luther (2005).
[171] Vgl. Hopper et al. (1992), S. 308.
[172] Vgl. Drury/Tayles (1997), S. 270-271; Joseph et al. (1996), S. 84.

Rechnungswesen haben, werden umso eher auch die organisatorischen Ebenen einer CGU und einer wertorientierten Einheit integrieren:[173]

H2: Die Harmonisierung hat einen positiven Einfluss auf die Integration.

4.2.3 Internationalisierung, wertorientierte Unternehmenssteuerung und Harmonisierung

Wie bereits in Abschnitt 2.2 und 2.3 angesprochen, werden im Wesentlichen zwei Entwicklungen in Deutschland für den Beginn der Diskussion um die Harmonisierung verantwortlich gemacht:[174] Die erste Entwicklung bezieht sich auf die sich verstärkende internationale Ausrichtung der Unternehmen, kurz als Internationalisierung bezeichnet. Die Umstellung auf IFRS und die zunehmende Internationalisierung werden als wesentliche Treiber in der Harmonisierungsdiskussion und im Harmonisierungsprozess angesehen.

Die zweite Entwicklung bezieht sich auf den zunehmenden Einfluss internationaler Investoren auf die Unternehmen. Die Investoren fordern eine Ausrichtung der Unternehmenssteuerung an ihren Interessen. Die wertorientierte Unternehmenssteuerung bzw. kurz VBM wird dabei als das zentrale Steuerungsinstrument identifiziert, das explizit die Interessen der Eigenkapitalgeber beachtet und sich die Unternehmenswertsteigerung als primäres Unternehmensziel setzt. Die zunehmende Bedeutung der wertorientierten Unternehmenssteuerung wird daher als zweiter Treiber in der Harmonisierungsdiskussion und im Harmonisierungsprozess angesehen.

Diese beiden Entwicklungen münden in zwei Hypothesen:

H3: Die Internationalisierung hat einen positiven Einfluss auf die Harmonisierung.

H4: VBM hat einen positiven Einfluss auf die Harmonisierung.

4.2.4 Zufriedenheit mit dem Goodwill Impairment Test und Integration

Neben diesen eher technischen Einflussfaktoren wird die verhaltensorientierte Determinante „Zufriedenheit des Management" häufig in Zusammenhang mit Steuerungsinstrumenten untersucht. Bei diesen empirischen Untersuchungen wird primär unterstellt, dass das Steuerungsinstrument die exogene Variable darstellt und einen Einfluss auf die Ergebnisgröße der Zufriedenheit sowie auf die Unternehmens-

[173] Analog zur wertorientierten Unternehmenssteuerung könnte auch beim unterstellten Einfluss der Harmonisierung auf die Integration das Problem der Simultanität vermutet werden. Die theoretische Argumentation gegen die Existenz dieses Problems ist analog, eine empirische Überprüfung erfolgt in Abschnitt 1.1.

[174] Vgl. Schaier (2008), S. 131-133.

performance hat. Diesen Argumentationsstrang fasst Chenhall (2003) wie folgt zusammen: "*If the MCS [management control systems] are found to be useful then they are likely to be used and provide satisfaction to individuals, who then presumably can approach their tasks with enhanced information. As a consequence, these individuals take improved decisions and better achieve organizational goals.*"[175] Wenn ein Steuerungsinstrument bei seiner Nutzung als nützlich empfunden wird, so wird dieses Steuerungsinstrument vermehrt genutzt und mit der vermehrten Nutzung stellt sich eine Zufriedenheit des Nutzers ein. Mit der Nutzung, der empfundenen Nützlichkeit und Zufriedenheit wird eine Überlegenheit des Nutzers in Verbindung gebracht. Diese Überlegenheit wird darin gesehen, dass das Steuerungsinstrument zusätzliche Informationen generiert, die dem Management als verbesserte Entscheidungsgrundlage dienen und somit zu einer Erhöhung der finanziellen Unternehmensperformance führen. Die empirischen Ergebnisse können diesen Argumentationspfad nicht immer vollständig bestätigen: So zeigen bspw. Ittner/Larcker/Randall (2003), dass die Zufriedenheit des Management mit dem Einsatz von strategischen Kennzahlensystemen (als ein Steuerungsinstrument) steigt, je mehr diese Systeme genutzt werden und je mehr bei diesen Systemen nicht-finanzielle Kennzahlen eingesetzt werden. Ein signifikanter Zusammenhang zwischen der Zufriedenheit des Management und der finanziellen Unternehmensperformance konnte indes nicht nachgewiesen werden.[176] Rigby (2001) zeigt in seiner Studie, dass die Zufriedenheit des Management mit dem Einsatz strategischer Planungsinstrumente und mit dem Einsatz einer wertorientierten Unternehmenssteuerung steigt. Er kann jedoch keinen Zusammenhang zwischen dem Einsatz eines Steuerungsinstruments und dem finanziellen Erfolg des Unternehmens nachweisen.[177] Cadez/Guilding (2008) fassen unterschiedliche Ergebnisse zum Zusammenhang zwischen dem Umfang der Nutzung strategischer Steuerungsinstrumente und ihrer Auswirkung auf die Unternehmensperformance zusammen.[178]

Chenhall (2003) kritisiert die Argumentation, eine Brücke von der „Nutzung" über die „Nützlichkeit" eines Steuerungsinstrumentariums zur „Zufriedenheit" bis hin zur „Effektivität" zu schlagen. Bei dem Argumentationspfad wird außer Acht gelassen, dass das Management zwar ein Steuerungsinstrument nutzt, aber zur Nutzung dieses

[175] Chenhall (2003), S. 132.
[176] Vgl. Ittner/Larcker/Randall (2003), S. 727, 739.
[177] Vgl. Rigby (2001), S. 145, 150.
[178] Vgl. Cadez/Guilding (2008), S. 842-843. Während die Mehrheit der Studienergebnisse einen positiven Zusammenhang zwischen einer vermehrten Nutzung strategischer Steuerungsinstrumente und der finanziellen Unternehmensperformance bestätigt, gibt es auch Studien, die einen negativen Zusammenhang finden oder einen Zusammenhang, der nur unter bestimmten Bedingungen gilt.

Instruments gezwungen ist. Es wird nicht beachtet, dass das Management das Instrument eigentlich als nicht nützlich empfindet und daher auch wenig mit ihm zufrieden ist. Ebenfalls wird von Chenhall (2003) die Vermutung einer Wirkungsrichtung von einer erhöhten Zufriedenheit auf die Unternehmensperformance angezweifelt.[179]

Aus diesem Grund wird die Argumentationskette von einer anderen Perspektive betrachtet und angenommen, dass das Management die Nutzung eines bestimmten Steuerungsinstruments ausdehnt, je mehr es mit dem Instrument zufrieden ist. Bezogen auf die in dieser Arbeit zugrunde liegenden Forschungsfragen lautet die Argumentation daher wie folgt. Es wird angenommen, dass ein Management umso mehr daran interessiert ist, die im Rahmen des Goodwill Impairment Tests gewonnenen Informationen auch intern zu nutzen, je mehr es mit der Durchführung des Goodwill Impairment Tests für sich betrachtet zufrieden ist (kurz: IOA Zufriedenheit). Eine notwendige Voraussetzung für die weitere Nutzung von Informationen aus dem Impairment Test ist, dass die Ebene, auf der der Test durchgeführt wird, mit der Ebene übereinstimmt, auf der das Management das Unternehmen steuert. Es wird daher angenommen, dass ein Management umso mehr die Integration von VBM-Struktur und Struktur der Goodwill-Allokation intensiviert, je mehr es mit der Durchführung des Goodwill Impairment Tests zufrieden ist. Daraus wird diese Hypothese abgeleitet:

H5: Die IOA Zufriedenheit hat einen positiven Einfluss auf die Integration.

4.2.5 Organisationsstruktur und Integration

Die Organisationsstruktur und die Organisationsgröße sind zwei zentrale Kontingenzfaktoren, die bereits in der kontingenztheoretischen Organisationsforschung vielfach betrachtet und analysiert wurden. Diese beiden Kontingenzfaktoren stellen daher auch in der kontingenztheoretischen Management Accounting-Forschung zwei wesentliche Determinanten zur Erklärung eines Steuerungsinstruments dar.[180] In diesem Abschnitt werden zunächst die Organisationsstruktur und ihr vermuteter Zusammenhang mit der Integration betrachtet; der nächste Abschnitt beschäftigt sich mit der Beziehung zwischen der Organisationsgröße und der Integration.

Chenhall (2003) beschreibt die Organisationsstruktur als die formale Spezifikation verschiedener Aufgaben für Organisationsmitglieder und die Verteilung von Zuständigkeiten auf organisatorische Einheiten, ausgerichtet auf die Ausführung der

[179] Vgl. Chenhall (2003), S. 135.
[180] Vgl. Chenhall (2003), S. 128; Luft/Shields (2003), S. 171.

Organisationsaktivitäten: "*Organizational structure is about the formal specification of different roles for organizational members, or tasks for groups, to ensure that the activities of the organization are carried out.*"[181] Die Operationalisierung der Organisationsstruktur baut auf den definierenden Dimensionen und Strukturmerkmalen, insbesondere der Dezentralisierung, Formalisierung und Differenzierung, auf. Diese drei Merkmale werden in der vorliegenden Arbeit für die Operationalisierung der Organisationsstruktur zugrunde gelegt.[182] Die Dezentralisierung bestimmt sich durch die Ebene, auf der die entscheidungsbefugte Instanz innerhalb der Hierarchie angeordnet ist. Die Formalisierung beschreibt den Einsatz und den Grad schriftlich festgehaltener Regelungen für die Kommunikation der Organisationsmitglieder, für Aufgaben- und Prozessabläufe.[183] Die Differenzierung umfasst die vertikale Differenzierung (sog. Gliederungstiefe) und die horizontale Differenzierung (sog. Gliederungsbreite) und stellt die Komplexität der Organisation dar.[184]

Empirische Befunde, die den Zusammenhang zwischen der Organisationsstruktur und der Ausgestaltung von Steuerungsinstrumenten behandeln, zeigen zusammengefasst das folgende Bild auf: Unternehmen tendieren zur Implementierung formaler Kontrollsysteme, wie bspw. der Budgetierung, wenn sie dezentralisierte, spezialisierte und standardisierte Merkmale in ihrer Organisationsstruktur aufweisen. Dezentral strukturierte Unternehmen bevorzugen Steuerungsinstrumente, die ihnen aggregierte Finanzinformationen für die dezentralen Einheiten liefern. Wenig formalisierte und wenig spezialisierte Unternehmen sind an flexiblen Steuerungsinstrumenten interessiert.[185]

Werden diese Forschungsergebnisse auf die in dieser Arbeit zu untersuchenden Forschungsfragen übertragen, wird die Hypothese aufgestellt, dass die Integration von einer dezentralisierten, formalisierten und differenzierten Organisationsstruktur abhängt. Diese Hypothese wird pro Strukturmerkmal und seinem Zusammenhang zur Integration in den nächsten Absätzen begründet.

Der Bedarf zur Integration ergibt sich direkt aus der Komplexität eines Unternehmens. Ein Unternehmen mit einer stark vertikal und horizontal differenzierten Organisations-

---

[181] Chenhall (2003), S. 144.

[182] Zur gleichen Auswahl an Strukturmerkmalen vgl. Gerdin (2005a), S. 102. Die Analyse der Organisationsstruktur auf Basis einzelner Strukturmerkmale geht auf die Arbeiten der Aston Group zurück. Vgl. u. a. Pugh et al. (1963), S. 293-306.

[183] Vgl. Pugh et al. (1968), S. 75.

[184] Vgl. Gerdin (2005a), S. 102.

[185] Eine Zusammenfassung von Forschungsergebnissen zur Beziehung zwischen Organisationsstrukturmerkmalen und dem eingesetzten Steuerungsinstrument bietet u. a. Chenhall (2003), S. 146-147.

struktur nutzt in der Regel ein hoch entwickeltes und detailliertes Steuerungsinstrumentarium.[186] Dieses Steuerungsinstrumentarium muss neben der Generierung der Informationen für das Management auch die Informationen bereitstellen, die für die externe Finanzberichterstattung benötigt werden. Eine Möglichkeit zur Reduzierung der Komplexität des Steuerungsinstrumentariums besteht in der Angleichung der Ebenen für die interne und externe Berichterstattung. Es wird folglich ein positiver Einfluss von einer differenzierten Organisationsstruktur auf die Integration vermutet.

Die Tendierung zu einer zentralisierten oder zu einer dezentralisierten Organisationsstruktur spiegelt das Problem der Unternehmensleitung wider, einerseits die unteren Unternehmenseinheiten bei allen Entscheidungen und Aktivitäten kontrollieren zu wollen (Tendenz zur Zentralisierung) und andererseits Entscheidungsbefugnisse auf die unteren Unternehmenseinheiten zu übertragen (Tendenz zur Dezentralisierung).[187] In einer dezentralen Organisation obliegt dem Bereichsmanagement mehr Verantwortung über die Ausgestaltung des Steuerungsinstruments, und es unterliegt weniger der direkten Kontrolle durch die Unternehmensleitung.[188] Bezogen auf die Forschungsfragen in dieser Arbeit wird ein positiver Einfluss von einer dezentralisierten Organisationsstruktur auf die Integration vermutet. Wenn Unternehmen stärker dezentralisiert sind, bedeutet dies unmittelbar eine Zunahme an dezentralen Einheiten und eine Zunahme an Verantwortung des dezentralen Management für die Ausgestaltung des Steuerungsinstruments. In einer dezentral strukturierten Organisation sind im Vergleich zu einer zentral geführten Organisation die Ebenen bereits fundiert angelegt, auf denen einerseits intern die wertorientierte Unternehmenssteuerung verankert ist und die andererseits als CGU für externe Rechnungswesenszwecke dienen können. Eine CGU und eine wertorientierte Einheit sind weitestgehend unabhängig operierende Einheiten (sog. Quasi-Einproduktunternehmen) und fordern demnach die Entscheidungsbefugnis auf ihren Ebenen ein.[189] Im Ergebnis bietet damit eine dezentrale im Vergleich zu einer zentralen Organisationsstruktur eine bessere Grundlage für eine vermehrte Integration.

In Zusammenhang mit der Anforderung zur Dezentralisierung gibt sich die Anforderung an die Ausgestaltung der dritten Dimension der Organisationsstruktur, der

---

186 Vgl. Gerdin (2005a), S. 105.
187 Vgl. Libby/Waterhouse (1996), S. 140.
188 Vgl. Bruns/Waterhouse (1975), S. 191-192; Merchant (1981), S. 821; Merchant (1984), S. 301-302.
189 Vgl. Haaker (2006a), S. 46, sowie die Erläuterungen in Abschnitt 3.2.

Formalisierung. Frühere Studien bestätigen, dass Dezentralisierung und eine formalisierte Organisationsstruktur eng zusammenhängen: Unternehmen, die Entscheidungsbefugnisse an dezentrale Einheiten übertragen, kontrollieren diese Einheiten dadurch, dass sie ihnen über einen hohen Formalisierungsgrad die Strukturierung von Prozessen, Aufgaben und Aktivitäten vorgeben.[190] In dezentral organisierten Unternehmen wird folglich die Kontrolle über die Einhaltung des Unternehmensziels mittels eines hohen Grads an Formalisierung übertragen. Formalisierung ist notwendig, um mit den Zielen der Unternehmensleitung kongruente Handlungen des ausführenden Bereichsmanagement zu erreichen. In der vorliegenden Arbeit wird ein positiver Einfluss von einer formalisierten Organisationsstruktur auf die Integration vermutet. Bei formalisierten Unternehmen ist die Ausgestaltung dezentraler Ebenen genau festgelegt. Formalisierung ermöglicht eine erhöhte Standardisierung und Zusammenlegung von Prozessen und Aufgaben im internen und externen Rechnungswesen. Damit erleichtert eine formalisierte Organisationsstruktur die Integration.

Zusammengefasst ergibt sich aus den Dimensionen einer dezentralisierten, formalisierten und differenzierten Organisationsstruktur dieser vermutete Einfluss auf die Integration:

H6: Die Organisationsstruktur hat einen positiven Effekt auf die Integration.

4.2.6 Unternehmensgröße und Integration

Während die Unternehmensgröße eine zentrale Variable in früheren kontingenztheoretischen Forschungsarbeiten ist,[191] wird sie als erklärende bzw. unabhängige Einflussvariable in der kontingenztheoretischen Management Accounting-Forschung häufig vernachlässigt. Stattdessen wird die Annahme getroffen, dass ausschließlich große Unternehmen für die Analyse bestimmter Steuerungsinstrumente in Betracht kommen.[192] Für die vorliegende Untersuchung wird jedoch ein Einfluss von der Unternehmensgröße auf die Integration erwartet.

Empirische Ergebnisse bestätigen einen Zusammenhang zwischen der Unternehmensgröße und der Ausgestaltung von Steuerungsinstrumenten. Sie zeigen auf, dass große

[190] Vgl. Bruns/Waterhouse (1975), S. 191.

[191] In diesen Forschungsarbeiten wurde primär der Einfluss der Unternehmensgröße auf die Ausgestaltung der Organisationsstruktur analysiert und festgestellt, dass große Unternehmen einen diversifizierten Geschäftsablauf, formalisierte Prozesse und eine hohe Spezialisierung der Funktionen aufweisen. Für eine Zusammenfassung der Forschungsergebnisse vgl. Chenhall (2003), S. 149.

[192] Zu dieser Begründung vgl. Chenhall (2003), S. 148.

Unternehmen mit einer Vielzahl von Informationen konfrontiert werden, die nur mit der Implementierung von entsprechend entwickelten und detaillierten Steuerungsinstrumenten zu bewältigen sind. Ein Anstieg der Unternehmensgröße zieht daher einen Anstieg der Komplexität des Steuerungsinstrumentariums nach sich.[193] Eine Möglichkeit, mit dieser Komplexität umzugehen, ist die Zusammenführung der internen und externen Rechnungslegungssysteme auf derselben organisatorischen Ebene. Es wird daher angenommen, dass eine zunehmende Organisationsgröße positiv auf eine hohe Integration wirkt. Größere Unternehmen sind im Vergleich zu kleineren Unternehmen vermehrt daran interessiert, aus Gründen der Komplexitätsreduktion eine integrierte Ebene für die Unternehmenssteuerung und für die Goodwill-Allokation zu haben. Entsprechend kann die folgende Hypothese formuliert werden:

H7: Die Organisationsgröße hat einen positiven Effekt auf die Integration.

4.2.7 Integration und Unternehmensperformance

In Abschnitt 4.1.2 wurde bereits dargelegt, dass für die vorliegende Untersuchung eine Ungleichgewichtssituation und damit der kartesische Kontingenzansatz unterstellt werden. Es wird angenommen, dass die individuellen Beobachtungen zur Integration um den optimalen Grad schwanken. Der optimale Grad der Integration bestimmt sich als (unternehmensindividueller) Fit zwischen dem Unternehmenskontext und der Integration. Es wird angenommen, dass effektive und weniger effektive Unternehmen aufgrund unterschiedlicher Zustände der Integration existieren. Die Unternehmensperformance wird entsprechend als endogene Variable konzeptionalisiert.

Es wird die Hypothese formuliert, dass Integration förderlich für eine effektivere Entscheidungsfindung des Management ist und zu einer Erhöhung der Unternehmensperformance führt.[194] Für diese Hypothese können im Wesentlichen die nachstehenden drei Gründe angeführt werden:

---

[193] Vgl. anstatt vieler Cadez/Guilding (2008), S. 846; Chenhall (2003), S. 148, mit einem Überblick über weitere Ergebnisse.

[194] Übereinstimmend mit dieser These wird auch bei Barki/Pinsonneault (2005), S. 172, ein positiver Einfluss der organisatorischen Integration auf die organisatorische Effektivität vermutet. Andererseits finden sich auch Gründe für die Annahme einer negativen Auswirkung der Integration auf die Performance. So kann die Integration erstens als zu komplex und als schwierig nachvollziehbar empfunden werden, zweitens zu einer Überladung mit Informationen führen, drittens die Aufgaben für den Agenten zu stark erweitern, viertens die Motivation des Agenten durch die Einbeziehung zu vieler und evtl. sogar gegensätzlicher Aufgaben reduzieren und letztlich auch zu einem Anstieg administrativer Kosten führen. Vgl. so die Argumentation in einem vergleichbaren Zusammenhang bei Ittner/Larcker/Randall (2003), S. 718.

Erstens bewirkt die Integration eine Reduktion der Komplexität und der Kosten von zwei getrennt stehenden Rechnungslegungsebenen. Gleichzeitig bewirkt eine Integration, dass auf einer Ebene ein Mehr an Informationen entsteht. Dieses Mehr an Informationen kann nicht über ein anderes Steuerungsinstrument oder über eine andere organisatorische Konstellation gewonnen werden. Es wird vermutet, dass die Komplexitäts-, Kosten- und Informationseffizienz positiv auf die vom Management zu treffenden Entscheidungen und damit auf die Unternehmensperformance wirken.

Das Konzept der Integration besagt, dass ein operatives Management sowohl für die Durchführung des Goodwill Impairment Tests als auch für die wertorientierte Steuerung der Einheit verantwortlich ist. Unter der Annahme, dass eine wertorientierte Steuerung eine Wertsteigerung mit sich bringt,[195] ist davon auszugehen, dass die Unternehmenseinheit, auf der der Goodwill Impairment Test und das Wertmanagement gleichzeitig angeordnet sind, von einer Wertsteigerung profitieren (im Gegensatz zu einer Unternehmenseinheit, auf der zwar der Goodwill Impairment Test stattfindet, aber gleichzeitig kein Wertmanagement angeordnet ist). Bei einer Integration ist folglich das operative Management an der Wertsteigerung der betrachteten (integrierten) Einheit interessiert. Zusammen mit der Wertsteigerung der Unternehmenseinheit ergibt sich die Steigerung der Unternehmensperformance.

Ein dritter Grund für die vermutete positive Auswirkung der Integration auf die Unternehmensperformance besteht darin, dass bei einer Integration die Leistung der Organisationseinheit nach außen sichtbar wird. Es wird angenommen, dass ein operatives Management zu einer Effektivitätssteigerung seiner Organisationseinheit motiviert ist, wenn die Ergebnisse seiner Steuerung über die Berichterstattung an Unternehmensexterne weitergegeben werden. Die Adressaten der externen Berichterstattung werden bei einer Integration nicht nur über den Goodwill Impairment Test informiert, sondern zeitgleich auch über die Entwicklung der Unternehmenseinheit aus dem Blickwinkel der internen Steuerung. Es wird vermutet, dass dieses Mehr an Informationen die Informationsunterschiede zwischen Management und Investor verringert und ein zielkonformes Verhalten des Management fördert, das sich wiederum in einer Steigerung der Unternehmensperformance widerspiegelt.

Die Hypothese 8 fasst die Erläuterungen zusammen:

H8: Die Integration hat einen positiven Einfluss auf die Unternehmensperformance.

---

[195] Diese Annahme wird u. a. von Ryan/Trahan (2007), S. 124, empirisch bestätigt.

4.2.8 Kontextfaktoren, Integration und Unternehmensperformance

Der mit H8 vermutete direkte Einfluss von Integration auf die Unternehmensperformance unterstellt, dass Integration eine exogene Variable und damit unabhängig von Kontextfaktoren ist. Werden jedoch die gesamten in den vorangegangenen Abschnitten aufgestellten Hypothesen betrachtet, wird deutlich, dass diese Annahme nicht uneingeschränkt gilt. Unter Betrachtung des Gesamtmodells zeigt sich, dass für Integration eine Abhängigkeit von fünf Kontingenzfaktoren vermutet wird. Integration ist endogen. Zugleich wird Integration als exogene Variable und damit als eine Erklärung für die Unternehmensperformance modelliert.[196] Daraus kann die Vermutung abgeleitet werden, dass Integration nur unter bestimmten Ausprägungen der fünf Kontingenzfaktoren einen positiven Einfluss auf die Unternehmensperformance hat. Dem kartesischen Kontingenzfit folgend ergeben sich Effektivitätsunterschiede durch übereinstimmende Ausprägungen zwischen einem Kontingenzfaktor oder seiner Gesamtheit und der Integration. Ein Fit zwischen einem Kontingenzfaktor oder seiner Gesamtheit und der Integration führt zu einer höheren Performance im Gegensatz zu einem schlechten Fit bzw. Misfit. Die Unternehmensperformance als endogene Variable steigt demnach nur dann an, wenn sich ein Fit zwischen einem Kontingenzfaktor oder der Gesamtheit der Kontingenzfaktoren und Integration ergibt. Zusammenfassend kann damit die kartesische Kontingenzfit-Hypothese aufgestellt werden, dass die Integration einen positiven Einfluss auf die Unternehmensperformance für Unternehmen hat, die einen hohen Grad an (a) VBM, (b) Harmonisierung und (c) IOA Zufriedenheit aufweisen, ferner (d) eine dezentralisierte, formalisierte und differenzierte Organisationsstruktur sowie (e) eine hohe Unternehmensgröße besitzen.

4.3 Zwischenergebnis

Im vorangegangenen Abschnitt werden acht Hypothesen und eine Fithypothese entwickelt, die in ihrer Gesamtheit zur Überprüfung der aufgestellten zwei Forschungsfragen dienen. Zusätzlich zu diesen Hypothesen werden drei Kontrollvariablen – HDAX, Industrie und Fremdkapitalquote – in das theoretische Modell aufgenommen, die einen möglichen Einfluss auf die endogene Variable Performance haben.

Die identifizierten Variablen – die Kontextfaktoren, die Integration, die Performance sowie die Kontrollvariablen – offenbaren, dass es sich bei ihnen um Variablen handelt,

---

[196] Durch genau diese Modellierung des Fit-Zustands zeigt sich die vermutete Endogenität im Modell. Siehe dazu die Erläuterungen in Abschnitt 4.1.2.

die nicht direkt beobachtbar sind. Nicht direkt beobachtbare, latente Variablen werden als *Konstrukte* bezeichnet. Für die Analyse von Konstrukten und für die Analyse der zwischen ihnen vermuteten Wirkungsbeziehungen, formuliert in den Hypothesen, wird ein Strukturgleichungsmodell genutzt.

Das theoretische Strukturgleichungsmodell in Abbildung 10 fasst die Konstrukte und die zwischen den Konstrukten vermuteten Beziehungen zusammen und bildet damit die Grundlage für die in den nachfolgenden Kapiteln ausgeführte empirische Analyse.

Abbildung 10: Theoretischer Bezugsrahmen: Finales theoretisches Modell

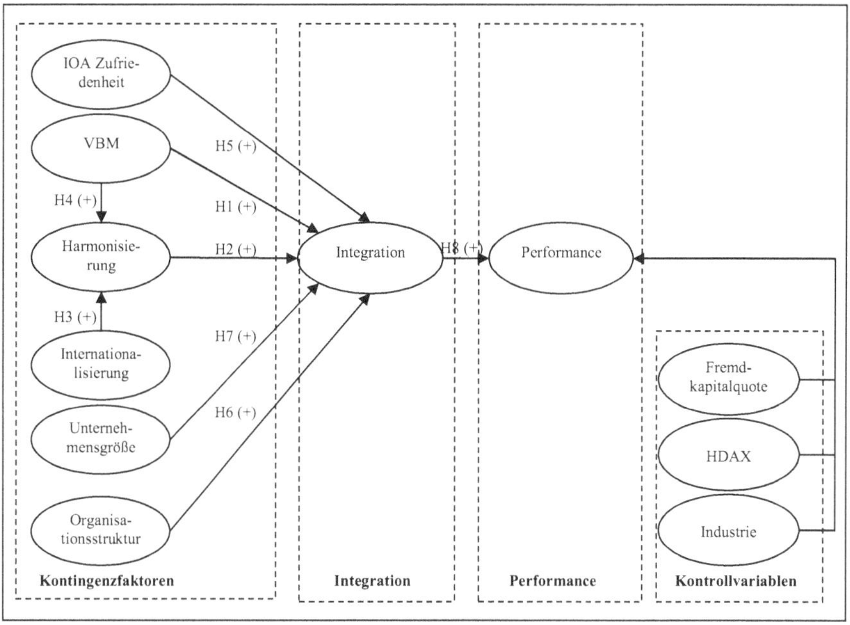

5 Methodische Grundlagen und Vorgehensweise der empirischen Untersuchung

Das Ziel des fünften Kapitels ist es, die methodischen Grundlagen für die empirische Untersuchung des in Kapitel 4 entwickelten theoretischen Modells vorzustellen sowie die Vorgehensweise und das Design der Studie zu präsentieren. Als Analyseinstrumentarium wird die Strukturgleichungsmodellierung genutzt, deren Grundlagen in Abschnitt 5.1 vorgestellt werden. In Abschnitt 5.2 werden die für die Konstruktmessung notwendigen Messmodelle und Indikatoren konzeptionalisiert und operationalisiert. Anschließend wird das Studiendesign in Abschnitt 5.3 vorgestellt. Das Kapitel schließt mit einem Zwischenergebnis in Abschnitt 5.4.

5.1 Grundlagen der Strukturgleichungsmodellierung

5.1.1 Begriffsabgrenzung

In einem Strukturgleichungsmodell (*structural equation model*, SEM) werden latente Variablen über empirisch erhobene, manifeste Variablen in Messmodellen bestimmt und die Beziehungen zwischen den latenten Variablen in einem Strukturmodell untersucht.[197] Die Analyse eines Strukturgleichungsmodells ist eine empirische Methodik zur Untersuchung komplexer Ursache-Wirkungs-Beziehungen. Der Begriff Kausalanalyse wird häufig synonym zum Begriff SEM bzw. SEM-Analyse verwendet. Diese Gleichverwendung der Begriffe ist jedoch nicht unproblematisch. Während in einem Kausalmodell die Richtungsabhängigkeit der Konstruktbeziehungen getestet wird, wird diese in einem SEM nicht überprüft: "(...) *SEM itself cannot 'prove' causality.*"[198] In einem SEM wird die unterstellte kausale Abhängigkeit zwischen Variablen, nicht aber die Richtigkeit dieser kausalen Abhängigkeit untersucht. Da die Überprüfung der Richtigkeit der Kausalität nicht Gegenstand der vorliegenden Arbeit ist, sondern die Überprüfung der unterstellten kausalen Abhängigkeit, wird im weiteren Verlauf der Arbeit nur der Begriff Strukturgleichungsmodellierung bzw. -verfahren oder kurz SEM verwendet.[199]

197 Vgl. Homburg/Baumgartner (1995), S. 1092.
198 Smith/Langfield-Smith (2004), S. 59, Hervorhebung wie im Original.
199 Vgl. ebenso Fassott (2006), S. 68, Fußnote 2.

Ein SEM gehört zu der Gruppe der multivariaten, strukturenprüfenden Verfahren, deren Ziel in der Überprüfung von vermuteten Zusammenhängen zwischen Variablen besteht.[200] Die Leistungsstärke der Strukturgleichungsmodellierung zeichnet sich dadurch aus, dass sie die folgenden vier Analysemöglichkeiten umfasst: Sie bezieht (1) multiple unabhängige und abhängige Variablen, (2) latente Variablen und (3) Messfehler in die Analyse mit ein und eignet sich (4) für die konfirmatorische Anwendung, d. h. für die empirische Überprüfung der theoretisch formulierten Hypothesen.[201] Aufgrund dieser umfassenden Analysemöglichkeiten hat die Strukturgleichungsmodellierung in der betriebswirtschaftlichen Forschung zunehmend an Bedeutung gewonnen und hat sich mittlerweile als Quasistandard in der betriebswirtschaftlichen Forschung etabliert.[202]

Latente Variablen werden als *Konstrukte* bezeichnet und sind theoretische, hypothetische, nicht beobachtbare, nicht direkt messbare Variablen.[203] Um ein Konstrukt fassbar zu machen, werden im Rahmen der Konzeptionalisierung die Dimensionen und im Rahmen der Operationalisierung das Messinstrumentarium des Konstrukts erarbeitet.[204] Die Operationalisierung eines Konstrukts erfolgt indirekt über einen oder mehrere Indikatoren. Ein *Indikator* ist eine beobachtbare, direkt messbare Variable. Bei der Konzeptionalisierung werden ein- und mehrfaktorielle Konstrukte unterschieden. Ein *einfaktorielles* Konstrukt ist die einfachste Form einer latenten Variablen, bei der sich sämtliche Indikatoren zu einem Faktor auf Konstruktebene verdichten lassen. Es wird auch als *Konstrukt erster Ordnung* bezeichnet. Im Gegensatz dazu werden bei einem *mehrfaktoriellen* bzw. *mehrdimensionalen* Konstrukt zwei oder mehr Faktoren bzw. Dimensionen durch die Indikatoren erfasst. Ein solches Konstrukt, bestehend aus mehreren unkorrelierten Faktoren bzw. Dimensionen, wird als *Konstrukt zweiter (dritter, vierter etc.) Ordnung* bezeichnet. Ferner werden bei der Konzeptionalisierung *exogene* und *endogene* Konstrukte unterschieden. Erstere sind von anderen latenten

200 Vgl. Backhaus et al. (2008), S. 11.

201 Vgl. Fornell (1987), S. 411, der bei der vierten Analysemöglichkeit ergänzt, dass „*'some' explicit substantive (theoretical) and measurement assumptions or hypotheses*" vorliegen müssen (Hervorhebung ähnlich wie im Original). Die SEM-Analyse eignet sich damit auch für die exploratorische Anwendung, d. h. für die Aufdeckung neuer, vermuteter Zusammenhänge, bei denen nur wenige Befunde vorliegen. Auf Basis dieser Vorteile der SEM-Analyse wird diese auch als multivariates Verfahren der zweiten Generation bezeichnet. Vgl. dazu Fornell (1987), S. 408.

202 Erste Hinweise zur SEM-Analyse finden sich in der Marketing-Forschung. Vgl. Fornell (1987); Fornell/Bookstein (1982); Fornell/Larcker (1981). Eine Übersicht über die Anwendung von SEM in der Management Accounting-Forschung bieten z. B. Smith/Langfield-Smith (2004), S. 62-64.

203 Vgl. Bagozzi/Phillips (1982), S. 465.

204 Zu dieser Unterscheidung sowie zum folgenden Absatz vgl. Homburg/Giering (1996), S. 5-6.

Variablen unabhängig, während endogene Konstrukte von anderen latenten Variablen im Strukturmodell abhängen.[205]

5.1.2 Aufbau eines Strukturgleichungsmodells

Ein SEM unterscheidet zwischen einem Strukturmodell, auch als inneres Modell bezeichnet, und einem Messmodell bzw. äußeren Modell.

Das *Strukturmodell* bildet die theoretisch vermuteten Zusammenhänge zwischen den Konstrukten ab. Die Strukturgleichungsmethodik ermöglicht dabei die Unterstellung komplexer Dependenzstrukturen. So können endogene Konstrukte nicht nur von exogenen Konstrukten, sondern auch von anderen endogenen Konstrukten abhängig sein. Die Beziehungen zwischen den latenten Variablen sind in Form eines rekursiven Modells zu formulieren. Rekursivität bedeutet, dass keine latente Variable direkt oder indirekt über andere latente Variablen von sich selbst abhängen darf. Innerhalb des Strukturmodells darf es demnach keine Schleife bzw. Zirkelbeziehung geben.[206]

Die Verknüpfung einer latenten Variablen mit den ihr zugewiesenen Indikatoren wird im *Messmodell* abgebildet. Jedes SEM besteht aus zwei Messmodellen, einem für die exogenen latenten und einem für die endogenen latenten Variablen. Ferner werden zwei Messphilosophien in Abhängigkeit von der Richtung der Kausalität zwischen einem Konstrukt und seinen Indikatoren und der Austauschbarkeit der Indikatoren unterschieden. Wenn die Indikatoren die latente Variable verursachen und damit die Kausalität von den Indikatoren zum Konstrukt verläuft, handelt es sich um ein *formatives* Messmodell. Das Konstrukt hängt explizit von den ihm zugeordneten Indikatoren ab. Entsprechend führt die Veränderung eines Indikators unmittelbar zu einer Änderung des Konstrukts. Eine veränderte Ausprägung des Konstrukts oder eines einzelnen Indikators wirkt sich nicht zwingend auf alle anderen Indikatoren im betrachteten Messmodell aus. Folglich müssen die Indikatoren nicht korreliert sein. Da die formativen Indikatoren definierende Eigenschaften der ihnen zugeordneten latenten Variablen sind, können die Indikatoren nicht problemlos eliminiert werden: "*[O]mitting an indicator is omitting a part of the construct.*"[207] Eine Indikatoreliminierung bewirkt eine Bedeutungsveränderung des Konstrukts. Im Gegensatz dazu werden *reflektive* Indikatoren als Ursache der latenten Variablen verstanden. Die Kausalität verläuft vom Konstrukt zu seinen Indikatoren. Die Indikatoren werden demnach vom

[205] Die Begriffe exogen und unabhängig sowie die Begriffe endogen und abhängig werden synonym verwendet.
[206] Vgl. Ringle et al. (2006), S. 81.
[207] Bollen/Lennox (1991), S. 308.

Konstrukt erklärt. Sie stellen austauschbare Messungen dar. Entsprechend wird eine starke Korrelation unter ihnen erwartet. Eine Änderung des Konstrukts bewirkt eine Veränderung aller zugeordneten Indikatoren.

A priori (d. h. vor der empirischen Analyse) muss für jedes Konstrukt bestimmt werden, welche der beiden Philosophien gilt. Dafür führen Coltman et al. (2008) sechs Kriterien auf, die als Entscheidungskriterien zwischen einer formativen und einer reflektiven Modellierung dienen können. Tabelle 2 fasst diese Kriterien einschließlich einer grafischen Darstellung zusammen.

Tabelle 2: SEM: Reflektives und formatives Messmodell[208]

	Reflektives Messmodell	**Formatives Messmodell**
Eigenschaft des Konstrukts	Konstrukt existiert unabhängig von den Indikatoren	Konstrukt hängt explizit von den Indikatoren ab
Richtung der Kausalität	Vom Konstrukt zu den Indikatoren	Von den Indikatoren zum Konstrukt
Eigenschaft der Indikatoren	Indikatoren werden vom Konstrukt erklärt; Indikatoren als austauschbare Messungen → Indikatoreliminierung möglich	Indikatoren definieren das Konstrukt; Indikatoren als unterschiedliche Facetten des Konstrukts → Indikator-eliminierung bewirkt Bedeutungsänderung des Konstrukts
Korrelation der Indikatoren	Indikatoren sollen stark korrelieren	Jegliche Art der Korrelation möglich
Verbindung zwischen Indikatoren und anderen Konstrukten	Indikatoren haben ähnliche Beziehungen zu den Konstruktvorgängern und -nachfolgern wie das gemessene Konstrukt	Indikatoren müssen keine ähnlichen Beziehungen zu den Konstruktvorgängern und -nachfolgern haben wie das gemessene Konstrukt
Messfehler	Indikatoren als fehlerbehaftete Messungen des Konstrukts	Störgröße auf Konstruktebene ist nicht mit den einzelnen Indikatoren verbunden

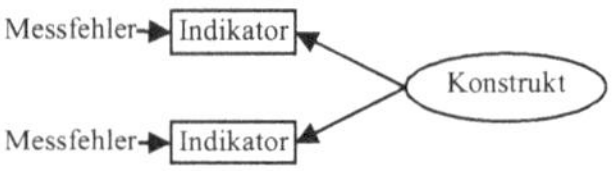

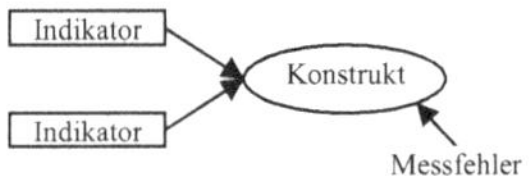

Während die ersten drei Kriterien von Coltman et al. (2008) als theoretische Hinweise deklariert werden und damit für die a priori-Entscheidung über die Konstrukt-operationalisierung dienen, handelt es sich bei den letzten drei genannten Hinweisen um empirische Kriterien. Diese sollen nach Coltman et al. (2008) nach der

[208] In Anlehnung an Coltman et al. (2008), S. 1252.

empirischen Analyse als Kontrolle über die Entscheidung der Konstruktoperationalisierung herangezogen werden.

Zwei Beispiele – eines für ein reflektives und eines für ein formatives Messmodell – sollen die Unterscheidung verdeutlichen. Als Beispiel für ein reflektives Messmodell werden häufig psychologische Konstrukte, wie die Einstellung einer Person zu der Durchführung einer bestimmten Handlung, genutzt. Die Leistungsmotivation einer Person (als reflektiv operationalisiertes Konstrukt) äußert sich durch Indikatoren wie bspw. der Überstundenbereitschaft und der Fortbildungsbereitschaft. Mit einer Veränderung der Konstruktausprägung (z. B. steigender Leistungsmotivation) modifizieren sich sämtliche Indikatorausprägungen (z. B. steigende Überstunden- und steigende Fortbildungsbereitschaft). Die Wirkungsrichtung verläuft vom Konstrukt zu den Indikatoren. Die Indikatoren stellen ähnliche Merkmale dar und sind hoch miteinander korreliert. In dem Beispiel kann angenommen werden, dass mit steigender Fortbildungsbereitschaft einer Person auch die Bereitschaft steigt, Überstunden zu machen. Als typisches Beispiel für ein formatives Messmodell gilt das Konstrukt Sozioökonomischer Status (*socioeconomic status*, SES). Die Indikatoren Bildung, Einkommen und Prestige des Berufs sind wesentliche definitorische Bestandteile des Konstrukts. Ebenso wirken die Bildungsabschlüsse der Eltern, die Berufe der Eltern und die Einkommen der Eltern auf den SES einer Person. Ändert sich einer der Indikatoren oder wird ein Indikator eliminiert, ändert sich unmittelbar die Definition des Konstrukts SES. Umgekehrt wirkt sich eine Veränderung SES-Indizes nicht bspw. auf den Bildungsstand und den Beruf des Vaters aus. Die Wirkungsrichtung verläuft entsprechend von den Indikatoren zum Konstrukt. Die Indikatoren können miteinander korrelieren (z. B. der Bildungsstand und das Einkommen), müssen aber nicht.[209]

5.1.3 Zwei Ansätze der Strukturgleichungsmodellierung

Für die Schätzung der SEM-Parameter stehen mit der Kovarianzstrukturanalyse und dem varianzbasierten *Partial Least Squares* (PLS)-Verfahren zwei SEM-Methoden zur Verfügung.

Die Kovarianzstrukturanalyse basiert im Wesentlichen auf den Arbeiten von Karl Jöreskog und Dag Sörbom;[210] der Begriff LISREL wird häufig synonym verwendet. LISREL steht für *Linear Structural Relations* und ist die bekannteste Software zur

[209] Grundlegend zum Beispiel des SES vgl. Hauser (1973), S. 268. Weiter vgl. Bollen/Lennox (1991), S. 306; Diamantopoulos/Winklhofer (2001), S. 270.

[210] Vgl. anstatt vieler Jöreskog/Sörbom (1982). Als die Geburtsstunde von LISREL gilt die Veröffentlichung von Karl Jöreskog im Jahr 1970 in Biometrika. Vgl. Jöreskog (1970).

Schätzung und Analyse eines kovarianzbasierten SEM.[211] Bei der Kovarianzstrukturanalyse wird auf Basis der Kovarianzmatrix der Indikatoren, die sich aus der Stichprobenmatrix ermittelt, auf die Abhängigkeitsbeziehungen zwischen den Konstrukten geschlossen. Dazu werden die fehlenden Parameter innerhalb des Strukturmodells und der Messmodelle simultan so geschätzt, dass die vom Modell generierte Kovarianzmatrix der Indikatoren die empirisch ermittelte Kovarianzmatrix möglichst gut reproduziert. Dies geschieht durch Minimierung einer Diskrepanzfunktion, die die Unterschiedlichkeit zwischen der aus dem Modell ableitbaren und der empirischen Kovarianzmatrix misst.[212]

Im Gegensatz zum kovarianzbasierten Ansatz handelt es sich beim PLS-Verfahren bzw. kurz PLS um einen varianzbasierten Ansatz. PLS wurde von Herrman Wold entwickelt, auf dessen Basis Jan-Bernd Lohmöller das erste Software-Programm namens LVPLS (*latent variables path analysis with partial least squares estimates*) vorgestellt hat.[213] Bei PLS werden die SEM-Parameter so geschätzt, dass sie möglichst optimal die Rohdatenmatrix reproduzieren.[214] Dabei werden einzelne Kleinste-Quadrate- bzw. *Ordinary Least Squares* (OLS)-Schätzungen zur Parameterbestimmung herangezogen. Es werden die erklärten Varianzanteile der abhängigen Variablen im Strukturmodell und in den reflektiven Messmodellen maximiert. Die Residualvarianzen werden entsprechend minimiert.[215] Das Ziel von PLS besteht demgemäß in der bestmöglichen Erklärung bzw. Vorhersage der endogenen latenten Variablen.[216]

Die Entwicklung und Verbreitung von PLS wurde durch den frühen Tod von Jan-Bernd Lohmöller und damit zusammenhängend die fehlende Weiterentwicklung leistungsfähiger Softwareprogramme verlangsamt.[217] Stattdessen hat sich die Kovarianzstrukturanalyse zu einer Art Quasistandard für die SEM-Analyse entwickelt. Diese Verbreitung zeigt sich insbesondere dadurch, dass der Begriff LISREL bzw. die Kovarianzstrukturanalyse häufig synonym zur Strukturgleichungsmodellierung

[211] Neben LISREL sind noch weitere Software-Pakete verfügbar. Da aber LISREL die erste kommerziell verfügbare Software für die SEM-Analyse war, hat dieses Programm die stärkste Verbreitung gefunden.

[212] Die Maximum-Likelihood (ML)-Schätzmethodik ist die standardmäßig eingestellte Methodik zur Bestimmung der Diskrepanzfunktion. Vgl. Smith/Langfield-Smith (2004), S. 58-59.

[213] Vgl. Lohmöller (1989); Wold (1982a). Für einen historischen Abriss über die Entwicklung von LISREL und PLS vgl. Scholderer/Balderjahn (2005), S. 88-89. Interessant bei der Gegenüberstellung der beiden Verfahren ist die Tatsache, dass Herman Wold der akademische Lehrer von Karl Jöreskog war. Vgl. Fornell/Cha (1994), S. 52; Sörbom (2001), S. 3-4.

[214] Vgl. Fassott (2005), S. 26.

[215] Vgl. Fornell/Bookstein (1982), S. 441.

[216] Vgl. Chin/Newsted (1999), S. 314.

[217] So die Begründung u. a. bei Fassott (2005), S. 20-21.

verwendet wird.[218] In Zusammenhang mit der Entwicklung leistungsstarker PLS-Software-Pakete ist das Interesse an PLS in den letzten Jahren wiedererwacht. Die verstärkte Bedeutung von PLS als Analysemethodik zeigt sich dabei in der zunehmenden Anzahl an Veröffentlichungen.[219]

Die Kovarianzstrukturanalyse und PLS stellen eigenständige, komplementäre Verfahren dar und sind nicht als konkurrierende Ansätze zu verstehen.[220] Die Entscheidung für ein Verfahren muss daher auf Basis fundierter inhaltlicher Überlegungen und des zu analysierenden Modells erfolgen.

Ein erster Anhaltspunkt für die Wahl eines Schätzverfahrens stellt das Forschungsvorhaben an sich dar. Ist das Forschungsziel primär theoriegetrieben und stehen die Hypothesen und Konstrukte im Strukturmodell im Blickpunkt, empfiehlt sich das kovarianzbasierte Verfahren. Es eignet sich im Vergleich zu PLS zur Validitätsbeurteilung eines a priori bestimmten Modells und weniger für die Herleitung neuer Theorien. PLS hingegen ist vorzuziehen, wenn wenige theoretische Erkenntnisse zum Forschungsumfeld vorliegen und es um die Entdeckung ebendieser Erkenntnisse geht. Das varianzbasierte Verfahren bietet sich für Forschungsziele an, die darin bestehen, die endogenen latenten Variablen zu erklären. Das Verfahren regt dazu an, Annahmen über kausale Beziehungen durch empirische Untersuchung zu verifizieren.[221]

In den Kapiteln 3 und 4 dieser Arbeit werden die Forschungsfragen sowie das theoretische Modell entwickelt. Der Umfang der empirischen Erkenntnisse im internationalen Forschungsbereich der kontingenztheoretischen Management Accounting-Forschung ist zwar breit, jedoch konkret zu den hier in dieser Arbeit zu untersuchenden Forschungsfragen relativ begrenzt. Das Forschungsanliegen in dieser Arbeit ist damit eher explorativ als konfirmatorisch, sodass das Forschungsziel die Anwendung von PLS favorisieren lässt.

Für eine detaillierte Entscheidung, die auf dem zu analysierenden Modell basiert, haben Chin/Newsted (1999) den in Tabelle 3 dargestellten Kriterienkatalog entwickelt, der die wesentlichen Merkmale varianz- und kovarianzbasierter Schätzverfahren gegenüberstellt.

---

218 Vgl. Chin (1998), S. 295.

219 Eine anwendungsbezogene Einführung in PLS findet sich u. a. bei Huber et al. (2007). Mit Hinweisen zu PLS-Studien vgl. u. a. Fassott (2005), S. 22-24 bzw. international in der Management Accounting-Forschung u. a. Hall (2008), S. 151; Hulland (1999).

220 Vgl. Wold (1982b), S. 342.

221 Vgl. anstatt vieler Chin (1998), S. 295.

Tabelle 3: SEM: Vergleich des varianz- und des kovarianzbasierten Verfahrens[222]

	Varianzbasiertes Verfahren (PLS)	**Kovarianzbasiertes Verfahren (z. B. LISREL)**
Verteilungsannahme	Keine Verteilungsannahme	Normalverteilung
Berücksichtigung formativer Konstrukte	Problemlos möglich	Unter bestimmten Bedingungen möglich
Stichprobengröße	Kleine Stichprobengröße in Abhängigkeit von der größten Prädiktoranzahl ausreichend[223]	Große Stichprobengröße in Abhängigkeit von der Konstrukt- und Indikatoranzahl[224]
Anwendbare Gütekriterien für das Gesamtmodell	Nur auf Basis von Hilfsprozeduren möglich	Inferenzstatistische Tests und globale Gütemaße vorhanden
Konsistenz der Schätzer	Konsistent bei hoher Indikatoranzahl und steigender Stichprobe (*consistency at large*)	Konsistent

Auf der Basis der in der obigen Tabelle dargestellten Kriterien wird für die weitere Untersuchung der PLS-Ansatz ausgewählt. PLS ist im Gegensatz zu LISREL ein parameterfreies Verfahren und beruht nicht auf der Annahme der Multinormalverteilung der Indikatoren. Zudem spricht die problemlose Modellierung von reflektiven und formativen Indikatoren für die Anwendung von PLS. In einem formativen Messmodell wird das Konstrukt durch eine Linearkombination der formativen Indikatoren dargestellt. Im Gegensatz zu einem reflektiven Messmodell, bei dem jeder Indikator als eine vom Konstrukt abhängige Variable modelliert wird, gibt es im formativen Fall nur eine Schätzgleichung. Dieser Überhang an zu schätzenden Parametern im formativen Messmodell wird als Parameterinflation bezeichnet, die bei kovarianzbasierten Verfahren zu einer Nichtidentifizierbarkeit des Modells führen kann. Bei PLS ist dieser Effekt nicht bekannt; es treten keine Identifikationsprobleme auf.[225] Für PLS spricht weiter, dass PLS auch bei einer kleineren Stichprobe angewendet werden kann, während LISREL für die Generierung stabiler Ergebnisse eine relativ

---

[222] In Anlehnung an Chin/Newsted (1999), S. 314.

[223] Chin/Newsted (1999), S. 326-327, geben die Faustregel vor, dass bei PLS die Stichprobengröße das Zehnfache der Anzahl unabhängiger Variablen (Indikatoren oder Konstrukte) in der komplexesten Regression des gesamten Modells sein sollte, d. h. entweder in einem formativen Messmodell oder im Strukturmodell.

[224] Als Faustregel für den Mindeststichprobenumfang bei LISREL gilt, dass die Stichprobengröße das Zehnfache der Anzahl der zu schätzenden Modellparameter sein sollte. Vgl. Scholderer/Balderjahn (2005), S. 97. Bollen (1989) fordert bei einem SEM mit zwei Konstrukten bereits eine Mindeststichprobe von 100. Vgl. Bollen (1989), S. 267-268.

[225] Vgl. Eberl (2006), S. 654. Um das Problem der Indikatorinflation bei kovarianzbasierten Verfahren zu umgehen, werden die formativen Indikatoren häufig zu einer Indikatorvariablen verdichtet. Das hat jedoch den Nachteil, dass die Aussagekraft der einzelnen Indikatoren verloren geht. Vgl. dazu Fassott (2005), S. 25. Bei kovarianzbasierten Programmen wird daher standardmäßig ein reflektives Messmodell unterstellt. Vgl. Bollen (1989), S. 65.

hohe Mindeststichprobe fordert. Dieser Vorteil rührt daher, dass PLS zur globalen Gütebestimmung Resampling-Techniken verwendet, bei denen aus der gegebenen Stichprobe weitere Unterstichproben gezogen werden.[226] Die Bestimmung eines globalen Gütemaßes ist hingegen über diese Hilfsprozeduren bei PLS nicht möglich. Hierin besteht der wesentliche Vorteil von LISREL: Unter Verwendung des kovarianzbasierten Ansatzes können globale Gütetests und entsprechende Gütemaße für das Strukturmodell bestimmt werden.[227] Daneben spricht die Konsistenz der Schätzer unabhängig von der Indikatorenanzahl für LISREL. Bei PLS hingegen muss neben der Stichprobengröße auch die Indikatorenanzahl erhöht werden, um eine Konsistenz zu gewährleisten (sog. *consistency at large*).[228]

Zusammenfassend sprechen sowohl das Forschungsziel als auch der kriteriengeleitete Vergleich für die Anwendung des PLS-Ansatzes. Zudem spricht die breite Anwendung des PLS-Verfahrens in der Management Accounting-Forschung für seine Wahl.[229]

5.1.4 Darstellung eines Strukturgleichungsmodells

5.1.4.1 Schematische Darstellung eines Strukturgleichungsmodells

Ein vollständiges Strukturgleichungsmodell besteht aus drei Teilmodellen – einem exogenen Messmodell, einem endogenen Messmodell und einem Strukturmodell. Diese drei Teile finden sich in Abbildung 11 wieder. Nach den Ausführungen zur schematischen Darstellung wird anschließend die formale Modellbildung erläutert. Dabei wird von einem PLS-Basismodell ausgegangen, in dem alle Gleichungen des Strukturmodells linear und keine Interaktionseffekte enthalten sind.[230]

---

[226] Zu den Resampling-Methoden siehe die Ausführungen in Abschnitt 1.1.

[227] Vgl. Scholderer/Balderjahn (2005), S. 92.

[228] Bei PLS ergibt sich per se eine inkonsistente Modellschätzung. Die reflektiv operationalisierten Konstrukte ergeben sich als eine Linearkombination aus den mit Messfehlern behafteten reflektiven Indikatoren und führen dabei zu inkonsistenten Konstruktwerten. Es sind folglich nicht die OLS-Schätzer inkonsistent, sondern die Konstruktwerte der zu berechnenden Regressionen. Diese Inkonsistenz führt dazu, dass die Verbindung zwischen einem Konstrukt und seinen Indikatoren im Messmodell überschätzt wird. Gleichzeitig wird die Verbindung zwischen den Konstrukten im Strukturmodell unterschätzt. Im Gesamtmodell und mit zunehmender Stichprobengröße heben sich die Über- und die Unterschätzung auf, und es kann von einer Konsistenz der Schätzer ausgegangen werden. Vgl. Chin/Newsted (1999), S. 328; Fornell/Cha (1994), S. 66-67; Hermann/Huber/Kressmann (2006), S. 41.

[229] Anwendungen von PLS in der internationalen empirischen Management Accounting-Forschung finden sich u. a. bei Hall (2008); Homburg/Stebel (2009); Mahama (2006).

[230] Zum linearen PLS-Basismodell vgl. Wold (1982a), S. 1. Zu Interaktionseffekten siehe Abschnitt 5.1.4.3.

Abbildung 11: SEM: Einfaches Beispiel eines Strukturgleichungsmodells[231]

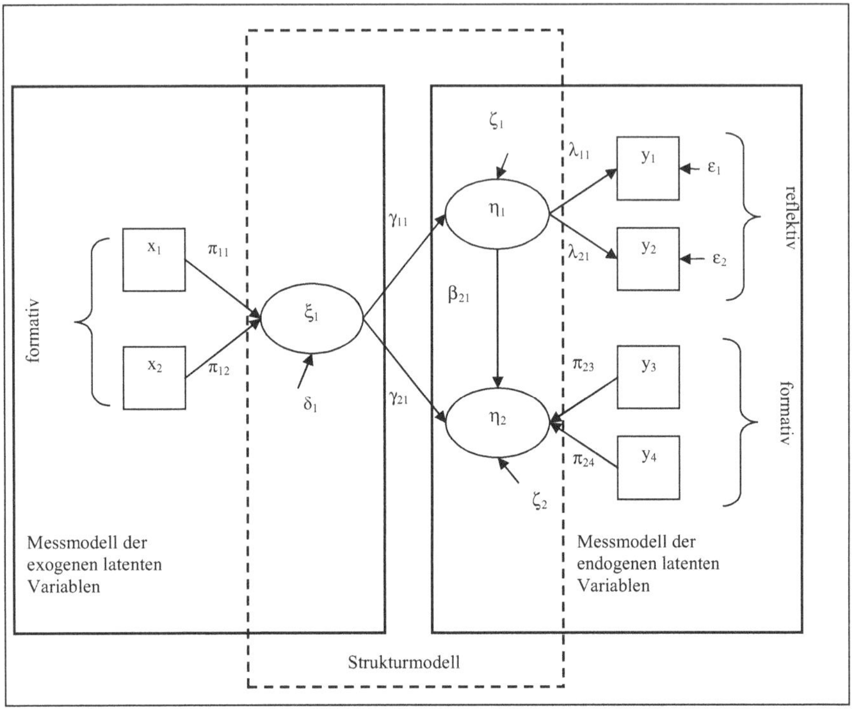

mit

η	endogenes Konstrukt bzw. Vektor der endogenen Konstruktwerte
ξ	exogenes Konstrukt bzw. Vektor der exogenen Konstruktwerte
x	Indikator eines exogenen Konstrukts
y	Indikator eines endogenen Konstrukts
λ	Ladung eines reflektiven Indikators, die die Beziehung zwischen einem Konstrukt zu seinem reflektiven Indikator beschreibt
π	Gewicht eines formativen Indikators, das die Beziehung zwischen einem formativen Indikator zu seinem Konstrukt beschreibt
β	Pfadkoeffizient zwischen zwei endogenen Konstrukten; mit $B(\beta)$ als Koeffizientenmatrix
γ	Pfadkoeffizient zwischen einem exogenen und einem endogenen Konstrukt; mit $\Gamma(\gamma)$ als Koeffizientenmatrix

[231] In Anlehnung an Götz/Liehr-Gobbers (2004), S. 716.

ζ Messfehler im Strukturmodell: Residualvariable bzw. nicht auf das Modell zurückführbare Restvarianz eines endogenen Konstrukts

δ Messfehler im exogenen Messmodell: Messfehler eines Indikators im reflektiven Messmodell oder eines exogenen Konstrukts im formativen Messmodell

ε Messfehler im endogenen Messmodell: Messfehler eines Indikators im reflektiven Messmodell

Für die grafische Darstellung eines Pfaddiagramms werden die nachstehenden Konstruktionsregeln empfohlen:[232] Die Wahl der Symbole sowie ihre schematische Darstellung im Pfaddiagramm verdeutlichen explizit die Differenzierung zwischen beobachtbaren und nicht beobachtbaren Variablen. Die Indikatoren werden in lateinischen Symbolen und in Rechtecken dargestellt, während die Konstrukte durch griechische Symbole und Ellipsen erfasst werden. Die Fehlervariablen werden frei dargestellt. Links im Pfaddiagramm steht das Messmodell der exogenen latenten Variablen, in der Mitte wird das Strukturmodell abgebildet, und auf der rechten Seite findet sich das Messmodell der endogenen latenten Variablen. Die Zusammenhänge zwischen den Konstrukten und ihren Indikatoren sowie die in den Hypothesen unterstellten Abhängigkeitsbeziehungen zwischen den Konstrukten werden durch Pfeile symbolisiert. Ein Pfeil hat seinen Ursprung bei der unabhängigen Variablen und seinen Endpunkt bei der abhängigen Variablen. Dementsprechend zeigen die Pfeile in einem formativen Messmodell von den Indikatoren zum Konstrukt und in einem reflektiven Messmodell vom Konstrukt zu den Indikatoren. Wenn Vorzeichen auf den Pfeilen vermerkt sind, so geben diese einen Hinweis auf die Beeinflussung (positiv oder negativ) der exogenen auf die endogene Variable.

Die Indizes der Ladungs-, Gewichtungs- und Pfadkoeffizienten orientieren sich an der Pfeilrichtung. Der erste Index bezieht sich auf die Variable, bei welcher der Pfeil seinen Endpunkt hat, der zweite deutet auf den Ursprung hin. Die Effekte der Fehlervariablen auf die Konstrukte bzw. Indikatoren werden ebenfalls durch Pfeile symbolisiert, deren Ursprung bei der jeweiligen Residualvariablen liegt. Die Fehlervariablen verdeutlichen, dass die Indikatoren fehlerbehaftete Messungen der latenten Variablen darstellen bzw. die Konstrukte nicht vollständig durch das Modell erklärt werden können.

[232] Vgl. Backhaus et al. (2008), S. 513, Abbildung 11.2; Bollen (1989), S. 33.

5.1.4.2 Formale Darstellung eines Strukturgleichungsmodells

Das in Abbildung 11 schematisch dargestellte SEM kann formal in ein lineares Gleichungssystem transformiert werden:[233]

(1) Strukturmodell: $\eta_1 = \gamma_{11} \cdot \xi_1 + \zeta_1$ (bezogen auf Abbildung 11) (1)

und $\eta_2 = \beta_{21} \cdot \eta_1 + \gamma_{21} \cdot \xi_1 + \zeta_2$ (bezogen auf Abbildung 11) (2)

bzw. $\eta = B \cdot \eta + \Gamma \cdot \xi + \zeta_\eta$ (allgemein) (3)

(2) Endogenes reflektives Messmodell:

$y_1 = \lambda_{11} \cdot \eta_1 + \varepsilon_1$ (bezogen auf Abbildung 11) (4)

und $y_2 = \lambda_{21} \cdot \eta_1 + \varepsilon_2$ (bezogen auf Abbildung 11) (5)

bzw. $y = \lambda_y \cdot \eta + \varepsilon_y$ (allgemein) (6)

(3) Exogenes reflektives Messmodell (nicht im Modell enthalten):

$x = \lambda_x \cdot \xi + \delta_x$ (allgemein) (7)

(4) Endogenes formatives Messmodell:

$\eta_2 = \pi_{23} \cdot y_3 + \pi_{24} \cdot y_4 + \zeta_2$ (bezogen auf Abbildung 11) (8)

bzw. $\eta = \pi_\eta \cdot y + \zeta_\eta$ (allgemein) (9)

(5) Exogenes formatives Messmodell:

$\xi_1 = \pi_{11} \cdot x_1 + \pi_{12} \cdot x_2 + \delta_1$ (bezogen auf Abbildung 11) (10)

bzw. $\xi = \pi_\xi \cdot x + \delta_\xi$ (allgemein) (11)

In einem reflektiven Messmodell zieht jede Änderung der latenten Variablen ξ bzw. η eine Veränderung der reflektiven Indikatoren mit sich. Jeder reflektive Indikator ist mit dem zugehörigen Konstrukt durch eine einfache Regression verbunden. Der Messfehler δ bzw. ε auf Indikatorebene zeigt an, dass der Indikator nicht vollständig durch das Konstrukt erklärt wird.

In einem formativen Messmodell ist ein Konstrukt als die gewichtete Summe seiner Indikatoren und einem Fehlerterm definiert. Die Schätzung des formativen Messmodells erfolgt somit über ein multiples Regressionsmodell. Der aus den formativen Indikatoren ermittelte Konstruktwert weicht vom wahren Konstruktwert ab, da die Indikatoren nicht sämtliche Facetten erfassen können. Diese Abweichung δ wird als *lack of validity* bezeichnet.[234] Bei PLS wird jedoch die Annahme getroffen, dass das

[233] Für die folgenden Ausführungen vgl. Cassel/Hackl/Westlund (1999), S. 437-438; Götz/Liehr-Gobbers (2004), S. 717-719.

[234] Vgl. Lohmöller (1989), S. 83.

formative Messmodell eine fehlerfreie Messung ermöglicht, d. h., die Fehlervariable ζ bzw. δ nimmt den Wert Null an. Folglich gilt im endogenen formativen Messmodell: $\zeta_\eta = 0$ und im exogenen formativen Messmodell: $\delta_\xi = 0$.[235] Ohne Fehlerterm können die Gleichungen (4) und (5) wie folgt darstellt werden:

(4') Endogenes formatives Messmodell:

$$\eta_2 = \pi_{23} \cdot y_3 + \pi_{24} \cdot y_4 \quad \text{(bezogen auf Abbildung 11)} \qquad (12)$$

bzw. $$\eta = \pi_\eta \cdot y \quad \text{(allgemein)} \qquad (13)$$

(5') Exogenes formatives Messmodell:

$$\xi_1 = \pi_{11} \cdot x_1 + \pi_{12} \cdot x_2 \quad \text{(bezogen auf Abbildung 11)} \qquad (14)$$

bzw. $$\xi = \pi_\xi \cdot x \quad \text{(allgemein)} \qquad (15)$$

5.1.4.3 Darstellung mediierender und moderierender Effekte

Neben linearen Beziehungen zwischen einem exogenen und einem endogenen Konstrukt existieren ferner Interaktionseffekte, die auf die Beziehung zwischen Konstrukten wirken. Es werden moderierende und mediierende Effekte unterschieden. Ein moderierender Effekt beachtet einen Moderator als eine latente Variable, die die Richtung und/oder die Stärke einer Beziehung zwischen einem exogenen und einem endogenen Konstrukt verändert. Demgegenüber wirkt bei einem mediierenden Effekt ein Mediator als eine latente Variable zwischen einem exogenen und einem endogenen Konstrukt und beeinflusst dadurch die direkte Beziehung zwischen den beiden.[236]

Eine moderierte Wirkungsbeziehung zwischen einem exogenen und einem endogenen Konstrukt kann grundsätzlich wie in Abbildung 12 dargestellt werden.

Abbildung 12: SEM: Grundlegende Darstellung eines Moderatormodells[237]

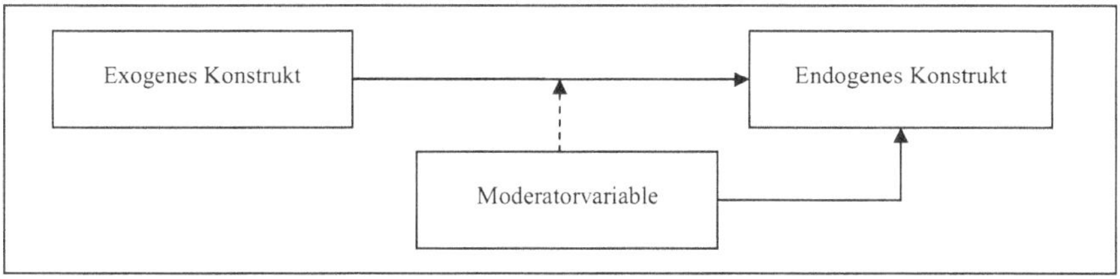

[235] Vgl. Götz/Liehr-Gobbers (2004), S. 719.
[236] Vgl. Baron/Kenny (1986), S. 1174, zum Moderatormodell und S. 1176 zum Mediatormodell.
[237] In Anlehnung an Chin/Marcolin/Newsted (2003), S. 198.

Der Moderator wirkt auf die Beziehung zwischen einem exogenen und einem endogenen Konstrukt. Typische Beispiele für Moderatoren sind das Alter, das Geschlecht und die Gruppenzugehörigkeit.[238] So kann bspw. die Wirkung eines bestimmten Medikaments (exogenes Konstrukts) auf das Wohlbefinden des Patienten (endogenes Konstrukt) von dem Geschlecht oder dem Alter des Patienten (Moderator) abhängen.

In einem Moderatormodell sollte stets eine direkte Beziehung zwischen dem Moderator und dem endogenen Konstrukt unterstellt werden. Diese unterstellte Beziehung verhindert, dass ein Effekt als Moderatoreffekt interpretiert wird, obwohl er auf den direkten Effekt zwischen dem Moderator und der endogenen latenten Variablen zurückzuführen ist. In dem obigen Beispiel sollte daher stets der direkte Effekt von dem Geschlecht oder dem Alter des Patienten (Moderator) auf das Wohlbefinden des Patienten (endogenes Konstrukt) beachtet werden.

Für die Modellierung eines moderierenden Effekts wird das Grundmodell variiert. Wie in Abbildung 13 dargestellt, werden drei direkte Einflüsse auf die endogene latente Variable modelliert: mit Pfad *a* vom exogenen Konstrukt, mit Pfad *b* von dem Moderator und mit Pfad *c* von einer Interaktionsvariablen. Die Interaktionsvariable bestimmt sich aus der exogenen latenten Variablen und dem Moderator bzw. aus den Indikatoren dieser Variablen. Das Vorhandensein einer moderierenden Interaktionsbeziehung wird bestätigt, wenn die Beziehung zwischen der Interaktionsvariablen und dem endogenen Konstrukt (Pfad *c*) signifikant ist. Der Pfadkoeffizient *c* gibt das Ausmaß an, mit dem sich der Einfluss des exogenen auf das endogene Konstrukt (Pfad *a*) ändert, wenn sich die Moderatorvariable ändert. Es werden keine Annahmen bzw. Voraussetzungen hinsichtlich der Beziehungen zwischen dem exogenen und dem endogenen Konstrukt (Pfad *a*) oder zwischen dem Moderator und dem exogenen Konstrukt (Pfad *b*) betroffen. Hingegen wird gefordert, dass der Moderator und das exogene Konstrukt unkorreliert sind und dass der Moderator ein exogenes Konstrukt ist.[239]

[238] Vgl. Baron/Kenny (1986), S. 1174.
[239] Vgl. Baron/Kenny (1986), S. 1174.

Abbildung 13: SEM: Schematische Darstellung eines Moderatormodells[240]

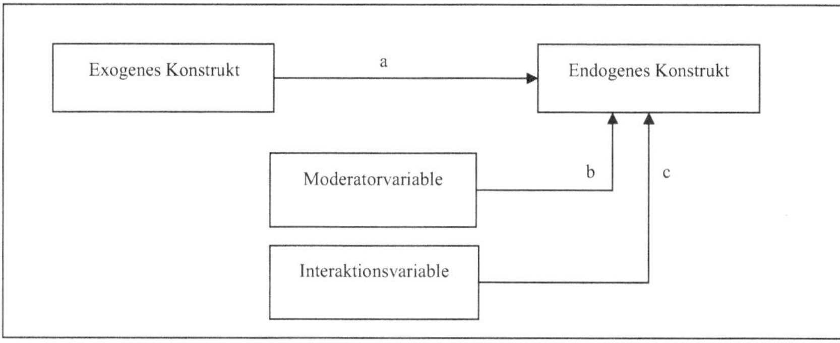

Die Bestimmung der Indikatoren für die Interaktionsvariable hängt von der Operationalisierung des Messmodells des exogenen Konstrukts und des Moderators ab. Der Produkt-Indikator-Ansatz kommt zum Einsatz, wenn bei beiden latenten Variablen ein reflektives Messmodell unterstellt wird. Dabei werden zunächst die Indikatoren standardisiert. Anschließend werden die standardisierten Indikatoren der exogenen latenten Variablen und des Moderators paarweise miteinander multipliziert, um die Indikatoren der Interaktionsvariablen zu bestimmen. Anschließend wird das Strukturgleichungsmodell unter Hinzunahme der Interaktionsvariablen geschätzt und so die Moderatorbeziehung überprüft.[241]

Wird eines der beiden Konstrukte mittels eines formativen Messmodells operationalisiert, ist die paarweise Indikatormultiplikation nicht mehr möglich. Stattdessen wird der Zwei-Phasen-Ansatz angewendet. Zunächst werden die Parameter im Strukturgleichungsmodell ohne Moderatoreffekte berechnet. Anders als beim Produkt-Indikator-Ansatz interessieren nicht die Indikatoren, sondern die Konstruktwerte der exogenen Variablen und des Moderators. Durch die Multiplikation der beiden Konstruktwerte ergibt sich der einzige Indikator für die Interaktionsvariable. Abschließend wird das Strukturgleichungsmodell unter Hinzunahme der Interaktionsvariablen geschätzt und so die Moderatorbeziehung überprüft.[242]

[240] In Anlehnung an Baron/Kenny (1986), S. 1174.
[241] Vgl. Chin/Marcolin/Newsted (2003), S. 196-199.
[242] Vgl. Eggert/Fassott/Helm (2005), S. 108. Mit der beschriebenen Modellierung der Interaktionsvariablen wird sowohl getestet, ob das Alter oder Geschlecht (Moderator) auf die Beziehung zwischen der Medikamentenwirkung (als exogenes Konstrukt) und dem Patientenwohlbefinden (als endogenes Konstrukt) wirkt, als auch, ob die Medikamentenwirkung als Moderator fungiert in der Beziehung zwischen dem Alter oder Geschlecht (als nun exogenes Konstrukt) und dem Patientenwohlbefinden (als endogenes Konstrukt).

Auf Basis der Modellierung der Interaktionsvariablen kann nicht eindeutig bestimmt werden, welcher moderierende Effekt getestet wird: So wird sowohl der Einfluss des Moderators auf die Beziehungen zwischen einem exogenen und einem endogenen Konstrukt als auch der Einfluss des exogenen Konstrukts auf die Beziehungen zwischen dem Moderator und dem endogenen Konstrukt untersucht. Die Analyse der Moderatorbeziehungen ist daher unter sachlogischen Überlegungen anzustellen.[243]

Neben der Analyse des Pfadkoeffizienten c erfolgt die Ergebnisanalyse der moderierenden Interaktionsbeziehung mithilfe der Veränderung des Bestimmtheitsmaßes R^2 bzw. der Effektstärke $f^2_{Moderator}$. Dabei wird das $R^2_{Haupteffekt}$ des Strukturmodells ohne Interaktionseffekte (sog. Haupteffektmodell) dem $R^2_{Interaktion}$ des Strukturmodells mit Interaktionseffekten (sog. Interaktions- oder Moderatormodell) gegenübergestellt:[244]

$$f^2_{Moderator} = \frac{R^2_{Interaktion} - R^2_{Haupteffekt}}{1 - R^2_{Interaktion}} \tag{16}$$

Cohen (1988) interpretiert die Effektstärke $f^2_{Moderator}$ dahin gehend, dass ein $f^2_{Moderator} \approx 0{,}02$ auf einen geringen, ein $f^2_{Moderator} \approx 0{,}15$ auf einen moderaten und ein $f^2_{Moderator} \approx 0{,}35$ auf einen substanziellen Effekt hinweisen. Chin/Marcolin/Newsted (2003) betonen in diesem Zusammenhang, dass bei einem geringen $f^2_{Moderator}$ nicht automatisch auf die Unwichtigkeit des moderierenden Effekts geschlossen werden kann. Selbst ein geringer Interaktionseffekt kann von wesentlicher Bedeutung sein. So gibt die Maßgröße $f^2_{Moderator}$ doch einen Hinweis auf die zusätzlich erklärte Varianz der endogenen latenten Variablen im Strukturmodell, wenn zusätzlich zum Haupteffektmodell ein Interaktionseffekt hinzukommt. Ein geringes $f^2_{Moderator}$ kann darauf zurückzuführen sein, dass mit der Einführung des Interaktionsterms die Stärke des Einflusses der exogenen auf die endogene latente Variable verringert wird. Der erklärte Varianzanteil des endogenen Konstrukts durch das exogene Konstrukt wird dabei durch die Interaktionsvariable substituiert.[245]

Neben dem moderierenden Effekt besteht die zweite Möglichkeit zur Modellierung von Interaktionsbeziehungen in einem mediierenden Effekt. Ein mediierender Effekt kann vereinfacht wie folgt dargestellt werden.

[243] Vgl. Eggert/Fassott/Helm (2005), S. 109.
[244] Vgl. Cohen (1988), S. 410-414.
[245] Vgl. Chin/Marcolin/Newsted (2003), S. 211.

Abbildung 14: SEM: Schematische Darstellung eines Mediatormodells[246]

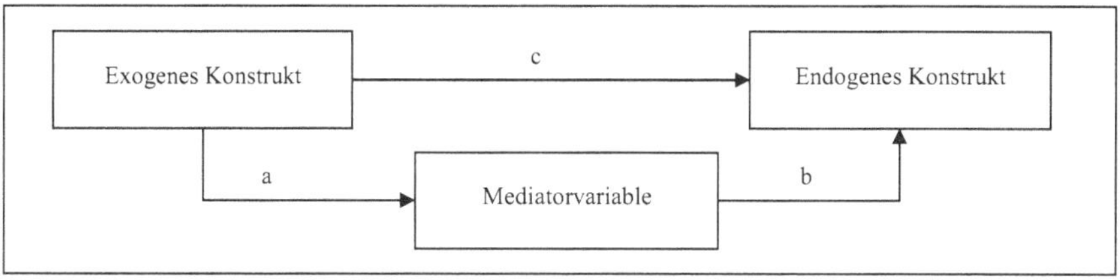

Ein häufig genanntes Beispiel für eine Mediatorbeziehung ist das Stimulus-Organismus-Reaktion-Modell des Käuferverhaltens.[247] Danach wird ein Reiz (Stimulus) aus der Umwelt von dem Käufer wahrgenommen, durch psychische Vorgänge (Organismus) beim Käufer verarbeitet und äußert sich in einem Kaufverhalten (Reaktion) des Käufers. Der Stimulus wirkt direkt auf den Organismus und ebenso direkt auf die Reaktion. Ebenfalls wird ein indirekter Effekt von dem Stimulus über den Organismus auf die Reaktion vermutet. In der Marketingforschung findet sich das prominente Beispiel, dass ausgehend von der Reputation eines Unternehmens (Stimulus) eine direkte Wirkung auf die Erfahrungen des Konsumenten (Organismus), eine direkte Wirkung auf die Loyalität des Käufers (Reaktion) und eine indirekte Wirkung über die Erfahrungen des Konsumenten (Organismus) auf die Loyalität des Käufers (Reaktion) erwartet wird.[248]

Eine Variable ist ein Mediator, wenn die nachstehenden drei Bedingungen kumulativ erfüllt sind:[249]

1. Eine Veränderung des exogenen Konstrukts führt zu einer signifikanten Veränderung des Mediators (Pfad *a*).
2. Eine Veränderung des Mediators führt zu einer signifikanten Veränderung des endogenen Konstrukts (Pfad *b*).
3. Der Pfadkoeffizient für den direkten Pfad zwischen dem exogenen und dem endogenen Konstrukt (Pfad *c*) ist signifikant kleiner als der direkte Pfad zwischen dem exogenen und dem endogenen Konstrukt, wenn kein Mediator beachtet worden wäre (Pfad *c'*).

In dem Beispiel sind die Bedingungen erfüllt, wenn eine signifikante Wirkung (1) von der Reputation eines Unternehmens auf die Erfahrungen des Konsumenten (Pfad *a*)

---
246 In Anlehnung an Baron/Kenny (1986), S. 1176.
247 Vgl. Baron/Kenny (1986), S. 1176.
248 Vgl. Eggert/Fassott/Helm (2005), S. 110-111.
249 Vgl. Baron/Kenny (1986), S. 1176.

und (2) von den Erfahrungen des Konsumenten auf die Loyalität (Pfad *b*) bestätigt wird. Zusätzlich sollte (3) der Pfadkoeffizient für die direkte Wirkung von der Reputation eines Unternehmens auf die Loyalität des Käufers (Pfad *c*) in dem Mediatormodell geringer sein als dieser direkte Pfad, wenn der Mediator (Erfahrungen des Konsumenten) im Modell nicht berücksichtigt werden würde (Pfad *c'*).

Falls sich der Pfad *c* nicht signifikant von Null unterscheidet, liegt eine vollständige Mediation vor, ansonsten eine partielle Mediation. Bei einer partiellen Mediation (d. h., der Pfad *c* ist signifikant) ist der Fall denkbar, dass der Pfad *c* ein anderes Vorzeichen als der indirekte Pfad $a \cdot b$ hat. Dieser Fall wird als Suppressoreffekt bezeichnet. Bei einer vollständigen Mediation erübrigt sich der Vergleich der Vorzeichen, da der Pfad *c* nicht signifikant ist. Dieser Effekt wird als statistischer Suppressoreffekt bezeichnet.[250]

Während Baron/Kenny (1986) noch die drei Bedingungen für Mediatoreffekte testen, heben Preacher/Hayes (2004) den direkten Test einer Mediatorbeziehung hervor. Sie betonen, dass zur Beurteilung eines Mediatoreffekts allein der Beweis ausreicht, dass der indirekte Pfad $a \cdot b$ signifikant ist. In dem Beispiel reicht es somit aus zu zeigen, dass der indirekte Effekt von der Reputation eines Unternehmens (Stimulus) über die Erfahrungen des Konsumenten (Organismus) auf die Loyalität des Käufers (Reaktion) signifikant ist. Auf diesen Beweis baut der von Sobel (1982) vorgeschlagene Sobel- bzw. *z*-Test auf, der einen *z*-Wert berechnet:[251]

$$z = \frac{a \cdot b}{\sqrt{b^2 \cdot se_a^2 + a^2 \cdot se_b^2}} \tag{17}$$

mit se_a als Standardfehler für Pfad *a* und se_b als Standardfehler für Pfad *b*.

Die Interpretation des *z*-Werts erfolgt in Anlehnung an die des *t*-Werts. So ist beispielsweise bei einem *z*-Wert größer als 1,96 auf einem Niveau von $p < 0{,}05$ der indirekte Pfad $a \cdot b$ signifikant, d. h., es liegt ein signifikanter Mediatoreffekt vor.[252]

---

[250] Vgl. Shrout/Bolger (2002), S. 431.

[251] Vgl. Eggert/Fassott/Helm (2005), S. 106; Preacher/Hayes (2004), S. 718. Grundlegend vgl. Sobel (1982).

[252] Vgl. Preacher/Hayes (2004), S. 718. Neben der Überprüfung der Existenz eines Mediatoreffekts kann die Stärke des Mediatoreffekts über die Größe *Variance Accounted For* (*VAF*) ermittelt werden. *VAF* setzt den indirekten Einfluss einer unabhängigen auf eine abhängige Variable ($a \cdot b$) ins Verhältnis zum Gesamteinfluss ($a \cdot b + c$). Vgl. Eggert/Fassott/Helm (2005), S. 106.

5.1.5 Schätzung der Variablen

An die Formulierung der Gleichungen für das Strukturmodell und für die Messmodelle schließt sich die Schätzung der Modellparameter unter Verwendung des PLS-Schätzalgorithmus an. Der Ablauf der Modellschätzung ist iterativ, d. h., es finden abwechselnd die Schätzung der Beziehung eines Konstrukts zu seinen Indikatoren (im Messmodell, sog. äußere Schätzung) und die Schätzung der Beziehungen eines Konstrukts zu den anderen Konstrukten (im Strukturmodell, sog. innere Schätzung) statt. Die Parameterschätzungen spielen sich abwechselnd außen und innen ab mit der Annahme, dass der jeweils andere Teil gegeben ist.[253] Durch jede Schätzung werden die Beziehungen im Strukturmodell und in den Messmodellen neu bestimmt (Stufe 1), bis eine definierte Stabilität erreicht ist und die Modellparameter final festgelegt werden können (Stufe 2). Diese zweistufige PLS-Schätzung ist in Abbildung 15 dargestellt und wird am Beispiel eines SEM mit zwei latenten Variablen, die mit jeweils zwei Indikatoren gemessen werden, erläutert.[254]

Die iterativen Schätzungen auf der ersten Stufe werden in die nachstehenden Schritte unterteilt:

0. Ausgangspunkt für den PLS-Schätzalgorithmus bildet eine erste Schätzung für ein Konstrukt. Dafür wird ein Konstrukt mit einem beliebigen zugehörigen Indikator gleichgesetzt, z. B. $\eta_1 = y_1$. Der Pfadkoeffizient zwischen dem ausgewählten Indikator y_1 und dem Konstrukt η_1 wird dabei auf den Wert Eins normiert (hier: $\lambda_{11} = 1$), während der andere Pfadkoeffizient auf Null gesetzt wird.

---

[253] Aus dieser Annahme der partiellen bzw. iterativen Schätzung folgt die Bezeichnung *Partial Least Squares*, d. h. partielle kleinste Quadrate. Vgl. Henseler (2005), S. 72.

[254] Ohne die endogene Variable η_2 in Abbildung 11 stellt das dort dargestellte SEM ein solches einfaches Modell mit zwei Konstrukten dar. Für die weiteren Ausführungen vgl. Henseler (2005), S. 71-72; Ringle et al. (2006), S. 84-86.

Abbildung 15: SEM: Ablauf des PLS-Schätzalgorithmus[255]

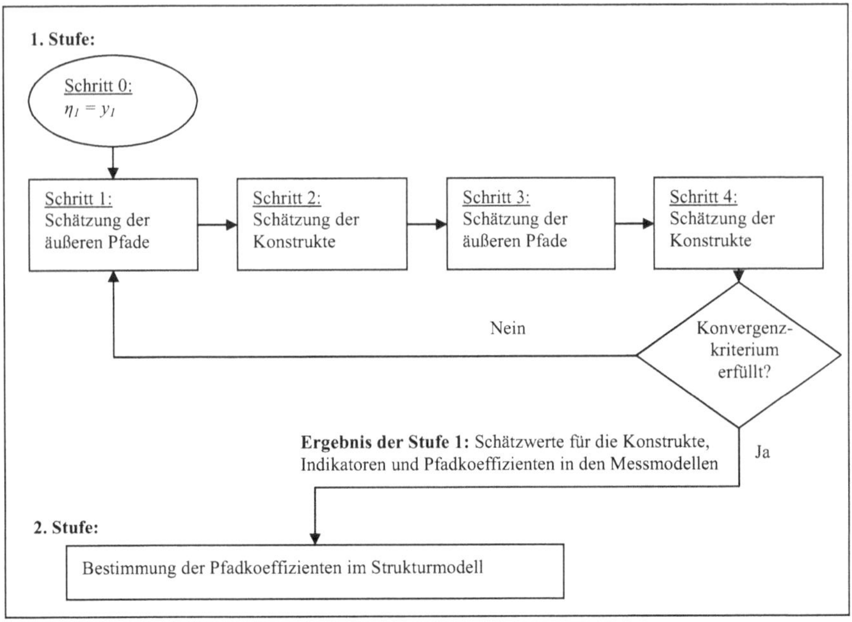

1. Im ersten Algorithmus-Schritt findet die Schätzung der äußeren Pfadkoeffizienten statt, die die Beziehung eines Konstrukts und seiner Indikatoren determiniert. Es wird angenommen, dass der Pfadkoeffizient γ_{11}, der die Beziehung zwischen ξ_1 und η_1 beschreibt, den Wert Eins annimmt ($\gamma_{11} = 1$) und der Fehlerterm auf Konstruktebene den Wert Null (hier: $E(\zeta_1|\eta_1) = 0$). So gilt implizit $\eta_1 = \xi_1$. Mithilfe einer multiplen Kleinste-Quadrate-Regression werden dann die Gewichte π_{11} und π_{12} bestimmt, die die Beziehung zwischen der exogenen latenten Variablen ξ_1 und ihren formativen Indikatoren x_1 und x_2 beschreiben.[256]

[255] In Anlehnung an Chin/Newsted (1999), S. 320; Ringle et al. (2006), S. 84. Der erste Schritt ist in der Abbildung angepasst worden, da hier vereinfacht nur ein SEM mit zwei Konstrukten unterstellt wird. Vgl. zu diesem Ablauf daher auch Henseler (2005), S. 72. Im allgemeinen Fall bezieht sich der erste Algorithmus-Schritt auf die Schätzung der inneren Gewichte.

[256] In PLS sind für die Ermittlung der Gewichte mit dem zentroiden Gewichtungsschema, dem Faktorgewichtungsschema und dem Pfadgewichtungsschema drei Gewichtungsschemata hinterlegt. Das Pfadgewichtungsschema ist das gängig genutzte Verfahren und wird daher auch bei der in dieser Arbeit durchgeführten PLS-Schätzung zugrunde gelegt. Vgl. Fornell/Cha (1994), S. 65-66. In der Parameterschätzung werden die Indikatoren standardisiert, um eine Vergleichbarkeit unterschiedlich skalierter Indikatoren zu erzielen.

2. Auf Basis der bestimmten Gewichte π_{11} und π_{12} werden im zweiten Schritt die Konstrukte neu geschätzt. Der Fehlerterm wird bei PLS im formativen Messmodell auf Null gesetzt: $E(\delta_1|\xi_1) = 0$. Das exogene Konstrukt ξ_1 wird daher als gewichtete Linearkombination der (formativen) Indikatoren x_1 und x_2 bestimmt: $\xi_1 = \pi_{11} \cdot x_1 + \pi_1 \cdot x_2$.
3. Im dritten Schritt werden mit den in Schritt zwei geschätzten Konstruktwerten die Ladungen λ_{11} und λ_{21}, d. h. die Pfadkoeffizienten zwischen dem endogenen Konstrukt η_1 und seinen Indikatoren, geschätzt. Unter der Annahme reflektiver Indikatoren im endogenen Messmodell (y_1 und y_2) werden die einzelnen Ladungen mittels einer Serie einzelner Einfachregressionen ermittelt. Dabei wird η_1 als unabhängige Variable und die reflektiven Indikatoren y_1 und y_2 werden als abhängige Variablen gewählt. Mit der in Schritt 1 gesetzten Annahme von $\gamma_{11} = 1$ (und demgemäß $\eta_1 = \xi_1$) können die zwei Regressionsgleichungen wie folgt formuliert werden: $y_1 = \lambda_{11} \cdot \eta_1 + \varepsilon_1$ und $y_2 = \lambda_{21} \cdot \eta_1 + \varepsilon_2$ bzw. $y_1 = \lambda_{11} \cdot \xi_1 + \varepsilon_1$ und $y_2 = \lambda_{21} \cdot \xi_1 + \varepsilon_2$.
4. Auf Basis der letzten Schätzung der Indikatoren werden im vierten Schritt neue Schätzungen der Konstrukte vorgenommen. Dabei werden die Konstrukte ξ_1 bzw. η_1 als eine Linearkombination der zugehörigen Indikatoren ermittelt.

Nachdem die vier Schritte durchlaufen sind, wird ein Konvergenztest ausgelöst. Dabei wird von einer Schätziteration zur nächsten verglichen, ob sich die Pfadkoeffizienten in den äußeren Schätzungen um weniger als 0,001 verändern.[257] Ändern sich die Pfadkoeffizienten nicht mehr wesentlich, schließt die erste Stufe im PLS-Schätzalgorithmus mit der Parameterbestimmung für die Messmodelle, d. h. mit der Bestimmung der Werte für die Konstrukte (ξ_1 und η_1) sowie der zugehörigen Indikatoren (x_1 und x_2 sowie y_1 und y_2) und der Ladungen (π_{11} und π_{12} sowie λ_{11} und λ_{21}), ab.

Auf der zweiten Stufe im PLS-Schätzalgorithmus wird der Pfadkoeffizient γ_{11} aus dem Strukturmodell geschätzt, der bis dato gleich Eins gesetzt wurde (siehe Schritt 1, $\gamma_{11} = 1$). Die Schätzung erfolgt mittels einer einfachen Regression mit ξ_1 als unabhängige und η_1 als abhängige Variable.

[257] Chin und Newsted schlagen den Wert 10^{-4} und Wold den Wert 10^{-5} als Konvergenzkriterium vor. Vgl. Chin/Newsted (1999), S. 316; Wold (1982a), S. 14.

5.2 Konzeptionalisierung und Operationalisierung der Konstrukte

5.2.1 Vorgehensweise

Im vierten Kapitel werden die verwendeten Konstrukte und die untereinander vermuteten Wirkungszusammenhänge vorgestellt. Da sich Konstrukte einer direkten Messung entziehen, ist es das Ziel dieses Abschnitts, die verwendeten Konstrukte zu konzeptionalisieren und zu operationalisieren.[258]

Bei der Konzeptionalisierung der Konstrukte geht es zunächst um die Erörterung der Konstruktdimensionen. Für die Konstrukte sowie für die einzelnen Dimensionen der Konstrukte werden anschließend im Rahmen der Konstruktoperationalisierung Indikatoren ausgewählt. Die Anzahl der Indikatoren ist für die Bestimmung der Konstruktwerte von erheblicher Bedeutung. Je mehr Indikatoren ein Konstrukt operationalisieren, desto eher kann der wahre Wert des Konstrukts geschätzt werden, desto konsistenter ist die Schätzung und desto geringer ist der Messfehler.[259] Demgegenüber weisen Drolet/Morrison (2001) nach, dass der Informationsgehalt der Indikatoren ab dem dritten Indikator pro Konstrukt bereits so gering ist, dass die Messqualität sich nicht verbessert. Die Autoren beklagen, dass häufig nach möglichst vielen Indikatoren gesucht wird, die sich nur geringfügig inhaltlich-semantisch unterscheiden.[260] Mit der Auswahl der Indikatoren erfolgt die Spezifikation des Messmodells in formativ oder reflektiv. Der genauen Vorgehensweise bei der Spezifikation formativer und reflektiver Messmodelle ist in den anfänglichen SEM-Analysen wenig Aufmerksamkeit geschenkt worden. Im Folgenden wird daher in Anlehnung an den in Abschnitt 5.1.2 vorgestellten Kriterienkatalog von Coltman et al. (2008) bei jedem Konstrukt explizit auf seine Spezifikationsart hingewiesen.[261]

Für die Operationalisierung der Konstrukte werden vorrangig solche Indikatoren ausgewählt, die in früheren Studien validiert wurden. Neue Indikatoren zu neuen Konstrukten werden auf Basis umfangreicher Literaturrecherchen identifiziert, definiert, konzeptionalisiert und operationalisiert sowie ausführlich im Pretest

[258] Im Folgenden wird der Vorgehensweise für die Entwicklung (und anschließenden Validierung) reflektiver Messmodelle bei Homburg/Giering (1996) und formativer Messmodell bei Diamantopoulos/Winklhofer (2001) gefolgt.

[259] Zur *consistency at large*-Eigenschaft bei PLS siehe die Ausführungen in Abschnitt 5.1.3.

[260] Vgl. Drolet/Morrison (2001), S. 201. Ebenfalls zur Diskussion ‚*multiple-item versus single-item measures of the same constructs*' vgl. Bergkvist/Rossiter (2007); Sarstedt/Wilczynksi (2009).

[261] Vgl. die Aufforderung bei Bisbe/Batista-Foguet/Chenhall (2007), S. 792. Zu den Kriterien vgl. Coltman et al. (2008), S.1252. Die Folgen von Fehlspezifikationen untersuchen u. a. Cassel/Hackl/Westlund (1999); Diamantopoulos/Siguaw (2006); Fassott (2006); Jarvis/MacKenzie/Podsakoff (2003); Podsakoff/Shen/Podsakoff (2006).

diskutiert.[262] Zusätzlich werden für diese Konstrukte mehrere Indikatoren entwickelt. Im Bewusstsein, dass die Messung eines Konstrukts mit ausschließlich einem Indikator die Reliabilität und Validität des Messmodells beeinflusst, werden nur dann Ein-Indikator-Messungen vorgenommen, wenn dieser Indikator als primärer Indikator für die Messung des Konstrukts identifiziert und wenn dieser Indikator über eine zuverlässige Quelle erhoben wird. Messfehler werden in einem solchen Messmodell als minimal angenommen.

Das in Abbildung 10 vorgestellte SEM enthält fünf exogene und drei endogene Konstrukte sowie drei Kontrollvariablen. Soweit nicht anders erwähnt, wird jedes Konstrukt als ein Konstrukt erster Ordnung konzeptionalisiert. In den nächsten Abschnitten wird die Operationalisierung dieser Konstrukte vorgestellt. Sämtliche Konstrukte, die zugehörigen Indikatoren sowie die verwendeten Skalen sind in Anhang A.1., Tabelle 25 und in Anhang A.2., Tabelle 27 aufgeführt. Aus Gründen der Darstellbarkeit werden die Indikatoren einheitlich innerhalb eines Messmodells mit einer Abkürzung und einer Nummer versehen.

5.2.2 Exogene Konstrukte

Value-based management (VBM) ist ein aus der Praxis der wertorientierten Unternehmenssteuerung abgeleitetes Konstrukt. Im Gegensatz zu einem theoretischen Konstrukt besteht bei einem praxisbezogenen Konstrukt die Herausforderung, die wesentlichen Charakteristika des Konstrukts eindeutig zu identifizieren.[263] VBM wird anhand von fünf Eigenschaften in Anlehnung an das VBM-Rahmenwerk von Ittner/Larcker (2001) und Otley (1999) definiert.[264] Ein hoher Grad an VBM zeichnet sich durch eine hohe Umsetzung bzw. Relevanz der nachstehenden Charakteristika aus: das Ziel der Unternehmenswertsteigerung (VBM1), die Messung der Wertsteigerung mittels einer wertorientierten Kennzahl (VBM2), die Implementierung eines Werttreibersystems (VBM3), die Einbindung des Wertsteigerungsziels in die Vergütung (VBM4) sowie die Berichterstattung über das Wertsteigerungsziel (VBM5). Diese fünf Indikatoren stellen unterschiedliche Facetten des Konstrukts dar und formen das Konstrukt. Das Messmodell für die Operationalisierung von VBM ist demnach formativ. Da nicht sichergestellt ist, dass durch diese fünf Indikatoren tatsächlich das Konstrukt VBM vollständig abgebildet wird, wird zusätzlich ein reflektiver Indikator erhoben. Dieser fragt explizit nach dem Ausmaß, mit dem VBM

[262] Zum Pretest siehe die Ausführungen in Abschnitt 5.3.2.
[263] Vgl. Luft/Shields (2003) S. 188-189.
[264] Vgl. Ittner/Larcker (2001), Abbildung 1 auf S. 353; Otley (1999), S. 365-366.

im Unternehmen verankert ist (VBMreflektiv).[265] Das durch diesen reflektiven Indikator gemessene Konstrukt wird als VBM-Phantomvariable bezeichnet.

Der Grad der *Internationalisierung* (*degree of internationalisation*, DOI) bezieht sich auf das Ausmaß der Auslandsgeschäfte eines Unternehmens. Sullivan (1994) unterscheidet drei Perspektiven der Internationalisierung: die Performance-Perspektive als Anteil der Auslandsaktivitäten, die Struktur-Perspektive als Anteil der im Ausland verfügbaren Ressourcen und die Einstellung-Perspektive als die internationale Orientierung der Unternehmensleitung. Während die ersten beiden Perspektiven mit öffentlich verfügbaren Informationen operationalisiert werden können, weist Sullivan (1994) explizit auf die Schwierigkeit der Messung der dritten Perspektive hin.[266] Daher konzentriert sich die Operationalisierung von Internationalisierung auf die ersten beiden Perspektiven. Für die Messung der Performance-Perspektive wird der am häufigsten gewählte Indikator, der Anteil des Auslandsumsatzes zum Gesamtumsatz (DOI1), ausgewählt. Die Struktur-Perspektive wird über den Anteil der im Ausland beschäftigten Mitarbeiter an der Gesamtanzahl der Mitarbeiter (DOI2) gemessen. Steigt die Internationalisierung, so steigt c. p. auch der Anteil des im Ausland erzielten Umsatzes und der im Ausland beschäftigten Mitarbeiter. Beide Indikatoren hängen daher vom Konstrukt ab und werden als reflektive Indikatoren definiert.

Das Konstrukt *Zufriedenheit mit der Durchführung des Goodwill Impairment Tests (IOA Zufriedenheit)* stellt die empfundene Erfüllung der mit der Durchführung des Goodwill Impairment Tests verbundenen Erwartungen dar. Die Operationalisierung des Konstrukts erfolgt mittels der drei von Ittner/Larcker/Randall (2003) genutzten Indikatoren:[267] Die IOA Zufriedenheit (IOAZufr) drückt sich durch den Grad der erwarteten Zufriedenheit (IOAZufr1), durch die Entfernung zum Ideal (IOAZufr2) und durch die allgemeine Zufriedenheit (IOAZufr3) aus.[268] Das Messmodell wird reflektiv operationalisiert, da die Zufriedenheit auf die Ausprägung der drei Indikatoren wirkt. Die Indikatoren messen den gleichen Sachverhalt; sie sind austauschbar.

---

265 Vgl. Ittner/Larcker/Randall (2003), S. 725; Krumwiede (1998), S. 247-248.

266 Vgl. Sullivan (1994), S. 331.

267 Vgl. Ittner/Larcker/Randall (2003), S. 726. Wie bereits an anderer Stelle diskutiert, nutzen die Autoren das Konstrukt Zufriedenheit als eine subjektive Ausprägung der Unternehmensperformance, das von einem Steuerungsinstrument als erklärende Variable abhängt. Im Gegensatz dazu dient in der vorliegenden Arbeit das Konstrukt Zufriedenheit als unabhängige Variable.

268 Sarstedt/Wilczynski (2009) untersuchen am Beispiel der Kundenzufriedenheit – eines in der Marketing-Forschung vielfach verwendetes Konstrukts –, welchen Einfluss die Operationalisierung dieses Konstrukts mittels drei versus einen Indikator hat. Sie zeigen dabei im Ergebnis die Überlegenheit der Drei-Indikator-Messung auf.

Die *Unternehmensgröße* (Größe) ist ein in vielen empirischen Studien verwendetes Konstrukt, sodass zuverlässige Indikatoren für die Messung vorliegen. Um eine Vergleichbarkeit und Konsistenz gegenüber diesen Studien sicherzustellen, werden die vier Indikatoren Anzahl der Mitarbeiter (Größe1), Bilanzsumme (Größe2), Buchwert des Eigenkapitals (Größe3) und Umsatz (Größe4) ausgewählt.[269] Die vier Indikatoren werden aus dem Konzernabschluss 2007 (bzw. 2007/2008 bei abweichendem Geschäftsjahr) der Unternehmen entnommen und anschließend logarithmiert, um nichtlineare Einflüsse zu eliminieren. Das Messmodell für das Konstrukt Unternehmensgröße wird als reflektives Modell operationalisiert, da die vier Indikatoren austauschbare Messungen darstellen. Die Wegnahme eines Indikators oder die Hinzunahme eines weiteren Indikators verändert nicht die Definition des Konstrukts.

Die *Organisationsstruktur* wird als ein zweidimensionales Konstrukt über die drei Konstrukte erster Ordnung Dezentralisierung, Formalisierung und Differenzierung konzeptionalisiert. Das Konstrukt *Dezentralisierung* (Dezent) wird über das Konstrukt Zentralisierung (Zent) erhoben. Basierend auf Aiken/Hage (1968) werden vier Indikatoren identifiziert.[270] Es wird nach dem Ausmaß gefragt, mit dem bei unwesentlichen Entscheidungen ein Vorgesetzter befragt wird (Zent1), nur wenige Handlungen ohne die Zustimmung eines Vorgesetzten durchgeführt werden (Zent2), jede Entscheidung von einem Vorgesetzten überprüft wird (Zent3) und ein Vorgesetzter in fast allen Handlungen involviert ist (Zent4). Die Umwandlung vom Konstrukt Zentralisierung zum Konstrukt Dezentralisierung geschieht in der Weise, dass die Skala der Indikatoren umgedreht wird. Die Zentralisierungsindikatoren sind die negativ formulierten (*reverse coded*) Dezentralisierungsindikatoren. Eine Zustimmung zu einer Aussage bedeutet entsprechend eine Ablehnung, während eine Ablehnung zu einer positiv formulierten Aussage eine Zustimmung besagt.[271] Aus den vier Zentralisierungsindikatoren (Zent1 bis Zent4) werden so die vier Dezentralisierungsindikatoren (Dezent1 bis Dezent4) generiert.

Formalisierung (Formal) wird in Anlehnung an Pugh et al. (1968) und ebenso wie bei Schminke/Cropanzano/Rupp (2001) mit fünf Indikatoren gemessen.[272] Es wird nach dem Ausmaß und der Art schriftlich fixierter Regelungen, Verfahrens- und Vorgehensweisen (Formal1 und Fomal2), dem Bestand an Stellenbeschreibungen

---

[269] Vgl. anstatt vieler Chenhall (2003), S. 149.
[270] Vgl. Aiken/Hage (1968), S. 924.
[271] Vgl. Malhotra/Birks (2007), S. 349.
[272] Vgl. Pugh et al. (1968), S. 75-76, 100-101; Schminke/Cropanzano/Rupp (2001), S. 889.

(Formal3) und Leistungsaufzeichnungen (Formal4) sowie der Existenz eines Orientierungsprogramms für neue Mitarbeiter (Formal5) gefragt.

Differenzierung (Diff) entspricht dem Konstrukt Komplexität bei Gerdin (2005a) und setzt sich aus der vertikalen und horizontalen Differenzierung zusammen. Die vertikale Differenzierung (VerDiff) bemisst sich nach der Anzahl der Hierarchieebenen zwischen dem Vorstandsvorsitzenden und der operativen Bereichsleiterebene.[273] Die horizontale Differenzierung (HorDiff) umfasst die Anzahl der organisatorischen Einheiten. Als Proxy zur Messung dieses Indikators wird die Anzahl der Segmente (angegeben in der Segmentberichterstattung im Konzernabschluss) genutzt.[274]

Die drei Konstrukte erster Ordnung – Dezentralisierung, Formalisierung, Differenzierung – werden mit Indikatoren gemessen, die innerhalb ihrer Messmodelle austauschbare Messungen darstellen. In jedem der drei Messmodelle verläuft die Kausalitätsrichtung vom Konstrukt zu den Indikatoren; die Indikatoren werden durch die Konstruktdefinition geprägt. Entsprechend ergeben sich drei reflektive Messmodelle für Dezentralisation, Formalisierung und Differenzierung. Diese reflektiv operationalisierten Konstrukte dienen zur Erklärung des Konstrukts Organisationsstruktur. Sie stellen unterschiedliche Perspektiven der Organisationsstruktur dar und sind entsprechend nicht austauschbar. Die definitorische Änderung eines der Konstrukte erster Ordnung bedingt unmittelbar eine definitorische Änderung des Konstrukts zweiter Ordnung, muss aber nicht unmittelbar zu einer Änderung eines der beiden anderen Konstrukte erster Ordnung führen. Daraus folgt, dass das Konstrukt Organisationsstruktur formativ operationalisiert wird.[275]

Für die Modellierung von zweidimensional konzeptionalisierten Konstrukten stehen mit dem hierarchischen Komponentenansatz und dem Faktorwert-basierten Ansatz zwei Verfahren zur Verfügung.[276] Beim hierarchischen Komponentenansatz werden alle Indikatoren, die den Konstrukten erster Ordnung zugeordnet sind, bei der Operationalisierung des Konstrukts zweiter Ordnung wieder verwendet. Der Ansatz wird daher auch als Methode der wiederholten Indikatoren bezeichnet.[277] Dieses Vorgehen eignet sich jedoch nur dann, wenn die Konstrukte erster Ordnung mit einer

[273] Ebenso vgl. Gosselin (1997), S. 111; Pugh et al. (1968), S. 78.
[274] Vgl. ähnlich Gerdin (2005a), S. 112.
[275] Nach der von Jarvis/MacKenzie/Podsakoff (2003), S. 205, vorgestellten Kategorisierung von zweidimensionalen Konstrukten handelt es sich hier um den Typ II mit reflektiv operationalisierten Konstrukten erster Ordnung und einem formativ operationalisierten Konstrukt zweiter Ordnung.
[276] Zu diesem Abschnitt vgl. Giere/Wirtz/Schilke (2006), S. 688-689.
[277] Vgl. Wold (1982a), S. 40-42.

gleichen Anzahl an Indikatoren gemessen werden.[278] Da die hier verwendeten Konstrukte erster Ordnung mit einer unterschiedlichen Anzahl an Indikatoren – Dezentralisierung mit vier, Formalisierung mit fünf und Differenzierung mit zwei Indikatoren – gemessen werden, findet der Faktorwert-basierte Ansatz Anwendung. Bei diesem Ansatz wird eine Messmodellebene eliminiert und das eigentlich zweidimensionale Konstrukt auf eine Dimension verkürzt. Dafür wird im ersten Schritt das Strukturmodell mit den drei Konstrukten erster Ordnung – Dezentralisierung, Formalisierung und Differenzierung – ohne das Konstrukt zweiter Ordnung geschätzt. Alle Hypothesen (und damit Pfeile), die sich ursprünglich auf das Konstrukt zweiter Ordnung bezogen haben, werden auf die drei Konstrukte erster Ordnung übertragen. Die PLS-Schätzung für dieses Strukturmodell ergibt Konstruktwerte für Dezentralisierung, Formalisierung und Differenzierung. Im zweiten Schritt werden diese Konstruktwerte als formative Indikatoren für die Operationalisierung des Konstrukts Organisationsstruktur verwendet und in das finale Strukturmodell aufgenommen.

5.2.3 Endogene Konstrukte

Innerhalb des in Abbildung 10 vorgeschlagenen theoretischen Modells werden drei Konstrukte erklärt und daher als endogene Konstrukte konzeptionalisiert.

Die Operationalisierung des Konstrukts *Harmonisierung* (Harmon) orientiert sich an den von Joseph et al. (1996) und Jones/Luther (2005) benutzten Indikatoren bzw. Fragen.[279] Für die Messung werden fünf Indikatoren identifiziert. Der erste Indikator fragt direkt nach dem Grad der Harmonisierung (Harmon1). Drei weitere Indikatoren untermauern diesen ersten Indikator und fragen detaillierter nach dem Harmonisierungsgrad (Harmon2 bis Harmon4). Der fünfte Indikator ermittelt den Grad, bis zu dem die IT-Systeme für externes und internes Rechnungswesen harmonisiert sind (Harmon5). Die fünf Indikatoren stellen austauschbare Messungen der latenten Variablen dar, sodass es sich um ein reflektives Messmodell handelt.

Integration (Integra) ist als die Übereinstimmung einer CGU und einer wertorientierten Einheit definiert. Um Missverständnisse zu vermeiden, wurde diese Definition im Fragebogen aufgenommen. Bei dem Konstrukt handelt es sich um ein neu in die empirische Forschung eingeführtes Konstrukt. Entsprechend existieren keine zuverlässigen Indikatoren, die für seine empirische Erhebung herangezogen werden konnten. Stattdessen basiert die Konstruktkonzeptionalisierung auf Literatur-

---

[278] Andernfalls, d. h. bei Vorliegen einer unterschiedlichen Indikatorenanzahl, erfolgt implizit eine Gewichtung der Konstrukte erster Ordnung.

[279] Vgl. Joseph et al. (1996), S. 79-84. Zum Interview vgl. Jones/Luther (2005), S. 174-183.

recherchen, Analysen der Vorgaben in IAS 36 und Expertengesprächen. Die finale Auswahl der Indikatoren umfasst drei Indikatoren: Übereinstimmung zwischen einer CGU und einer wertorientierten Einheit (Integra1), Nutzung der CGU-Ebene für die wertorientierte Unternehmenssteuerung (Integra2), Darstellung der CGU und einer wertorientierten Einheit als niedrigste Unternehmensebenen für die Steuerung (Integra3). Bei den drei Indikatoren handelt es sich um austauschbare Messungen. Für Integration wird folglich ein reflektives Messmodell unterstellt.

Die *Performance* (FinPerf) stellt die langfristige finanzielle Unternehmensleistung eines kapitalmarktorientierten Unternehmens dar. Die Performance wird vielfach als endogenes Konstrukt in empirischen Analysen gewählt, sodass ein umfangreicher Katalog an Indikatoren für seine Konzeptionalisierung und Operationalisierung existiert.[280] Venkatraman/Ramanujam (1987) schlagen vor, für die Konzeptionalisierung von Performance nach der Quelle der Information (primär versus sekundär) und nach der Nachvollziehbarkeit der Information (objektiv versus subjektiv) zu unterscheiden.[281] Primäre Informationen stammen direkt vom Befragten, während sekundäre Informationen über öffentlich zugängliche Quellen gewonnen werden. Objektive Informationen sind nachvollziehbare Informationen, die z. B. aus dem IT-System des Rechnungswesens generiert werden. Subjektive Informationen werden dagegen über Expertenurteile oder Einschätzungen erhalten. In Anlehnung an die Indikatoroperationalisierung von finanzieller Performance bei Ittner/Larcker/Randall (2003) werden für die vorliegende Untersuchung ausschließlich sekundäre objektive Informationen herangezogen. Insbesondere wird zwischen jahresabschlussbezogenen und kapitalmarktbezogenen Größen unterschieden.[282] Als jahresabschlussbezogene Größe wird die Kennzahl *Return on Sales* (ROS) ausgewählt. ROS errechnet sich aus dem EBIT (als Abkürzung von *Earnings Before Interests and Taxes* als Ergebnis der operativen Geschäftstätigkeit) in Relation zum Umsatz eines Geschäftsjahres. Beide Größen sind aus den Konzernabschlüssen 2007 bzw. 2007/2008 entnommen. Für die Erhebung einer kapitalmarktbezogenen Kennzahl wird auf den *Total Shareholder Return* (TSR) zurückgegriffen. Der TSR ist die Aktienrendite eines Unternehmens, die sich als relative Veränderung der Aktienkursveränderung und der Dividendenrendite ergibt.[283] Als Proxy für den TSR wird der Return Index aus DataStream zum Referenzzeitpunkt 31. Dezember 2007 verwendet. Um nichtlineare Effekte zu

[280] Vgl. anstatt vieler Podsakoff/Shen/Podsakoff (2006), S. 240-245.
[281] Für den folgenden Absatz vgl. Venkatraman/Ramanujam (1987), S. 110.
[282] Vgl. Ittner/Larcker/Randall (2003), S. 726; Podsakoff/Shen/Podsakoff (2006), S. 241-242.
[283] Vgl. Coenenberg/Salfeld (2007), S. 41-45.

eliminieren, wird der Return Index logarithmiert. Der jahresabschlussbezogene Indikator ROS (FinPerf1) und der kapitalmarktbezogene Indikator TSR (FinPerf2) stellen unterschiedliche Facetten des Konstrukts Performance dar. FinPerf1 misst die Profitabilität des Unternehmens und FinPerf2 die Veränderung des Marktwerts des Unternehmens. Die beiden Indikatoren werden daher als formative Indikatoren definiert.[284] Durch die Kombination von Befragungsdaten (bei der Mehrheit der endogenen und exogenen Variablen) mit öffentlich erhältlichen Daten bei der endogenen Variablen Performance wird angestrebt, die Verlässlichkeit der Modellergebnisse zu steigern.[285]

5.2.4 Kontrollvariablen

Im Strukturmodell werden drei Kontrollvariablen einbezogen, die einen vermuteten Einfluss auf die Performance haben. Erstens wird für die Zugehörigkeit zu einer *Industrie* bzw. insbesondere für die Konzentration bestimmter Industrien kontrolliert. Frühere Studien finden einen negativen Einfluss von einer Branchenkonzentration auf die Unternehmensperformance.[286] Die Industrieeinteilung in dieser Untersuchung folgt der Einteilung der Deutschen Börse. Diese Segmentierung wird in der vorliegenden Untersuchung dafür genutzt, um die Dummy-Variable für die Industriezugehörigkeit zu bestimmen: Die drei Branchen Industrie, Software und Pharma & Gesundheit sind stark vertretene Industrien unter den größten deutschen kapitalmarktorientierten Unternehmen (58,2 % der Stichprobe). Die Zugehörigkeit der Unternehmen zu einer der drei Branchen wird über eine Dummy-Variable erfasst, die den Wert Eins annimmt, wenn ein Unternehmen zu einer der drei Branchen gehört, ansonsten den Wert Null.

---

[284] Das Messmodell für Performance wird zudem hinsichtlich seiner Robustheit überprüft: Anstelle sowie neben ROS wird der Return on Assets (ROA) als eine traditionelle Kennzahl für die finanzielle Performance in das Messmodell aufgenommen. Der ROS und ROA sind beides Profitabilitätskennzahlen. Beide Größen korrelieren im Messmodell hoch miteinander. Dieses Ergebnis deutet darauf hin, dass es sich bei ROS und ROA um austauschbare Indikatoren handelt. Daher wird ein Indikator für das finale Messmodell entfernt und ausschließlich ROS als traditionelle Profitabilitätskennzahl für die finanzielle Performance beibehalten. Analog werden auch für den TSR mit dem Tobin's Q und dem Eigenkapitalmarkt-zu-Buchwert zwei weitere kapitalmarktbasierte Kennzahlen in das Messmodell aufgenommen. Beide Kennzahlen stammen ebenso wie der Return Index aus DataStream zum 31. Dezember 2007. Die Korrelationsanalyse zeigt auch hier eine hohe Korrelation zwischen den drei Indikatoren. Daraus folgt, dass die Indikatoren austauschbar sind. Es wird daher nur der Return Index bzw. der TSR als kapitalmarktbasierte Kennzahlen für die finanzielle Performance in das finale Messmodell aufgenommen. Vgl. zudem Varaiya/Kerin/Weeks (1987), die zeigen, dass der Eigenkapitalmarkt-zu-Buchwert und der Tobin's Q equivalente Größen zur Messung der Wertsteigerung sind.

[285] Vgl. Ittner/Larcker (2001), S. 396.

[286] Vgl. Chari/Devaraj/David (2008), S. 229; Dess/Ireland/Hitt (1990).

Die zweite Kontrollvariable ist die Zugehörigkeit eines Unternehmens zum *HDAX*. Der HDAX fasst die Werte des DAX, MDAX und TecDAX zusammen. Es wird erwartet, dass die HDAX-Unternehmen eine höhere finanzielle Performance als die Nicht-HDAX-Unternehmen erzielen. Die *HDAX*-Zugehörigkeit wird analog zur Zugehörigkeit zum Branchenschwerpunkt über eine Dummy-Variable erfasst. Die Dummy-Variable zeigt den Wert Eins an, wenn ein Unternehmen zum HDAX gehört, ansonsten den Wert Null.

Die dritte Kontrollvariable ist die *Fremdkapitalquote* eines Unternehmens, ermittelt als das Verhältnis des Buchwerts des Fremdkapitals zum Buchwert des Gesamtkapitals. Die Werte sind den Konzernabschlüssen 2007 bzw. 2007/2008 entnommen. In Anlehnung an Chari/Devaraj/David (2008) wird vermutet, dass die Fremdkapitalquote einen negativen Einfluss auf die Unternehmensperformance hat.[287]

5.2.5 Zwischenergebnis

In den vorangehenden Abschnitten werden neun exogene Konstrukte, drei endogene Konstrukte und drei exogene Kontrollvariablen operationalisiert. Die neun exogenen Konstrukte enthalten drei Konstrukte erster Ordnung und eine Phantomvariable, die nicht als Konstrukte in das finale Strukturmodell eingehen. Unterschieden nach der Messmodellspezifikation ergeben sich zwölf reflektive Messmodelle, die sich auf acht in das Strukturmodell eingehende reflektiv operationalisierte Konstrukte, drei reflektiv operationalisierte Kontrollvariablen und auf eine reflektiv operationalisierte Phantomvariable VBM beziehen. Zusätzlich gibt es drei formative Messmodelle. In der Gesamtheit der Messmodelle werden 42 Indikatoren unterschieden. Die Übersicht in Tabelle 4 fasst die Konzeptionalisierung und Operationalisierung der Konstrukte zusammen.

[287] Vgl. Chari/Devaraj/David (2008), S. 229.

Tabelle 4: SEM: Konzeptionalisierung und Operationalisierung der Konstrukte

	Konzeptionalisierung und endogen vs. exogen	**Operationalisierung: Anzahl Indikatoren im Messmodell**
Reflektiv operationalisierte Konstrukte		
Integration	Endogenes Konstrukt	3
Harmonisierung	Endogenes Konstrukt	5
DOI	Exogenes Konstrukt	2
IOA Zufriedenheit	Exogenes Konstrukt	3
Unternehmensgröße	Exogenes Konstrukt	4
VBMreflektiv	Exogene Phantomvariable	1
Differenzierung	Exogenes Konstrukt 1. Ordnung	2
Formalisierung	Exogenes Konstrukt 1. Ordnung	5
Dezentralisierung	Exogenes Konstrukt 1. Ordnung	4
Industrie	Kontrollvariable	1
HDAX	Kontrollvariable	1
Fremdkapitalquote	Kontrollvariable	1
Zwischensumme (Anzahl reflektiver Indikatoren)		**32**
Formativ operationalisierte Konstrukte		
Organisationsstruktur	Exogenes Konstrukt 2. Ordnung	3
VBM	Exogenes Konstrukt	5
Performance	Endogenes Konstrukt	2
Zwischensumme (Anzahl formativer Indikatoren)		**10**
Summe Anzahl Indikatoren		**42**

5.3 Design der Studie

5.3.1 Datengrundlage

Grundsätzlich werden drei Datengrundlagen für empirische Untersuchungen unterschieden. Erstens können Querschnittsdaten als Datengrundlage dienen, die bei mehreren Objekten zu einem Zeitpunkt erhoben werden. Die zweite Möglichkeit besteht in der Verwendung von Längsschnittdaten. Die Datenerhebung ereignet sich dabei bei einem Objekt zu mehreren Zeitpunkten. Bei der dritten Methodik, der Verwendung von Paneldaten, werden die Daten bei mehreren Objekten zu mehreren Zeitpunkten erhoben. Wie bei fast allen SEM-Analysen werden in der vorliegenden empirischen Untersuchung Querschnittsdaten erhoben.[288]

Als Datengrundlage und damit als unbereinigte Stichprobe dienen die 395 Unternehmen der im deutschen Prime Standard an der Frankfurter Wertpapierbörse gehandelten Unternehmen zum 1. Juni 2007. Der Prime Standard umfasst die größten deutschen börsennotierten Unternehmen. Ein Listing im Prime Standard stellt an die Unternehmen internationale Transparenzanforderungen in dem Sinne, dass u. a. die internationalen Rechnungslegungsstandards IFRS oder US GAAP anzuwenden sind. Galt nach der EU-Verordnung zunächst seit dem 1. Januar 2005 eine Übergangsregelung für Unternehmen, die nach US GAAP bilanzieren, sind seit dem 1. Januar 2007 sämtliche

[288] Vgl. Homburg/Baumgartner (1995), S. 1097.

kapitalmarktorientierten Unternehmen verpflichtet, einen Konzernabschluss nach IFRS vorzulegen.[289] Mit der Auswahl der im Prime Standard gelisteten Unternehmen für die Stichprobe wird sichergestellt, dass alle Unternehmen in der Stichprobe im Jahr der Befragung nach IFRS bilanzieren. Der Prime Standard setzt sich aus den Auswahlindizes DAX, MDAX, TecDAX, SDAX und weiteren gelisteten Unternehmen zusammen.[290]

Aus der unbereinigten Stichprobe werden 84 Unternehmen eliminiert, die entweder zum Finanzsektor[291] gehören oder die ihren juristischen Sitz außerhalb von Deutschland haben. Es ergibt sich eine bereinigte Stichprobe von 311 Unternehmen, die die größten, in Deutschland ansässigen, börsennotierten Unternehmen aus den Sektoren Industrie, Dienstleistung und Handel repräsentieren.

5.3.2 Erhebungsinstrumentarium

Mit der Beobachtung und der Befragung werden zwei Erhebungsverfahren unterschieden. Da es sich bei den zu bestimmenden Modellvariablen um latente, nicht beobachtbare Variablen handelt, wird für die Datenerhebung eine Befragung genutzt. Als Befragungsformen werden das persönliche Interview, das telefonische Interview, die schriftliche Befragung und die Online-Befragung unterschieden. Die durchgeführte Befragung war eine Kombination aus einer schriftlichen und einer Online-Befragung.[292]

Die Befragung basierte auf einem standardisierten Fragebogen. Vor Beginn der Befragung wurde ein Pretest mit Experten aus Wissenschaft und Praxis mit dem Ziel durchgeführt, die Operationalisierung der Konstrukte zu validieren und stimmige sowie verständliche Indikatoren zu konzipieren. Die Indikatoren wurden im Fragebogen als geschlossene Aussagen auf einer Likert-Skala abgefragt oder als offene

---

[289] Vgl. EU-Verordnung Art. 6 i. V. m. Art. 4.

[290] Zu den Auswahlkriterien für die Zuordnung in die Auswahlindizes vgl. Deutsche Börse (2009), S. 19. Der DAX, auch Bluechip-Segment genannt, umfasst die 30 größten und umsatzstärksten Unternehmen, die an der Frankfurter Wertpapierbörse gelistet sind. Der MDAX besteht aus 50 Mid-cap Unternehmen, die hinsichtlich der Größe und des Umsatzes unterhalb des DAX folgen. Der TecDAX enthält die 30 größten Unternehmen aus den Technologie-Sektoren unterhalb des DAX. Unterhalb des MDAX folgt der SDAX, der 50 Unternehmen aus den klassischen Sektoren umfasst. Vgl. Deutsche Börse (2009), S. 7-8.

[291] Unternehmen aus dem Finanzsektor, wie Banken, Versicherungen und Finanzdienstleister, werden aufgrund ihrer besonderen bilanziellen Charakteristika nicht beachtet.

[292] Die Verwendung von gemischten Befragungen ist in der empirischen Forschung oft anzutreffen. Vgl. Dillman (2007), S. 217-244. Zur Vermeidung von Ergebnisunterschieden bei der gemischten Befragung wird der gleiche Fragebogen bei der internetbasierten und bei der postalischen Befragung genutzt. Zur Online-Befragung vgl. Berekoven/Eckert/Ellenrieder (2006), S. 112-115; Dillman (2007), S. 352-412.

Fragen formuliert. Bei den geschlossenen Aussagen wurden im Fragebogen Angaben vorgegeben, die auf einer sechs- oder siebenstufigen Likert-Skala zu bewerten sind. Die Likert-Skala wird als die Methode zur Einstellungsmessung mit einer Zustimmungs-Ablehnungs-Dimension ausgewählt.[293] Die Likert-Skalierung sieht vor, dass eine Aussage eine positive oder eine negative Einstellung ausdrückt. Die einzelnen Einstellungen werden gleich gewertet. Die Intervallschritte auf der Likert-Skala werden aufsteigend mit natürlichen Zahlen von eins bis sechs bzw. sieben angeordnet. Für jede Aussage wird eine Antwort gewählt; diese Aussage-Antwort-Kombination stellt ein Item für die Einstellung dar.[294]

Malhotra/Birks (2007) schlagen vor, ausschließlich bipolar aufgebaute Skalen zu verwenden.[295] Die Skalen beginnen in einem negativen Bereich (z. B. sehr starke Ablehnung) und entwickeln sich über einen Nullpunkt hinweg zu einem positiven Bereich (z. B. sehr starke Zustimmung). Diesem Vorschlag wurde bei der Konstruktion des Fragebogens nachgekommen. Zudem wurde in der Regel eine siebenstufige Likert-Skala verwendet, da bei der Wahl einer ungeraden Anzahl von Stufen den befragten Personen die Möglichkeit gewährt wird, eine neutrale Meinung zu der zu bewertenden Aussage zu haben.[296] Auf der jeweiligen Skala finden sich verbale Beschriftungen nur an den Endpunkten.[297]

Die Verwendung einer in der Regel gleichbleibenden siebenstufigen Skala birgt das Risiko eines *Common Method Bias*. Dabei handelt es sich um einen Messfehler, der auf die Erhebungsmethodik zurückzuführen und nicht in den Konstrukten, ihrer Konzeptionalisierung oder Operationalisierung begründet ist. Podsakoff et al. (2003) unterscheiden vier Ursachen für das Auftreten eines Common Method Bias: Er kann entstehen, wenn die exogenen und endogenen Konstrukte anhand einer gleichen

---

293 Die Likert-Skala ist nach Rensis Likert benannt. Vgl. Likert (1932). Die vorgegebene Likert-Skala wird auch als Itembatterie bezeichnet. Vgl. Malhotra/Birks (2007), S. 350-351.

294 Das Skalenniveau ist metrisch, und zwar intervallskaliert. Die Skalenabschnitte auf einer Intervallskala sind gleich groß, und die Differenz zwischen den Skalenabschnitten besitzt einen Informationsgehalt. Die Annahme der Intervallskalierung ist vor dem Hintergrund entscheidend, dass für die Anwendung der Regressions- und Strukturgleichungsanalyse die Voraussetzung gilt, dass die Daten metrisch skaliert sind. Vgl. Backhaus et al. (2008), S. 9-12.

295 Vgl. Malhotra/Birks (2007), S. 351-354.

296 Grundsätzlich werden zwischen vier und sieben Stufen empfohlen. Bei der Wahl der Stufenanzahl zeigt sich ein Trade-off zwischen hinreichender Differenzierung und Präzision versus Unterscheidungsvermögen und Impraktibilität. Vgl. Berekoven/Eckert/Ellenrieder (2006), S. 77.

297 Die Zwischenschritte wurden nicht benannt, um zum einen den Fragebogen übersichtlich zu belassen und um zum anderen zu vermeiden, dass genau das Wort bzw. die vorgegebene Antwortmöglichkeit auf die Eigenschaft zutreffen muss. Die einzelnen Antwortmöglichkeiten können unterschiedliche Bedeutungen für die befragten Personen haben, sodass es zu Schwierigkeiten kommen kann.

Informationsquelle erhoben werden. Eine zweite Ursachenquelle bilden die Charakteristika der Indikatoren an sich, so bspw. implizit enthaltene Lösungshinweise, eine uneinheitliche Formulierung oder ein gleiches Format der Indikatoren. Drittens kann ein Common Method Bias durch die Positionierung des Indikators innerhalb des Fragebogens entstehen. Eine vierte potenzielle Ursache stellt der Erhebungskontext dar, d. h. wann (zu welcher Uhrzeit), wo (Erhebungsort) oder wie (Art des Erhebungsinstrumentariums) die Erhebung stattfindet. Die Folge eines Common Method Bias kann eine Verzerrung der Korrelation zwischen den exogenen und den endogenen Konstrukten sein.[298]

Basierend auf den von Podsakoff et al. (2003) identifizierten Ursachen wurde versucht, die Wahrscheinlichkeit für das Auftreten eines Common Method Bias zu minimieren.[299] Dafür wurden erstens die Informationen für die exogenen Konstrukte und endogene latente Variable Performance anhand unterschiedlicher Quellen erhoben. Zweitens wurde der Fragebogen auf eindeutige Formulierungen und auf das Nichtvorhandensein implizit versteckter Lösungshinweise mittels Pretests überprüft. Es wurde den Befragten zudem eine anonymisierte Auswertung zugesichert, um ein ehrliches Antworten zu erzielen. Als dritte Maßnahme wurden die Fragen innerhalb des Fragebogens vermischt und nicht nach der Reihenfolge der Hypothesen angeordnet. Viertens wurden die Indikatoren und Skalen sorgfältig ausgewählt und unterschiedliche Skalen verwendet, um so ein Ankreuzen aus Gewohnheit zu vermeiden. Das Vorliegen eines Common Method Bias wird daher für die vorliegende Arbeit als minimal angenommen und hat keine Auswirkungen auf die Aussagefähigkeit der erhobenen Daten.

5.3.3 Datenerhebung

Bei der Datenerhebung wurde der fünfstufigen Vorgehensweise von Dillman (2007) gefolgt.[300] Vor Beginn der schriftlichen Datenerhebung wurden zunächst per Internetrecherche die aktuellen Kontaktdaten der Unternehmen aus der Stichprobe ermittelt. Im September 2007 wurden diese Unternehmen telefonisch kontaktiert, eine geeignete Kontaktperson für die Befragung identifiziert und die E-Mail-Adressen ermittelt. Die Kontaktpersonen wurden persönlich nach ihrer grundsätzlichen Teilnahmebereitschaft an der Studie befragt. Diese Kontaktpersonen, die sog. Schlüsselinformanten bzw. *Key Informants*, wurden auf Basis ihrer speziellen Qualifikation, z. B. Status oder Spezial-

[298] Vgl. Podsakoff et al. (2003), S. 879, 881-885.
[299] Zu diesem Abschnitt vgl. Podsakoff et al. (2003), S. 887-888.
[300] Vgl. Dillman (2007), S. 156-188.

wissen, ausgewählt und waren der Vorstandsvorsitzende, Finanzvorstand, Leiter oder Mitarbeiter des internen Rechnungswesens oder Leiter oder Mitarbeiter des externen Rechnungswesens.[301]

Anschließend wurde mit der internetbasierten Datenerhebung begonnen, die im Zeitraum Oktober bis Dezember 2007 stattfand.[302] Dafür wurde an alle Kontaktpersonen eine Einladungs-E-Mail mit einem Zugangslink zum Online-Fragebogen versendet, der mit einem personalisierten Zugangscode versehen war. Der Zugangscode stellte zum einen sicher, dass jedes Unternehmen nur einmal an der Befragung teilnahm. Zum anderen konnte durch dieses Vorgehen verfolgt werden, welches Unternehmen geantwortet hat, und es konnten den Antworten weitere Informationen hinzugefügt werden (z. B. Informationen aus den Konzernabschlüssen). Als Motivation zur Teilnahme an der Befragung und damit zur Erhöhung des Rücklaufs wurde den Kontaktpersonen eine Zusammenfassung der wesentlichen Untersuchungsergebnisse in Aussicht gestellt. Nach der Einladung zur Befragung fanden drei Nachfassaktionen statt. Etwa zwei Wochen nach der Versendung der Einladungs-E-Mail wurden die Kontaktpersonen, die noch nicht geantwortet oder abgesagt hatten, telefonisch erinnert. Bei der zweiten Erinnerung nach vier Wochen wurde postalisch der Fragebogen zusammen mit einem Anschreiben und einem vorfrankierten sowie adressierten Rückumschlag an die Kontaktpersonen gesendet. Die dritte und letzte Erinnerung erfolgte nach acht Wochen per Post bzw. per E-Mail. Mit zunehmender Anzahl der Erinnerungen wurde verstärkt auf die Bedeutung der Teilnahme jeder

---

301 Nach der sog. *Key Informant Method* werden unternehmensinterne Experten ausgewählt, von denen angenommen wird, dass sie objektivierte, generalisierbare Aussagen über das Unternehmen und nicht persönliche Einstellungen oder Verhaltensweisen weitergeben. Vgl. Bagozzi/Yi/Phillips (1991), S. 423; Ernst (2003), S. 1250; Phillips (1981), S. 396. Trotz ihrer Anwendungshäufigkeit in empirischen Arbeiten wird die Methodik kritisiert, da ein systematischer Messfehler, der sog. *Information Bias*, entstehen kann. Vgl. Bagozzi/Yi/Phillips (1991), S. 423. Das Auftreten eines Information Bias führt Ernst (2003), S. 1250, auf „unterschiedliche Motive, beschränkte Informationsverarbeitungskapazitäten, Wahrnehmungsunterschiede und divergierende Informationsstände zwischen Informanten" zurück. Eine wesentliche Folge aus dem Auftreten eines Information Bias ist eine erhebliche Einschränkung bei Aussagen zur Konstruktvalidität. Eine Möglichkeit, ein potenzielles Information Bias zu vermeiden, ist die Befragung mehrerer Informanten pro Unternehmen. Vgl. Phillips (1981), S. 396. In der durchgeführten Untersuchung wurde diese Möglichkeit aufgrund des erschwerten Zugangs zu den Unternehmen nicht verfolgt. Stattdessen wurden die Informanten mit größter Sorgfalt ausgesucht und daher die erhaltenen Antworten als repräsentativ eingestuft. Die Befragungsergebnisse bei Epstein/Pellens/Ruhwedel (2005), S. 11, bestätigen zudem, dass die organisatorische Verantwortung für den Impairment Test primär beim externen Rechnungswesen und beim Controlling liegt.

302 Für die Online-Befragung wurde das Befragungssystem von Unipark bzw. Globalpark der Enterprise Feedback Suite Survey verwendet. Zur Erzielung einer hohen Rücklaufquote wurde bei der Gestaltung des Fragebogens auf ein ansprechendes Design geachtet.

Kontaktperson am Gelingen und an der Aussagefähigkeit der Untersuchung hingewiesen.

5.3.4 Datenrücklauf

Insgesamt nahmen 119 Unternehmen an der Befragung teil. Der unbereinigte Rücklauf beträgt damit 38,3 %. Aus diesem Rücklauf wurden 13 Unternehmen eliminiert, da sie aktuell sowie in der Vergangenheit keinen Goodwill in der Bilanz aktiviert und damit keine Erfahrungen mit der Goodwill-Allokation auf CGUs und mit dem Goodwill Impairment Test haben oder da ein hoher Anteil nicht beantworteter Aussagen vorlag. Es ergibt sich demnach ein bereinigter Rücklauf von 106 Fragebögen, die sich in 70 (66 %) Online-Antworten und 36 (34 %) postalische Antworten aufteilen. Die bereinigte Rücklaufquote liegt bei 34,1 %.

gibt einen Überblick über die Stichprobe und den Rücklauf nach Auswahlindizes. Insgesamt haben 43 HDAX- und 63 Nicht-HDAX-Unternehmen geantwortet. Die Rücklaufquote der HDAX-Unternehmen liegt bei 49,4 % und damit auf einem recht hohen Niveau. Zudem fällt die hohe Rücklaufquote aus dem DAX auf, die bei 82,6 % der angefragten DAX-Unternehmen liegt. Das große Interesse der in diesem Index gelisteten größten deutschen Unternehmen deutet darauf hin, dass das Thema der Goodwill-Allokation und ihr Zusammenhang mit der wertorientierten Unternehmenssteuerung eine besondere Relevanz und Aktualität besitzen.

Tabelle 5: Stichprobe und Rücklauf: Klassifizierung nach Index

	Unbereinigte Stichprobe	**Berei-nigung**	**Bereinigte Stichprobe**	**Unbereinigter Rücklauf**	**Berei-nigung**	**Bereinigter Rücklauf**	**%**
DAX	30	7	23 (7,4 %)	19	-	19 (17,9 %)	82,6 %
MDAX	50	12	38 (12,2 %)	19	2	17 (16,0 %)	44,7 %
TecDAX	30	4	26 (8,4 %)	8	1	7 (6,6 %)	26,9 %
SDAX	50	17	33 (10,6 %)	14	-	14 (13,2 %)	42,4 %
Weitere	235	44	191 (61,4 %)	59	10	49 (46,3 %)	25,7 %
Gesamt	395	84	311 (100 %)	119	13	106(100 %)	34,1 %
davon							
...HDAX	110	23	87 (28,0 %)	46	3	43 (40,6 %)	49,4 %
...Nicht HDAX	285	61	224 (72,0 %)	73	10	63 (59,4 %)	28,1 %

Auf dem Fragebogen wurden die Befragten gebeten zu vermerken, welche Position sie im Unternehmen innehaben. Dadurch konnte sichergestellt werden, dass nur die für die Befragung qualifizierten Personen teilgenommen haben. Die Mehrheit der Informanten sind Leiter oder Mitarbeiter des internen Rechnungswesens. Die zweite Mehrheit bilden Leiter oder Mitarbeiter des externen Rechnungswesens. Einen Überblick über die Position der Informanten gibt Tabelle 6. Diese Positionierung mit dem eindeutigen Schwerpunkt auf dem internen und externen Rechnungswesen lässt die Schlussfolgerung zu, dass die Informanten eindeutig der anvisierten Zielgruppe angehören. Zudem baten 93 % der Informanten um eine Zusendung der Untersuchungsergebnisse, sodass angenommen werden kann, dass die Informanten objektivierte und generalisierbare Aussagen abgegeben haben. Die Wahrscheinlichkeit eines Informant Bias wird für die durchgeführte Untersuchung daher als minimal eingeschätzt.

Tabelle 6: Rücklauf: Klassifizierung nach Position des Befragten

Position des Befragten	Anzahl Rücklauf	Anteil in %
CEO/Vorstandsvorsitzender	1	0,9 %
CFO/Finanzvorstand	15	14,2 %
Leiter/-in internes Rechnungswesen/Controlling	40	37,7 %
Mitarbeiter/-in internes Rechnungswesen/Controlling	11	10,4 %
Leiter/-in externes Rechnungswesen	22	20,8 %
Mitarbeiter/-in externes Rechnungswesen	12	11,3 %
Investor Relations	1	0,9 %
Keine Angaben	4	3,8 %

Im Durchschnitt beschäftigen die Unternehmen aus dem finalen Rücklauf 29.310 Mitarbeiter und erwirtschaften einen Umsatz von €8,4 Mrd., jeweils bezogen auf das Geschäftsjahr 2007 bzw. 2007/2008. Einen Überblick über den Rücklauf, differenziert nach Anzahl der Mitarbeiter und Umsatz, gibt Tabelle 7.

Tabelle 7: Rücklauf: Klassifizierung nach Mitarbeiteranzahl und Umsatz

Mitarbeiter	Anzahl	%
Bis 99	7	6,6 %
100 - 499	25	23,6 %
500 - 999	8	7,6 %
1.000 - 4.999	24	22,6 %
5.000 - 9.999	14	13,2 %
10.000 - 49.999	11	10,4 %
Über 50.000	17	16,0 %
Mittelwert	29.310	

Umsatz (in Mio.)	Anzahl	%
€0 - €49,9	16	15,1 %
€50,0 - €99,9	13	12,3 %
€100,0 - €199,9	12	11,3 %
€200,0 - €999,9	19	17,9 %
€1.000,0 - €4.999,9	24	22,7 %
€5.000,0 - €29.999,9	12	11,3 %
Über €30.000,0	10	9,4 %
Mittelwert	€8.407,7 Mio.	

Unternehmen aus der Industriebranche sind mit 24,5 % vor den Software-Unternehmen mit 20,8 % am stärksten vertreten. Im Vergleich zur Stichprobe ergeben sich keine größeren Verzerrungen. Einen Gesamtüberblick über die im Rücklauf vertretenen Industriesektoren im Vergleich zur Stichprobe bietet Tabelle 8.

Tabelle 8: Rücklauf: Klassifizierung nach Industrien

Industriesektoren	**Stichprobe Anzahl (in %)**	**Rücklauf Anzahl (in %)**	**Rücklauf vs. Stichprobe (in %)**
Industrie	87 (28,0 %)	26 (24,5 %)	29,9 %
Software	56 (18,0 %)	22 (20,8 %)	39,3 %
Pharma & Gesundheit	38 (12,2 %)	11 (10,4 %)	28,9 %
Technologie	22 (7,1 %)	7 (6,6 %)	31,8 %
Einzelhandel	21 (6,8 %)	8 (7,6 %)	38,1 %
Media	19 (6,1 %)	7 (6,6 %)	36,8 %
Konsumgüter	17 (5,5 %)	4 (3,8 %)	23,5 %
Chemie	11 (3,5 %)	7 (6,6 %)	63,6 %
Automobil	10 (3,2 %)	4 (3,8 %)	40,0 %
Transport & Logistik	9 (2,9 %)	4 (3,8 %)	44,4 %
Telekommunikation	7 (2,2 %)	1 (0,9 %)	14,3 %
Baugewerbe	6 (1,9 %)	1 (0,9 %)	16,7 %
Basis-Konsumgüter	4 (1,3 %)	1 (0,9 %)	25,0 %
Energieversorgung	3 (1,0 %)	3 (2,8 %)	100,0 %
Nahrungsmittel	1 (0,3 %)	- (-)	-
	311 (100 %)	106 (100 %)	34,1 %
davon			
.... Industrie, Software, Pharma & Gesundheit	181 (58,2 %)	59 (55,7 %)	32,6 %
.... Nicht Industrie, Software, Pharma & Gesundheit	130 (41,2 %)	47 (44,3 %)	36,2 %

Anmerkungen: Die Einteilung der Unternehmen in die Industrien bzw. Industriesektoren beruht auf der Einteilung der Deutschen Börse, die 18 Sektoren unterscheidet. Nach Eliminierung der Unternehmen der Finanzsektoren ergeben sich die 15 in der obigen Tabelle abgebildeten Sektoren.

5.3.5 Behandlung fehlender Werte

Ein Problem, das häufig bei Befragungen und bei der anschließenden statistischen Auswertung auftritt, ist die Behandlung fehlender Werte. Bei den fehlenden Werten handelt es sich zumeist um fehlende Antworten zu einzelnen Variablen.[303]

Für den Umgang mit fehlenden Werten werden in der Literatur verschiedene Vorgehensweisen diskutiert. Grundsätzlich besteht die Auswahl zwischen dem Ausschluss der Fälle mit fehlenden Werten und dem Ersetzen der fehlenden Werte. Beim Ausschluss einzelner Fälle, die einen oder mehrere fehlende Werte enthalten, wird zwischen zwei Optionen unterschieden: Zum einen ist ein vollständiger Ausschluss bei sämtlichen Analysen möglich, auch wenn nur bei einer Variablen eine oder mehrere Informationen fehlen. Dagegen sieht der paarweise Ausschluss vor, dass bei jeder Auswertung nur diejenigen Fälle einbezogen werden, die vollständige Informationen enthalten. Die anderen Fälle werden für die jeweilige Auswertung ausgeschlossen. Da mit dem zugrunde liegenden Variablensatz ein Strukturgleichungsmodell geschätzt wird, dem ein simultanes Gleichungssystem zugrunde liegt, ist ein

303 Vgl. Backhaus et al. (2008), S. 178.

paarweiser Ausschluss fehlender Werte nicht möglich. Für sämtliche Variablen muss eine gleiche Anzahl von Fällen vorliegen, sodass beim Ausschluss fehlender Werte nur der Ausschluss des gesamten Falls (d. h. des Unternehmens) möglich ist, für den ein oder mehrere Variablenwerte nicht angegeben wurden.[304]

Die andere Möglichkeit besteht darin, die fehlenden Werte mit benutzerdefinierten Werten zu ersetzen und in die Auswertung einzubeziehen. Der wesentliche Vorteil dieser Vorgehensweise besteht darin, dass die untersuchte Fallzahl nicht reduziert und entsprechend die Aussagekraft des SEM nicht negativ beeinflusst wird. Die einfachste Möglichkeit der Ersetzung fehlender Werte besteht in ihrem Austausch mit dem Mittelwert der gegebenen Antworten. Dieses Verfahren wird kritisiert, wenn viele Daten fehlen und entsprechend oft der Mittelwert einzusetzen ist. Eine Folge aus der Substitution der fehlenden Werte mit einem Wert aus der Mitte der Verteilung ist, dass die Varianzen der Variablen unterschätzt werden. Die Methodik sollte daher nur angewendet werden, wenn der Umfang der fehlenden Daten weniger als 10 % des Datensets ausmacht. Eine Alternative zur Ersetzung mit dem Mittelwert der Variablen besteht darin, innerhalb der Variablen homogene Gruppen zu bilden und den Mittelwert der Gruppe als Wert für fehlende Daten in der Gruppe zu verwenden.[305]

In der durchgeführten Befragung fehlen insgesamt 17 Aussagen zu zehn Indikatoren.[306] Daraus ergibt sich eine Fehlerquote von unter 0,01 % (17 Indikator-Aussage-Kombinationen im Verhältnis zu 39 Indikatoren pro Befragung multipliziert mit 106 Befragungen).[307] Aufgrund dieser sehr geringen Fehlerquote wird die Methodik der Ersetzung des fehlenden Werts durch einen Mittelwert der Gruppe ausgewählt. Als Kriterium für die Gruppeneinteilung dient die Zugehörigkeit zu einem der Auswahlindizes.[308]

---

[304] Vgl. Bollen (1989), S. 369-376; Hulland/Chow/Lam (1996), S. 184. Im Fragebogen wurde daher einleitend darauf hingewiesen, dass nur ein vollständig ausgefüllter Fragebogen in die Auswertung einbezogen werden kann.

[305] Vgl. u. a. Backhaus et al. (2008), S. 446-447; Hulland/Chow/Lam (1996), S. 184. Zu weiteren Imputations- und Parameterschätzverfahren bei der SEM-Analyse vgl. Olinsky/Chen/Harlow (2003).

[306] Die maximale Anzahl von fehlenden Werten bei einem Fragebogen liegt bei drei fehlenden Indikator-Aussage-Kombinationen.

[307] Es ergeben sich 39 Indikatoren, wenn die drei Konstrukte erster Ordnung zur Operationalisierung des Konstrukts Organisationsstruktur aus der Tabelle 4 eliminiert werden.

[308] Im Rahmen der Robustheitsüberprüfung der gewonnenen Ergebnisse wird in Abschnitt 6.3 das Modell ohne fehlende Werte überprüft.

5.3.6 Datenrepräsentativität

Ein letzter Schritt in der Sicherstellung einer optimalen Datenqualität besteht darin zu überprüfen, ob der Rücklauf für die Stichprobe repräsentativ ist und sich damit für die Auswertung eignet.

Eine erste Überprüfung ist durch einen Vergleich der Unternehmen anhand der Index- und Industriezugehörigkeit möglich. Die entsprechenden Gegenüberstellungen in Tabelle 5 und Tabelle 8 zeigen, dass die Unternehmen aus dem Rücklauf und aus der Stichprobe ähnlich stark in den jeweiligen Indexgruppen sowie Industrien vertreten sind. Es kommt zu keinen Verzerrungen oder unter- bzw. überproportionalen Verteilungen.

In einem zweiten Test wird überprüft, ob sich der Rücklauf für die Auswertung anbietet. Wie bereits bei der Vorstellung des PLS-Verfahrens in Abschnitt 5.1.3 erwähnt, geben Chin/Newsted (1999) die folgende Faustregel für die Ableitung der Mindeststichprobe vor: Der Mindestumfang des Rücklaufs sollte zehnmal so groß sein wie das Maximum aus der höchsten Anzahl an formativen Indikatoren, die auf ein Konstrukt wirken (d. h. die größte formative Messmodellgleichung), oder der höchsten Anzahl an exogenen Konstrukten, die auf ein endogenes Konstrukt wirken (d. h. die größte Strukturmodellgleichung).[309] In dem in Kapitel 4 entwickelten theoretischen Modell wirken auf das Konstrukt Integration fünf Konstrukte. Daraus ergibt sich ein Mindestrücklauf von 50 Beobachtungen. Mit 106 Beobachtungen erfüllt die durchgeführte Untersuchung die von Chin/Newsted (1999) aufgestellte Faustregel. Die Beobachtungen können somit für die SEM-Analyse benutzt werden.

Ob sich die Ergebnisse aus der empirischen Erhebung für eine Verallgemeinerung eignen, hängt neben der Rücklaufquote insbesondere von der Frage ab, inwieweit die Gruppe der Beantworter (*respondents*) sich systematisch von der Gruppe der Nichtbeantworter (*non-respondents*) unterscheidet. Eine signifikante Unterscheidung der Gruppen wird als *Non-Response Bias* bezeichnet. Eine häufig angewandte Methodik zur Überprüfung eines Non-Response Bias ist der Vergleich der Früh- versus Spätbeantworter. Dabei wird angenommen, dass die Spätbeantworter den Nichtbeantwortern ähneln.[310] Zur Überprüfung des Non-Response Bias wird daher der Rücklauf in drei Gruppen aufsteigend nach seinem zeitlichen Eingang eingeteilt. Die erste Gruppe (Frühbeantworter) und die dritte Gruppe (Spätbeantworter) enthalten jeweils 35 Unternehmen, die bei diesem Test nicht ausgewertete zweite Gruppe

[309] Vgl. Chin/Newsted (1999), S. 326-327.
[310] Vgl. Van der Stede/Young/Chen (2005), S. 673-674.

umfasst 36 Unternehmen. Neben der Gruppeneinteilung in Früh- versus Spätbeantworter wird der Rücklauf in die Gruppen Online-Beantworter versus postalische Beantworter gegliedert. Die Gruppenzugehörigkeit wird durch Dummy-Variablen gekennzeichnet.

In der durchgeführten Untersuchung wurden die Unternehmen zu einem gleichen Zeitpunkt befragt und nichtnormalverteilte Daten erhoben. Daher wird mithilfe des nichtparametrischen Unabhängigkeitstests nach Mann-Whitney überprüft, ob Unterschiede innerhalb der Gruppen existieren. Bei diesem Test werden nicht die Messungen selbst, sondern die Rangplätze der Messungen überprüft.[311] Der Test wird mithilfe von SPSS 16.0 für die zwei Gruppenvariablen durchgeführt. Bei den Früh- versus Spätbeantwortern unterscheiden sich vier von den 42 Indikatoren signifikant (mindestens $p < 0{,}10$) voneinander. Bei der Gruppenunterteilung in Online-Beantworter versus postalische Beantworter unterscheiden sich sieben von den 42 Indikatoren signifikant (mindestens $p < 0{,}10$) voneinander. Im Durchschnitt ergibt sich damit die als niedrig einzuordnende Quote signifikanter Abweichungen von 13,4 %. Zudem verteilen sich die festgestellten Gruppenunterschiede auf verschiedene Messmodelle, d. h., nicht alle zu einem Konstrukt zugeordneten Indikatoren sind bei den jeweils getesteten Gruppen unterschiedlich. Die Gefahr der Ergebnisverzerrung durch einen potenziellen Non-Response Bias kann folglich als gering eingeschätzt werden.

5.4 Zwischenergebnis

Im fünften Kapitel werden die Grundlagen der Strukturgleichungsmodellierung erläutert und festgelegt, dass für die Modellschätzung das varianzbasierte PLS-Verfahren genutzt wird. Die Messmodelle werden vorgestellt, die zusammenfassend neun exogene Konstrukte, drei endogene Konstrukte und drei Kontrollvariablen unterscheiden. Insgesamt werden 42 Indikatoren operationalisiert, die sich in 32 reflektive und 10 formative Indikatoren aufteilen. Anschließend wird das Studiendesign dargestellt und analysiert. Aus der Überprüfung des Datenrücklaufs und der Datenqualität wird auf eine hohe Repräsentativität der Daten geschlossen. Damit sind die Vorbereitungen für die empirische Analyse abgeschlossen.

[311] Der Mann-Whitney-Test wird auch als Mann-Whitney-Wilcoxon-Test oder Wilcoxon-Rangsummen-test bezeichnet. Vgl. Field (2005), S. 522-533. Für die Überprüfung der Unabhängigkeit der Unterstichproben werden die Mediane der Gruppen verglichen und überprüft, ob die Unterschiede in den Medianen der zu vergleichenden Gruppen zufällig auftreten oder nicht.

6 Ergebnisse der empirischen Untersuchung

Das Ziel des sechsten Kapitels ist es, das in Kapitel 4 hergeleitete theoretische Modell empirisch zu überprüfen und die Ergebnisse zu präsentieren. Für die Parameterschätzung sowie für die Datenanalyse wurde die Software SmartPLS 2.0[312] ausgewählt. Einleitend werden in Abschnitt 6.1 die wesentlichen Konstrukte und Indikatoren deskriptiv analysiert. Entsprechend der Aufteilung eines SEM werden anschließend in Abschnitt 6.2 die Ergebnisse der reflektiven und formativen Messmodelle und in Abschnitt 6.3 die Ergebnisse des Strukturmodells präsentiert. Dabei werden zunächst die verwendeten Gütekriterien theoretisch vorgestellt und anschließend für die Analyse der Modelle verwendet. Zudem werden verschiedene Variationen des Strukturmodells getestet, um so Aussagen über die Robustheit des Modells zu gewinnen. Das Kapitel schließt in Abschnitt 6.4 mit einer grafischen Darstellung der empirischen Ergebnisse.

6.1 Deskriptive Analyse

Bereits bei der Beschreibung der Regelungen zur Festlegung einer CGU wurde deutlich, wie groß der Handlungsspielraum der Unternehmen ist. Eine weite Abgrenzung einer CGU und damit eine geringe Anzahl von CGUs ermöglichen die Mischung gegensätzlicher Wertverläufe von Erträgen und Aufwendungen sowie die Aggregation unterschiedlicher Vermögenswerte. Eine möglichst enge Abgrenzung einer CGU und damit eine hohe Anzahl von CGUs hingegen verhindern diese Saldierung. Ausgleichseffekte zwischen einer negativen Wertentwicklung des derivativen Goodwill und einer positiven Wertentwicklung eines anderen derivativen oder des originären Goodwill werden gehemmt. Eben aus diesem Grund ist es interessant zu erfahren, wie viele CGUs die befragten Unternehmen im Durchschnitt gebildet haben. Die Ergebnisse sind in Tabelle 9 zusammengestellt.

---

[312] Ringle/Wende/Will (2005).

Tabelle 9: Deskriptive Statistik: Anzahl der CGUs

Anzahl der CGUs	**Anzahl**	**%**
1 CGU	11	10,4 %
2 bis 3 CGUs	29	27,4 %
4 bis 5 CGUs	18	17,0 %
6 bis 10 CGUs	21	19,8 %
11 bis 30 CGUs	18	17,0 %
31 bis 50 CGUs	8	7,5 %
Mehr als 50 CGUs	1	0,9 %
Mittelwert (*M*)	11,9 (bereinigt: 9,2)	
..... der DAX-Unternehmen	17,2	
..... der MDAX-Unternehmen	28,6 (bereinigt: 11,6)	
..... der SDAX-Unternehmen	13,7	
..... der TecDAX-Unternehmen	5,1	
..... der sonstigen Unternehmen	4,6	

Im Durchschnitt bestimmen die befragten Unternehmen 11,9 CGUs. Ein MDAX-Unternehmen gibt an, sogar zwischen 300 CGUs zu differenzieren. Bei ihm wird jeder seiner Handelsstandorte als eine CGU definiert. Es ist bei dieser Angabe davon auszugehen, dass nicht allen der angegebenen CGUs auch tatsächlich ein Goodwill zugewiesen wird. Bereinigt um diesen Ausreißer beträgt der Mittelwert M = 9,2. Insgesamt weisen drei Viertel (74,6 %) der Unternehmen bis zu 10 CGUs aus, während ein Viertel der Unternehmen (25,4 %) mehr als 10 CGUs unterscheidet. Differenziert nach Indizes unterscheiden die DAX- und MDAX-Unternehmen deutlich mehr CGUs als die Unternehmen, die keinem Auswahlindex zugeordnet sind.

Diese Ergebnisse stehen in Einklang mit anderen Studienergebnissen. So berichten Fischer/Klöpfer (2008) von durchschnittlich 17,3 CGUs unter den 33 befragten Prime Standard-Unternehmen. Dabei stellen die Autoren einen signifikanten Zusammenhang zwischen der Anzahl der CGUs und der Indexzugehörigkeit fest: Unter den DAX-Unternehmen werden mit 25,2 CGUs im Durchschnitt deutlich mehr CGUs gebildet als unter den anderen Auswahlindizes (22 CGUs) oder unter Unternehmen, die keinem Auswahlindex zugeordnet sind (2,1 CGUs). Eine aktuelle Studie von KPMG (2008) weist eine Aufteilung der befragten Unternehmen in 59 % der Unternehmen mit bis zu neun CGUs und 41 % der Unternehmen mit 10 und mehr CGUs auf. Im Vergleich dazu berichtet KPMG (2006), dass 51 % der nach IFRS bilanzierenden Prime Standard-Unternehmen über bis zu neun und 49 % zehn oder mehr CGUs bilden.[313] Bei Pellens et al. (2005) wird in einer Studie unter den Prime Standard-Unternehmen fest-

[313] Vgl. KPMG (2008), S. 12. Diese Studie fand etwa im gleichen Zeitraum (zweite Jahreshälfte 2007) wie die im Rahmen der vorliegenden Arbeit durchgeführte Studie statt. Sie befragt österreichische, schweizerische und deutsche Unternehmen primär mit dem Ziel der Kapitalkostenermittlung für Impairment Test-Zwecke. Weiter vgl. KPMG (2006), S. 16, mit einer Befragung des Prime Standard.

gestellt, dass von den 45 befragten, nach IFRS-bilanzierenden Unternehmen 42 % bis zu fünf und weitere 29 % bis zu zehn Goodwill-tragende CGUs identifizieren.[314]

Die Anzahl der CGUs steht in engem Zusammenhang mit der Ebene einer jeweiligen CGU. Tabelle 10 gibt die von den befragten Unternehmen angegebenen Organisationsebenen der CGUs wieder.

Tabelle 10: Deskriptive Statistik: Ebene der CGUs

Ebene der CGUs	Anzahl	%
Konzernebene	6	5,6 %
Ebene der Einzelgesellschaften	48	45,3 %
Segmentebene	29	27,4 %
Ein bis zwei Ebenen unterhalb Segmentebene	13	12,2 %
Andere Ebenen	10	9,5 %

Die Ebene der Einzelgesellschaften ist die mit 45,3 % am häufigsten genannte CGU-Ebene, vor der Segmentebene (27,4 %) bzw. ein bis zwei Ebenen unterhalb der Segmentebene (12,2 %). Diese Angaben stimmen mit den Ergebnissen von KPMG (2008) überein. Danach benennen 30 % der Unternehmen die rechtlichen Einheiten/Teilkonzerne als Kriterien zur Festlegung einer CGU. Gefragt nach der E-bene der CGUs geben bei KPMG (2008) die Unternehmen an, dass 41 % die Segmentebene und 44 % bzw. 8 % ein bzw. zwei Ebenen unterhalb der Segmentebene als CGU heranziehen. In der 2006 veröffentlichten KPMG-Studie geben 47 % der Unternehmen an, die rechtlichen Einheiten/Teilkonzerne als Kriterien zur Festlegung einer CGU zu nutzen. Die Ebene der CGU bestimmt sich bei 43 % der befragten IFRS-Unternehmen nach der Segmentebene und bei 53 % ein bis zwei Ebenen unterhalb der Segmentebene.[315] Pellens et al. (2005) bestätigen die Ergebnisse, dass die Segmentebenen oder die Ebene rechtlicher Einheiten primär als Orientierung für die CGU-Ebene dient.[316] Die Unternehmen nutzen die bereits bestehenden Strukturen im Unternehmen und lehnen die externe Berichterstattung daran an. Der Management Approach findet seine Entfaltung dahin gehend, dass die rechtlichen Strukturen als Abgrenzungskriterien helfen.

In der vorliegenden Arbeit geben 39,6 % der befragten Unternehmen die Segment-ebene bzw. ein bis zwei Ebenen unterhalb der Segmentebene als CGU-Ebene an. Eine Analyse der in den Konzernabschlüssen enthaltenen Segmentberichte zeigt eine durchschnittliche Segmentanzahl von 3,3 bei den befragten Unternehmen an. Der Vergleich der durchschnittlich 11,9 CGUs zu 3,3 Segmenten lässt die Vermutung zu,

[314] Vgl. Epstein/Pellens/Ruhwedel (2005), S. 6 bzw. Pellens et al. (2005), S. 12.
[315] Vgl. KPMG (2006), S. 16; KPMG (2008), S. 12-13.
[316] Vgl. Epstein/Pellens/Ruhwedel (2005), S. 5 bzw. Pellens et al. (2005), S. 12.

dass die Unternehmen die Forderung „übererfüllen“, eine CGU maximal in Höhe eines Segments nach IFRS 8 festzulegen. Dieses Ergebnis kann jedoch darauf zurückgeführt werden, dass es sich nach IAS 36.80b sowie IAS 36.BC150B bei einer CGU um die Segmentebene *vor* Aggregation handelt. In der Segmentberichterstattung hingegen werden die Segmente *nach* Aggregation ausgewiesen.

Die Analyse der CGU-Anzahl und der CGU-Ebene gewinnt erst an Bedeutung, wenn auch der Goodwill in der Bilanz der befragten Unternehmen eine wesentliche Position darstellt. Im Durchschnitt bilanzieren die befragten Unternehmen im Konzernabschluss 2007 bzw. 2007/2008 einen Goodwill in Höhe von €1,1 Mrd. Abbildung 16 zeigt, dass bei 75 Unternehmen (70,8 %) der Goodwill bis zu 20 % der Bilanzsumme ausmacht. Im Durchschnitt liegt die Relation zwischen Goodwill und Bilanzsumme bei 15 %. Wird die Relation zwischen Goodwill und Eigenkapital betrachtet, so macht bei 70 Unternehmen (66,0 %) der Goodwill bis zur Hälfte des Eigenkapitals aus. Bei sechs Unternehmen (5,7 %) übersteigt der Goodwill sogar das Eigenkapital, davon bei einem Unternehmen gar um etwa 250 %. Der Goodwill und auch die Frage der Goodwill-Allokation spielen damit eine erhebliche Rolle bei den deutschen börsennotierten Kapitalgesellschaften.[317]

Abbildung 16: Deskriptive Statistik: Anteil Goodwill an Bilanzsumme (in %) und Eigenkapital (in %)

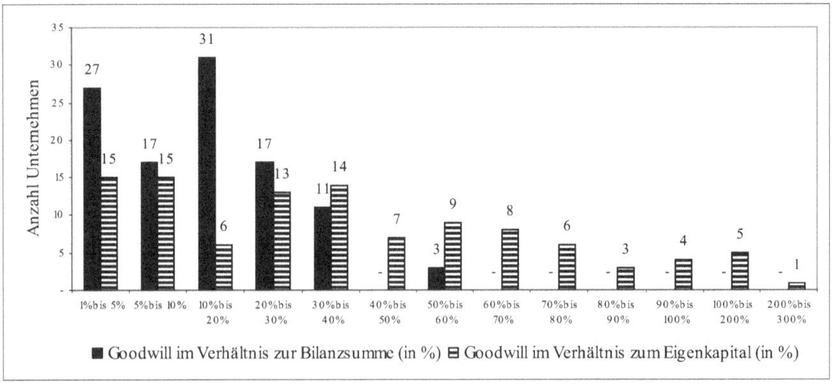

Neben der Analyse des Goodwill als Bilanzposition und der Goodwill-Allokation werden im Folgenden die Konstrukte VBM, Harmonisierung und Integration sowie ihre Indikatoren näher untersucht. Die Indikatoren werden bei den drei Konstrukten

317 Zu ähnlichen Ergebnissen vgl. Küting (2006); Küting (2007); Küting (2008).

anhand einer siebenstufigen Likert-Skala (mit 1 = trifft überhaupt nicht zu und 7 = trifft voll und ganz zu) gemessen.

Die deskriptive Analyse für die fünf VBM-Indikatoren in Tabelle 11 zeigt ein sehr aufschlussreiches Bild über den Umsetzungsstand und die Defizite der wertorientierten Unternehmenssteuerung bei den Prime Standard-Unternehmen.

Tabelle 11: Deskriptive Statistik: Wertorientierte Unternehmenssteuerung

	M	1	2	3	4	5	6	7
VBM	4,5	6,6 %	9,8 %	13,2 %	15,9 %	15,8 %	25,5 %	13,2 %
VBM1	5,3	0,0 %	0,9 %	11,3 %	14,2 %	18,9 %	35,8 %	18,9 %
VBM2	4,2	15,1 %	14,1 %	8,5 %	12,3 %	15,1 %	22,6 %	12,3 %
VBM3	4,4	5,7 %	11,3 %	16,0 %	17,9 %	16,1 %	21,7 %	11,3 %
VBM4	4,7	5,7 %	8,5 %	11,3 %	17,0 %	13,2 %	28,3 %	16,0 %
VBM5	4,1	6,6 %	14,2 %	18,9 %	17,9 %	16,0 %	18,9 %	7,5 %
VBMreflektiv	4,8	6,6 %	3,8 %	9,4 %	15,1 %	23,6 %	29,2 %	12,3 %

Die Mehrheit der Unternehmen setzt sich die Unternehmenswertsteigerung als primäres Unternehmensziel (Skala 6 und 7 bei VBM1: 54,7 %). Der Durchschnitt gibt auf der Siebenerskala eine Wichtigkeit von $M = 5,3$ an. Bei dem Indikator VBM1 ist ein deutlicher Abfall zwischen den DAX-Unternehmen (Mittelwert (*M*) von $M = 6,1$) und den übrigen Unternehmen ($4,7 \leq M \geq 5,3$) festzustellen. Es scheint, als wenn die DAX-Unternehmen den auf dem internationalen Kapitalmarkt herrschenden Druck um Wertsteigerung verinnerlichen und ihr primäres Unternehmensziel danach ausrichten. Das Ziel der Wertsteigerung ist auch mit 82 % das bei der von Homburg/Toksal/Gödde (2004) durchgeführten Befragung der HDAX-Unternehmen das primäre Unternehmensziel, vor der Wettbewerbsfähigkeit ($M = 4,7$ bei einer fünfstufigen Skala) und Kundenzufriedenheit ($M = 4,6$ bei einer fünfstufigen Skala).[318]

Für die Umsetzung und Steuerung der Wertsteigerung (VBM2) stimmen nur 12,3 % der Unternehmen voll und ganz der Aussage zu, eine wertorientierte Kennzahl zu nutzen. Im Gegenzug nutzen 15,1 % Unternehmen keine wertorientierte Kennzahl. Dazu zählt ein DAX-Unternehmen, das den Umsatz und die operative Marge für die wertorientierte Steuerung des operativen Geschäfts verwendet. Dieses Ergebnis scheint ein Rückschritt im Vergleich zu Studien zu sein, die zu den Boom-Zeiten der Shareholder Value-Bewegung vorgenommen wurden. Pellens/Tomaszewski/Weber (2000) finden bei 38,9 % der befragten Unternehmen eine wertorientierte Kennzahl. Afra/Aders (2000) berichten in ihrer Studie über 86 % der DAX100-Unternehmen (heutiger HDAX), die eine oder sogar mehrere wertorientierte Spitzenkennzahlen einsetzen. In der Studie von Aders/Hebertinger (2003) unter den DAX100-

[318] Vgl. Homburg/Toksal/Gödde (2004), S. 7.

Unternehmen sind es sogar 97 %. Homburg/Toksal/Gödde (2004) geben an, dass 77 % der befragten Unternehmen mindestens eine wertorientierte Spitzenkennzahl bestimmen, davon wiederum 66 % sogar zwei oder mehr.[319] Ein Grund für dieses rückläufige Ergebnis im Vergleich zur vorliegenden Studie kann zum einen sein, dass sich die aufgeführten Studien ausschließlich auf den Umsetzungsstand von VBM bei den größten deutschen Kapitalgesellschaften beziehen. In der vorliegenden Studie ist VBM als ein Konstrukt mit fünf bzw. sechs Indikatoren operationalisiert und steht nicht primär im Fokus des Fragebogens. Weiterhin kann bei den VBM-Studien eine Verzerrung im Rücklauf in der Weise vermutet werden, dass vorzugsweise die Unternehmen an der Studie teilgenommen haben, die VBM umgesetzt haben. Es kann zwischen den nicht teilnehmenden Unternehmen nicht differenziert werden, ob diese kein VBM implementiert haben oder trotz erfolgreicher VBM-Implementierung aus anderen Gründen nicht an der Befragung teilnehmen wollten. Drittens besteht eine Begründung sicherlich auch in der Art der Fragestellung. Während die VBM-Studien primär eine direkte Frage nach dem Einsatz von wertorientierten Kennzahlen stellen, die mit „ja"/„nein" zu beantworten ist, wird in der vorliegenden Studie den Unternehmen eine siebenstufige Antwortskala vorgegeben. Wird die Stufe 1 mit „nein, keine wertorientierte Kennzahl" und die Stufen 2 bis 7 mit „ja, in einem bestimmten Ausmaß Nutzung einer wertorientierten Kennzahl" interpretiert, geben auch in der vorliegenden Studie 84,9 % der Unternehmen an, eine wertorientierte Kennzahl zu nutzen. Ein vierter Grund mag zudem darin bestehen, dass der Shareholder Value-Gedanke sich mittlerweile verfestigt hat oder – ausgelöst durch häufig angebrachte Kritik – zugunsten einer Stakeholder-Perspektive abflacht. Die hier präsentierten Ergebnisse scheinen vor diesem Hintergrund ein reales Bild der Shareholder Value-Orientierung deutscher Konzerne widerzuspiegeln und durch keine externen Beweggründe beeinflusst zu sein.

Das Schlusslicht bei der Auswertung der Indikatoren bildet VBM5 mit einem Mittelwert von $M = 4{,}1$. Der Anteil der Unternehmen, die nicht bzw. so gut wie nicht über ihre wertorientierte Unternehmenssteuerung berichten (20,8 % für Skala 1 und 2), entspricht in etwa dem Anteil der Unternehmen, die vollständig bzw. fast vollständig über ihre wertorientierte Unternehmenssteuerung berichten (26,4 % für Skala 6 und 7). Dieses Ergebnis deutet darauf hin, dass ein Mangel an einer wertorientierten Berichterstattung besteht. Während die DAX-Unternehmen sich mehrheitlich (57,9 %) einer

[319] Vgl. Aders/Hebertinger (2003), S. 6; Afra/Aders (2000), S. 8; Homburg/Toksal/Gödde (2004), S. 8; Pellens/Tomaszewski/Weber (2000), S. 1829.

fast vollständigen wertorientierten Berichterstattung verpflichtet fühlen (Skala 6 und 7), finden sich unter den sonstigen Unternehmen 26,5 %, die angegeben haben, so gut wie keine wertorientierte Berichterstattung zu betreiben (Skala 1 und 2). Diese Ergebnisse verwundern. Die deutschen Konzerne scheinen über ihre interne wertorientierte Unternehmenssteuerung nicht ausreichend zu publizieren. Dabei ist es doch eine wertorientierte, d. h. kapitalmarktorientierte, zukunftsgerichtete Berichterstattung, die eine faire Marktbewertung ermöglicht.

Wird nun die Analyse auf die Mittelwerte der Konstrukte verlagert, so fällt beim Vergleich des Mittelwerts für das formativ gemessene Konstrukt VBM ($M = 4{,}5$) mit dem Mittelwert für die reflektiv gemessene Phantomvariable VBMreflektiv ($M = 4{,}8$) auf, dass das formativ gemessene Konstrukt VBM etwas geringer als das direkt gemessene Konstrukt eingestuft wird. Die Unternehmen schätzen folglich ihre wertorientierte Unternehmenssteuerung bei der direkten Frage intensiver ein, als sie tatsächlich bei der differenzierten Analyse erscheint. Die dargestellten Werte für das Konstrukt VBM geben die Durchschnittswerte über die fünf Indikatoren wieder.

Als Nächstes bietet sich das Konstrukt Harmonisierung einschließlich der fünf Indikatoren für eine deskriptive Analyse an. Tabelle 12 zeigt dafür ein zusammenfassendes Bild der Messung der Variablen.

Tabelle 12: Deskriptive Statistik: Harmonisierung

	M	1	2	3	4	5	6	7
Harmonisierung	5,2	3,2 %	5,5 %	7,9 %	15,1 %	17,9 %	26,8 %	23,6 %
Harmon1	5,2	0,0 %	4,7 %	8,5 %	16,0 %	21,7 %	26,4 %	22,7 %
Harmon2	5,2	2,8 %	1,9 %	8,5 %	17,0 %	19,8 %	27,4 %	22,6 %
Harmon3	5,3	4,7 %	4,7 %	6,6 %	12,3 %	14,2 %	31,1 %	26,4 %
Harmon4	5,6	0,0 %	1,9 %	6,6 %	12,3 %	19,8 %	31,1 %	28,3 %
Harmon5	4,4	8,5 %	14,2 %	9,4 %	17,9 %	14,2 %	17,9 %	17,9 %

Auf Konstruktebene gibt die Hälfte der befragten Unternehmen (50,4 %) an, ein nahezu oder vollständig harmonisiertes internes und externes Rechnungswesen zu führen (Skala 6 und 7). Genauer betrachtet bestätigen aber nur sechs Unternehmen (5,7 %) bei allen fünf Indikator-Aussage-Kombinationen eine vollständige Harmonisierung (Skala 7). Auf der anderen Seite gibt kein Unternehmen an, ein nicht in mindestens einem Bereich harmonisiertes Rechnungswesen zu haben (Skala 1 bei allen Indikator-Aussage-Kombinationen). Im Durchschnitt haben 3,2 % der Unternehmen ein getrenntes Rechnungswesen. Die Mittelwerte der fünf Indikatoren schwanken zwischen 4,4 und 5,6. Das Schlusslicht ist die Harmonisierung des IT-Systems (Harmon5: $M = 4{,}4$). Von den befragten Unternehmen basiert bei 8,5 % der Unternehmen das interne und externe Rechnungswesen auf vollständig unterschiedlichen IT-Systemen; nur 17,9 % der Unternehmen nutzen ein einheitliches IT-System.

Die Ergebnisse stehen in Einklang mit den Resultaten früherer Studien und zeigen sogar eine Tendenz zu einer vermehrten Harmonisierung auf. So weisen die Indikator-Aussage-Kombinationen dieser Studie darauf hin, dass alle befragten Unternehmen zumindest in Teilen ein harmonisiertes Rechnungswesen haben. Mit einem Konstruktmittelwert von $M = 5{,}2$ weist diese Studie im Vergleich zu früheren Studien auf einen relativ hohen Harmonisierungsgrad hin. In einer der ersten Studien zum State-of-the-Art in der Harmonisierung des Rechnungswesens erhalten Horváth/Arnout (1997) die Antwort, dass sich 17 % der Unternehmen keine Unternehmenssteuerung auf Basis der IFRS vorstellen können. Zudem geben lediglich 22 % Unternehmen an, die Vereinheitlichung bereits abgeschlossen zu haben.[320] Dieser Anteil der abgeschlossenen Harmonisierung steigt bei der Befragung von Pellens/Tomaszewski/Weber (2000) auf 39 % und bei Hoke (2001) auf 36 %. Zudem geben bei Pellens/Tomaszewski/Weber (2000) 34 % und bei Hoke (2001) 27 % der befragten DAX100-Unternehmen (heutiger HDAX) an, im Planungs- oder Umsetzungsprozess der Harmonisierung zu sein.[321] Haring/Prantner (2005) berichten schon von 48 % der befragten deutschen Unternehmen, die die Vereinheitlichung im Rechnungswesen abgeschlossen haben, und nur 6 %, die keine Harmonisierung planen.[322] Müller (2006) stellt in seiner Erhebung fest, dass die befragten Prime Standard-Unternehmen weitestgehend ein harmonisiertes Rechnungswesen haben ($M = 3{,}92$ auf einer fünfstufigen Skala) bzw. zumindest bei einer Mehrzahl der Unternehmen der Harmonisierungsanteil den Divergenzanteil im Rechnungswesen überwiegt ($M = 2{,}98$ auf einer fünfstufigen Skala).[323] Eine Befragung unter den größten österreichischen Unternehmen zeigt, dass der Anpassungsumfang der externen Rechnungslegungsdaten für die Ermittlung von wertorientierten Kennzahlen sowie weiterer finanzieller Informationen bei den IFRS- gegenüber den HGB-bilanzierenden Unternehmen deutlich geringer ist. Begründet wird dieses Resultat mit dem Harmonisierungsgrad dieser Unternehmensgruppen: Während 86 % der IFRS-

[320] Vgl. Horváth/Arnout (1997), S. 264-265. Ein wesentlicher Grund für diese niedrigen Quoten besteht darin, dass nur 30 % der befragten Unternehmen einen Abschluss nach IFRS oder US GAAP erstellen; die übrigen 70 % bilanzieren nach HGB.

[321] Vgl. Hoke (2001), S. 161; Pellens/Tomaszewski/Weber (2000), S. 1830.

[322] Vgl. Haring/Prantner (2005), S. 151.

[323] Vgl. Müller (2006), S. 127-128.

Bilanzierer bereits das Rechnungswesen harmonisiert haben, liegt der Anteil bei den HGB-Bilanzierern bei etwa 75 %.[324]

Die Ergebnisse für die Konstrukte VBM ($M = 4{,}5$) und Harmonisierung ($M = 5{,}2$) lassen bereits vermuten, dass der Ausmaß der Integration nicht bei einer vollständigen Integration liegt (maximal $M = 7$). Die Integration setzt eine wertorientierte Unternehmenssteuerung voraus und wird demnach vermutlich kein höheres Ausmaß annehmen als VBM allein betrachtet. Ebenso ist die Integration eine spezielle Form der Harmonisierung, sodass ebenfalls vermutet werden kann, dass Integration kein höheres Ausmaß annehmen wird als die Harmonisierung allein betrachtet. Die deskriptiven Ergebnisse für das Konstrukt Integration sind in Tabelle 13 dargestellt.

Tabelle 13: Deskriptive Statistik: Integration

	M	1	2	3	4	5	6	7
Integration	4,4	15,4 %	9,4 %	9,4 %	15,7 %	11,4 %	17,0 %	21,7 %
Integra1	4,7	12,3 %	8,5 %	7,5 %	12,3 %	12,3 %	22,6 %	24,5 %
Integra2	4,7	7,6 %	10,4 %	9,4 %	18,9 %	9,4 %	19,8 %	24,5 %
Integra3	3,7	26,4 %	9,4 %	11,3 %	16,0 %	12,3 %	8,5 %	16,1 %

Die Mittelwerte der drei Indikatoren schwanken zwischen $3{,}7 \leq M \geq 4{,}7$; der Mittelwert des Konstrukts liegt bei $M = 4{,}4$. Über alle Indikatoren betrachtet geben 38,7 % der Unternehmen an, nahezu oder vollständig (Skala 6 und 7) eine übereinstimmende Ebene von CGU und wertorientierter Einheit zu führen. Im Gegensatz dazu geben sieben Unternehmen bei allen drei Indikatoren die Skala 1 (= trifft überhaupt nicht zu) an. Sie kommen demnach in keiner Weise der Aufforderung der Standardsetzer nach, die Bestimmung einer CGU an den internen Berichtsstrukturen anzulehnen.

Sechsundzwanzig (26 bzw. 24,5 %) Unternehmen berichten über eine vollständige Übereinstimmung der CGU mit der Ebene der wertorientierten Unternehmenssteuerung (Integra1). Im Gegensatz dazu offenbaren 13 Unternehmen (12,3 %) eine vollständige Divergenz der beiden Ebenen. Bei neun dieser Unternehmen handelt es sich um Unternehmen, die nicht in einem Index gelistet sind. Sie haben unterdurchschnittlich wenige CGUs gebildet ($M = 4{,}8$), sodass sie sehr wahrscheinlich auf mehr Ebenen steuern, als sie bei CGU-Abgrenzung angegeben haben. Unter den DAX-Unternehmen auf der anderen Seite ist der Grad der Übereinstimmung mit $M = 4{,}8$ recht hoch. In Übereinstimmung zu den 24,5 % der Unternehmen, die über eine vollständige Übereinstimmung der CGU mit der Ebene der wertorientierten Unternehmenssteuerung berichten (Integra1), finden sich auch 24,5 % der Unternehmen, die auf jeder CGU wertorientiert steuern (Integra2, Skala 7). Überraschend geben

[324] Vgl. Dorfer/Gaber (2006), S. 22.

28 Unternehmen (26,4 %) an, dass die CGU und die Ebene der wertorientierten Unternehmenssteuerung nicht die untersten Ebenen sind, auf denen das Unternehmen gesteuert wird (Integra3). Zumindest für die zahlungsmittelgenerierende Einheit ergibt sich daraus ein Widerspruch zur Forderung in IAS 36.80a: „Jede Einheit (...), zu der der Geschäfts- oder Firmenwert (...) zugeordnet worden ist, hat die niedrigste Ebene innerhalb des Unternehmens darzustellen, zu der der Geschäfts- oder Firmenwert für interne Managementzwecke überwacht wird." Auf der anderen Seite bejahen 17 Unternehmen (16,1 %) diese Forderung. Bei diesem Indikator ist entsprechend eine hohe Streuung (siehe Anhang A.1., Tabelle 25; *SD* = 2,2) innerhalb der Skalen zu bemerken.

Als Fazit aus der Analyse der Integrationsvariablen ergibt sich, dass die Unternehmen die Festlegung der CGU mehrheitlich mit der wertorientierten Einheit integrieren. Damit folgen sie dem in IAS 36.80a geforderten Management Approach.[325] Andererseits zeigen sich an einigen Stellen Nachholpotenziale. Der moderate Level an Integration kann zum einen – wie eingangs erwähnt – auf die nur etwas höheren Ausmaße von VBM und Harmonisierung zurückgeführt werden. Eine weitere Begründung können die noch relativ aktuellen Regelungen des IAS 36 sein und die Verpflichtung der deutschen Unternehmen, erst spätestens seit dem Geschäftsjahr 2007 nach IFRS zu bilanzieren. So kann vermutet werden, dass die Unternehmen noch nicht in vollem Umfang allen Hinweisen der Standardsetzer nachgekommen sind. Ein dritter Grund für den moderaten Level an Integration kann ein opportunistisch handelndes Management sein. Das Management mag sich bewusst für eine Goodwill-Allokation abweichend von der niedrigsten Ebene entschieden haben, um so unabhängig von der Unternehmenssteuerung den Goodwill zu überwachen. Weitere Gründe für das moderate Ausmaß an Integration werden aus der Analyse des Strukturmodells erwartet.

[325] Ergänzend dazu ist das Ergebnis bei Pellens et al. (2005), S. 17, interessant. Sie stellen fest, dass bei einer deutlichen Mehrheit (93 %) der befragten IFRS-Unternehmen die Bewertungsparameter für den Impairment Test und die interne Unternehmenssteuerung übereinstimmen. Lediglich 7 % stellen Unterschiedlichkeiten zwischen internen und externen Daten hinsichtlich des verwendeten Diskontierungszinssatzes und des Planungszeitraums fest.

6.2 Analyse der Messmodelle

6.2.1 Reflektive Messmodelle

Ein reflektiver Indikator stellt eine mit einem Fehler behaftete Messung des Konstrukts dar. Der Messfehler eines reflektiven Indikators kann in einen zufälligen und in einen systematischen Messfehler unterteilt werden. Der zufällige Messfehler schließt sämtliche Fehlerfaktoren ein, die ohne ersichtliche Systematik die Konstruktmessung beeinflussen. Der systematische Messfehler tritt unabhängig vom zufälligen Messfehler und bei jeder Messung stets in gleicher Höhe auf. Wenn der zufällige Messfehler bei Null liegt, handelt es sich um eine zuverlässige (*reliable*) Messung. Wenn zusätzlich zu einem zufälligen Messfehler von Null der Wert des systematischen Messfehlers bei Null liegt, wird die Messung als vollständig valide bezeichnet.[326]

Diese beiden Gütekriterien – die Reliabilität (bzw. Zuverlässigkeit) und die Validität (bzw. Gültigkeit) einer Messung – dienen als die zentralen Kriterien für die Beurteilung der reflektiven Messmodelle. In der durchgeführten Untersuchung werden neun reflektive Messmodelle zuzüglich drei für die Kontrollvariablen unterschieden (siehe Anhang A.1., Tabelle 25). Von den neun beziehen sich drei Messmodelle auf die Konstrukte erster Ordnung, die zur Operationalisierung des Konstrukts Organisationsstruktur genutzt werden, und ein Messmodell bezieht sich auf die Phantomvariable VBM. Die nachstehende Analyse reflektiver Messmodelle konzentriert sich daher auf die fünf reflektiven Messmodelle für Internationalisierung, Harmonisierung, Integration, IOA Zufriedenheit und Unternehmensgröße.

Die *Reliabilität* eines reflektiven Messmodells betrachtet die Beziehung zwischen einem Konstrukt und einem reflektiven Indikator. Sie wird daher als *Indikatorreliabilität* bezeichnet. Innerhalb der Einfachregression im reflektiven Messmodell wird die Indikatorreliabilität anhand der Faktorladungen λ überprüft. Die quadrierte Faktorladung spiegelt den Varianzanteil des betrachteten Indikators wider, der durch die Verknüpfung des Indikators mit dem Konstrukt erklärt wird.[327] Eine Faktorladung von Eins bedeutet folglich, dass 100 % der Indikatorvarianz durch das Konstrukt erklärt und eine fehlerfreie Messung angenommen wird. Hulland (1999) schreibt vor, dass

---

[326] Vgl. Homburg/Giering (1996), S. 6-7. Diese Unterteilung wird bei der schematischen und formalen Darstellung in Abschnitt 5.1.4 nicht berücksichtigt. Daraus ergibt sich ein grundsätzliches Problem eines SEM: Bei der Berücksichtigung nur eines Fehlerterms kann zwischen einem systematischen Fehler und einem Zufallsfehler und damit zusammenhängend zwischen Reliabilität und Validität nicht direkt unterschieden werden.

[327] Vgl. Peter (1979), S. 7.

mehr als 50 % der Varianz des Indikators durch das Konstrukt zu erklären sind. Aus der Berechnung des erklärten Varianzanteils eines Indikators als quadrierte Faktorladung ergibt sich, dass die Faktorladung einen Wert größer als 0,7 aufweisen soll. Faktorladungen mit einem Wert geringer als 0,4 sollten zu einer Eliminierung des betrachteten Indikators führen.[328]

In der durchgeführten Analyse liegen – wie in Anhang A.1., Tabelle 25 dargestellt – alle Faktorladungen über dem kritischen Schwellenwert von 0,4 und erfordern nicht die Eliminierung eines Indikators. Mit der Ausnahme von zwei Indikatoren (Integra3 und Harmon4) weisen sämtliche Faktorladungen einen Wert größer als 0,7 aus. Die niedrigste Faktorladung tritt bei Integra3 mit 0,623 auf. Bei Harmon2 ist die Faktorladung mit $\lambda = 0{,}704$ knapp über der kritischen Marke, jedoch liegt die Indikatorreliabilität als quadrierte Faktorladung knapp unter den empfohlenen 50 %. Insgesamt kann jedoch eine ausreichende Indikatorreliabilität der reflektiven manifesten Variablen attestiert werden. Der zufällige Messfehleranteil, der bei der Messung eines Konstrukts durch reflektive Indikatoren auftritt, liegt für die durchgeführte Studie auf einem akzeptablen Niveau und beeinflusst nicht den Erklärungsgehalt eines Indikators bei der Konstruktmessung. Die einzelnen reflektiven Indikatoren können die jeweiligen Konstrukte ausreichend gut erfassen und messen. Die Analyse kann daher mit den definierten reflektiven Messmodellen fortgesetzt werden.

Die Reliabilität reflektiver Messmodelle ist eine notwendige, aber nicht hinreichende Bedingung für die *Validität* der Modelle.[329] Reliabilität fordert eine stabile und genaue Messung, während die Validität über die Forderung der Reliabilität hinausgeht und überprüft, ob anhand der Messung tatsächlich die theoretisch definierten Merkmale des Konstrukts erfasst werden. Validität gibt demnach den Grad an, mit dem das hypothetische Konstrukt und seine Operationalisierung übereinstimmen.[330] Die Validität eines reflektiven Messmodells wird anhand von vier Kriterien – Inhaltsvalidität, Konstruktvalidität, Konvergenzvalidität und Diskriminanzvalidität – überprüft.

Die *Inhaltsvalidität* ist ein ex ante sicherzustellendes Gütekriterium. Bohrnstedt (1970) definiert die Inhaltsvalidität als das Ausmaß, in dem die verwendeten Indikatoren in einem reflektiven Messmodell den inhaltlich-semantischen, konzeptionellen Rahmen des Konstrukts tatsächlich ausfüllen und die Konstrukte sich gegenüber anderen Konstrukten abgrenzen. Soweit möglich, wurden im Vorfeld der Befragung nur die

---

328 Vgl. Hulland (1999), S. 198.
329 Vgl. Churchill (1979), S. 65; Peter (1979), S. 6.
330 Vgl. Peter (1981), S. 134.

Indikatoren ausgewählt, die in vorangegangenen Studien verwendet und validiert wurden. Zudem wurde vor der schriftlichen Befragung ein Pretest durchgeführt. Dieses Vorgehen diente der Sicherstellung der Verständlichkeit und Relevanz der definierten Konstrukte sowie des gesamten Fragebogens. Sämtliche Kommentare sowie Änderungsvorschläge wurden in die finale Version des Fragebogens übernommen. Eine weitere Methode zur Sicherstellung der Inhaltsvalidität ist die Faktorenanalyse, mit deren Hilfe die Faktorenstruktur der Indikatoren untersucht wird.[331]

Für die Überprüfung der weiteren drei Validitätskriterien wurden empirische Tests durchgeführt, deren Ergebnisse in Tabelle 14 und Tabelle 15 dargestellt sind.

Die *Konstruktvalidität* wird auf Konstruktebene – anstatt wie bei der Indikatorreliabilität auf der Ebene der einzelnen Indikatoren – überprüft und misst die vertikale Beziehung zwischen einem Konstrukt und einem Indikator.[332] Sie fordert, dass die reflektiven Indikatoren innerhalb des gleichen Messmodells eine starke Beziehung zueinander aufweisen, da die einzelnen Indikatoren austauschbare Messungen darstellen. Einen ersten Anhaltspunkt bietet das Ausmaß der Korrelationen zwischen den Indikatoren. Ein Korrelationskoeffizient von Eins unter allen reflektiven Indikatoren in einem Messmodell impliziert einen Messfehler von Null und bedeutet, dass die reflektiven Indikatoren das beigeordnete Konstrukt fehlerfrei messen. Das Messmodell ist zuverlässig und valide.[333] Zudem stehen mit Cronbach's Alpha und der Internen Konsistenz zwei weitere Maße zur Verfügung, um die Konstruktvalidität zu testen. Beide Maße geben Aufschluss darüber, wie gut ein Konstrukt durch die ihm zugeordneten Indikatoren gemessen wird.[334] Cronbach's Alpha α wird formal wie folgt bestimmt:[335]

$$\alpha_j = \left(\frac{N}{N-1}\right) \cdot \left(1 - \frac{\sum_{i=1}^{I} var_i}{var_I}\right) \tag{18}$$

[331] Vgl. Bohrnstedt (1970), S. 92, 96; Götz/Liehr-Gobbers (2004), S. 727. Zur Wichtigkeit des Pretests vgl. u. a. Van der Stede/Young/Chen (2005), S. 670, 677. Allgemein zur Faktorenanalyse vgl. Backhaus et al. (2008), S. 323-387.

[332] Vgl. Peter (1981), S. 134. Die Konstruktvalidität wird auch als Konstruktreliabilität bezeichnet. Vgl. Götz/Liehr-Gobbers (2004), S. 727.

[333] Vgl. Bollen/Lennox (1991), S. 307; Homburg/Giering (1996), S. 8.

[334] Vgl. Götz/Liehr-Gobbers (2004), S. 727.

[335] Vgl. Cronbach (1951), S. 299.

mit I als die Anzahl der reflektiven Indikatoren, j als Laufindex über die reflektiven Messmodelle, var_i als Varianz des reflektiven Indikators i und mit var_I als Varianz der Summe aller reflektiven Indikatoren des betrachteten Konstrukts.

Cronbach's Alpha berücksichtigt gleichgewichtete Faktorladungen der Indikatoren und steigt mit einer steigenden Anzahl der Indikatoren. Diese beiden Kritikpunkte führen dazu, dass vorrangig die Interne Konsistenz (*IK*) für die Beurteilung der Konstruktvalidität herangezogen wird.[336] Sie berücksichtigt – im Vergleich zum Cronbach's Alpha – die aktuellen Faktorladungen und wird unabhängig von der Indikatorenanzahl bestimmt. Fornell/Larcker (1981) geben die nachstehende Definition für die Berechnung vor:[337]

$$IK_j = \frac{(\sum_i \lambda_{ij})^2}{(\sum_i \lambda_{ij})^2 + \sum_i var(\delta_{ij})} \quad \text{für eine exogene latente Variable} \tag{19}$$

$$IK_j = \frac{(\sum_i \lambda_{ij})^2}{(\sum_i \lambda_{ij})^2 + \sum_i var(\varepsilon_{ij})} \quad \text{für eine endogene latente Variable} \tag{20}$$

mit λ_{ij} als die Ladung des reflektiven Indikators i im reflektiven Messmodell j, ε_i bzw. δ_i als der Messfehler des Indikators i und mit j als Laufindex über alle reflektiven Messmodelle. Für die Varianz des Messfehlers des Indikators i, $var(\varepsilon_i)$, gilt: $var(\varepsilon_i) = 1 - \lambda^2_i$ bzw. für $var(\delta_i)$, gilt: $var(\delta_i) = 1 - \lambda^2_i$.[338]

Das Gütemaß der Internen Konsistenz weist einen gültigen Wertebereich zwischen Null und Eins auf, wobei ein höherer Wert eine bessere Qualität der Messung impliziert. Nunnally (1978) fordert einen Mindestwert von 0,7, Bagozzi/Yi (1988) hingegen nur einen Grenzwert von 0,6 für eine valide Messung und als Kriterium für die Bereinigung nicht valider Indikatoren.[339]

Die Ergebnisse für Cronbach's Alpha und für die Interne Konsistenz, dargestellt in Tabelle 14, zeigen für alle Konstrukte Werte über 0,7 an. Die Korrelationen innerhalb der (reflektiven) Messmodelle, dargestellt in Anhang A.1., Tabelle 26, zeigen für alle Modelle signifikante Inter-Indikator-Korrelationen auf einem Signifikanzniveau von 1 % an. Insgesamt kann aus diesen Ergebnissen geschlossen werden, dass kein

---

[336] Vgl. Götz/Liehr-Gobbers (2004), S. 734, Fußnote 85. Das Cronbach's Alpha zählt überdies zu den Reliabilitätskoeffizienten der ersten Generation. Vgl. Homburg/Giering (1996), S. 8.

[337] Vgl. Fornell/Larcker (1981), S. 45; Chin (1998), S. 320.

[338] Vgl. Chin (1998), S. 320.

[339] Vgl. Bagozzi/Yi (1988), S. 82; Nunnally (1978), S. 245. Diese Grenzwerte sind ebenfalls für die Beurteilung des Cronbach's Alpha gültig.

Indikator zu eliminieren ist und dass die reflektiven Indikatoren austauschbare Messungen darstellen. Die Konstruktvalidität kann damit für alle fünf reflektiv gemessenen Konstrukte bestätigt und der systematische Messfehleranteil als minimal eingeschätzt werden.

Das dritte (bzw. das zweite quantitative) Gütekriterium für die Validität eines reflektiven Messmodells ist die *Konvergenzvalidität.*[340] Als Reliabilitätsmaß dient die durchschnittlich erfasste Varianz (*DEV*). Ihre Bestimmung knüpft an der Definition der Internen Konsistenz an, die zwar die Stärke der Beziehung der reflektiven Indikatoren untereinander misst, aber keine Aussage darüber macht, wie hoch die erklärte Varianz durch das Konstrukt im Vergleich zur erklärten Varianz durch den Messfehler ist. Diese Aussage ist anhand der *DEV* möglich, die wie folgt berechnet wird:[341]

$$DEV_j = \frac{\sum_i \lambda_{ij}^2}{\sum_i \lambda_{ij}^2 + \sum_i var(\delta_{ij})} \quad \text{für eine exogene latente Variable} \qquad (21)$$

$$DEV_j = \frac{\sum_i \lambda_{ij}^2}{\sum_i \lambda_{ij}^2 + \sum_i var(\varepsilon_{ij})} \quad \text{für eine endogene latente Variable} \qquad (22)$$

Für die Gütebeurteilung fordern Fornell/Larcker (1981) einen Mindestwert von 0,5. Liegt die *DEV* unterhalb dieser Marke, ist die durch die Messfehler erklärte Varianz größer als die durch das Konstrukt erklärte Varianz. Die fünf reflektiv operationalisierten Konstrukte liegen, wie in Tabelle 14 dargestellt, über dieser kritischen Marke und zeigen somit ein ausreichendes Ausmaß an Konvergenzvalidität auf. In allen fünf reflektiven Messmodellen ist der durch das Konstrukt erklärte Varianzanteil größer als der durch den Messfehler der Indikatoren erklärte Varianzanteil.

Tabelle 14: PLS-Ergebnis: Konstrukt- und Konvergenzvalidität

Konstrukt	*α*	*IK*	*DEV*
Internationalisierung	0,812	0,912	0,838
Harmonisierung	0,800	0,862	0,557
Integration	0,776	0,863	0,683
IOA Zufriedenheit	0,836	0,899	0,748
Unternehmensgröße	0,962	0,970	0,889

[340] Einige Autoren differenzieren nicht zwischen Konstrukt- und Konvergenzvalidität, sondern fassen beide Kriterien unter Konstruktvalidität (Fornell/Larcker (1981), S. 45) oder unter Konvergenzvalidität (Hulland (1999), S. 199) zusammen.

[341] Vgl. Fornell/Larcker (1981), S. 46.

Als viertes und letztes Kriterium zur Überprüfung der Validität reflektiver Messmodelle dient die *Diskriminanzvalidität.* Die Diskriminanzvalidität repräsentiert das Ausmaß, mit dem sich die Messung eines Konstrukts zur Messung eines anderen Konstrukts durch das gleiche Messmodell unterscheidet. Das Kriterium der Diskriminanzvalidität gibt vor, dass die gemeinsame Varianz zwischen einem Konstrukt und seinen manifesten Variablen größer als die gemeinsame Varianz zwischen diesem Konstrukt und anderen Konstrukten sein soll.[342] Für die Bestimmung der Diskriminanzvalidität wird das Fornell-Larcker-Kriterium verwendet, nach dem die Quadratwurzel aus der *DEV* mit der Korrelation der Konstrukte verglichen wird.[343]

Die Diskriminanzvalidität wird in Tabelle 15 überprüft. In dieser Tabelle werden die Korrelationen zwischen den Konstrukten unterhalb der Diagonalen und die Quadratwurzeln der *DEV* auf der Diagonalen dargestellt. Die Analyse bescheinigt für alle reflektiv gemessenen Konstrukte eine ausreichende Diskriminanzvalidität. Die Indikatoren bestimmen das ihnen zugeordnete Konstrukt und das Konstrukt wird nicht durch andere Konstrukte im Strukturmodell erklärt. Es bestehen keine Zweifel an der Eindeutigkeit der Indikatoren-Konstrukt-Zuordnung.

Als Fazit kann aus der Gütebeurteilung der fünf reflektiv operationalisierten Messmodelle geschlossen werden, dass diese vollständig zuverlässig und valide sind. Die Messmodelle können die latenten Variablen umfassend messen und können folglich für die weiteren Analysen, insbesondere für die Analyse des Strukturmodells, verwendet werden.

6.2.2 Formative Messmodelle

In der durchgeführten empirischen Untersuchung werden drei formative Messmodelle für VBM, Organisationsstruktur und Performance unterschieden (siehe Anhang A.2., Tabelle 27). Die für die reflektiven Messmodelle angewendeten Gütekriterien der Reliabilität und Validität können für formative Messmodelle nicht gleichermaßen eingesetzt werden, da formative Messmodelle eine gegenüber reflektiven Messmodellen umgedrehte Kausalität zwischen dem Konstrukt und seinen Indikatoren unterstellen. Basierend auf den Ausführungen von Diamantopoulos/Winklhofer (2001) wurde daher vor der Datenerhebung ein besonderes Augenmerk auf die Festlegung der konzeptionellen Breite und der Definition der Konstrukte sowie auf die Generierung entsprechender formativer Indikatoren gelegt. Für die Gütebeurteilung formativer

[342] Vgl. Hulland (1999), S. 199.
[343] Vgl. Chin (1998), S. 321; Fornell/Larcker (1981), S. 46; Hulland (1999), S. 200.

Tabelle 15: PLS-Ergebnis: Diskriminanzvalidität

		1	2	3	4	5	6	7	8	9	10	11
1	Internationalisierung	0,077	0,474***	0,118	0,337***	0,238**	0,210**	-0,117	-0,233*	0,263***	0,433***	**0,916**
2	HDAX	0,177	0,772***	0,252***	0,544***	0,320***	0,296***	0,062	-0,307***	0,151	**1,000**	
3	Harmonisierung	0,336***	0,253***	0,188	0,103	0,301***	0,035	0,064	-0,136	**0,746**		
4	Industrie	-0,134	-0,416***	-0,073	-0,247**	-0,128	-0,138	0,207**	**1,000**			
5	Integration	0,267***	0,122	0,249***	0,172	0,257***	0,002	**0,827**				
6	Fremdkapitalquote	-0,019	0,447***	0,013	0,216**	0,117	**1,000**					
7	Organisationsstruktur	0,361***	0,483***	0,164	0,229*	**-- (F)**						
8	Performance	0,235**	0,675***	0,171	**-- (F)**							
9	IOA Zufriedenheit	0,231**	0,184	**0,865**								
10	Unternehmensgröße	0,280***	**0,943**									
11	VBM	**1,000**										

Messmodelle werden in Anlehnung an Diamantopoulos/Winklhofer (2001) die drei Kriterien Indikatorrelevanz, Indikatorkollinearität und externe Validität herangezogen. Die Gütemaße schlagen die Eliminierung eines Indikators vor. Keines dieser drei Kriterien fordert jedoch die Eliminierung der Indikatoren, da sich mit einer Eliminierung der konzeptionelle Kontext des formativ operationalisierten Konstrukts verändern würde.[344]

Die *Indikatorrelevanz* untersucht auf Indikatorebene, inwieweit ein einzelner Indikator dazu beiträgt, das Konstrukt zu bilden. Das ausschlaggebende Kriterium dafür ist das Gewicht π, das die Beziehung zwischen dem formativen Indikator zu seinem Konstrukt beschreibt. Je höher ein Gewicht ist, desto höher ist der Beitrag des formativen Indikators für die Konstruktbildung. Lohmöller (1989) akzeptiert Gewichte mit einer Höhe von 0,1, während Chin (1998) erst bei einer Höhe von 0,2 die Signifikanz der Gewichte feststellt.[345]

Bei der Betrachtung der Gewichte sowie der dazugehörigen t-Statistiken – dargestellt in Anhang A.2., Tabelle 27 – fällt auf, dass bei drei Indikatoren (VBM2, VBM3 und FinPerf1) die Gewichte geringer als $\pi = 0{,}1$ und die t-Werte nicht signifikant sind. Solche Indikatoren könnten als trivial eingeschätzt werden, da sie wenig zur Erklärung des Konstrukts beitragen. Diese Interpretation könnte die Eliminierung der Indikatoren veranlassen. Dem stehen die Warnungen von Rossiter (2002) gegenüber, der davon abrät, formative Indikatoren aus statistischen Gründen zu entfernen. Geringe Gewichte sollten nicht dazu verleiten, die formativen Indikatoren oder sogar das gesamte formative Messmodell als fehlerhaft operationalisiert zu interpretieren. Stattdessen können gering ausgefallene Gewichte allein ein Ergebnis aus der Optimierung der Gewichte im Hinblick auf das Ziel innerhalb des PLS-Ansatzes sein, die erklärte Varianz der endogenen Variablen im Strukturmodell zu maximieren.[346] Die drei Indikatoren werden folglich – trotz ihres geringen Anteils zur Varianzerklärung – für die Datenanalyse beibehalten. Das Ziel der durchgeführten empirischen Untersuchung

[344] Zu diesen Kriterien sowie einer ausführlichen Erläuterung vgl. Diamantopoulos/Winklhofer (2001), S. 271-274. Die Autoren unterscheiden jedoch nicht explizit zwischen Indikatorrelevanz und Indikatorkollinearität, sondern subsumieren beides unter dem Kriterium der Indikatorkollinearität.

[345] Vgl. Chin (1998), S. 324; Lohmöller (1989), S. 60.

[346] Vgl. Chin (1998), S. 307; Rossiter (2002), S. 315, 326. Letzterer räumt der Validität einen hohen Stellenwert ein und gibt die Empfehlung ab, ausschließlich Expertenurteile zur Gütebeurteilung heranzuziehen. Diese Vorgehensweise birgt jedoch einen Mangel an Objektivität und an intersubjektiver Nachvollziehbarkeit. Eine behutsame Anwendung statistischer Gütekriterien bei formativen Messmodellen scheint daher sinnvoll. Vgl. hierzu auch die Diskussion bei Rossiter (2005) und Diamantopoulos (2005).

ist eher exploratorisch. Es werden neue Konstrukte einschließlich neuer Konzeptionalisierung und Operationalisierung genutzt, und es werden neuartige Zusammenhänge überprüft. Jeder Indikator trägt einen Teil zur Erklärung innerhalb des Strukturgleichungsmodells bei. Bei der Abwägung zwischen statistischen Ergebnissen und theoretischen Überlegungen fällt daher die Entscheidung in der durchgeführten Untersuchung zugunsten der theoretischen (Vor-)Überlegungen.

Die Betrachtung des formativen Messmodells Organisationsstruktur zeigt auf, dass Formalisierung als einziger der drei Indikatoren eine signifikante Beziehung zum Konstrukt aufweist. Für Dezentralisierung wird sogar ein negatives, aber nicht signifikantes Gewicht festgestellt. Das formative Messmodell wurde probeweise modifiziert und der Indikator Zentralisierung anstelle Dezentralisierung zur Bestimmung der Organisationsstruktur genutzt. Das Gewicht von Zentralisierung zeigt in der Variation zwar ein positives Vorzeichen auf, ist aber ebenfalls nicht signifikant ($\beta = 0{,}242$; t-Wert $= 0{,}995$; $p > 0{,}10$). Alle anderen Parameterschätzungen in den Messmodellen und im Strukturmodell bleiben stabil. Es wird daher Dezentralisierung als Indikator beibehalten. Das Konstrukt Organisationsstruktur kann – werden nur die signifikanten Gewichte beachtet – als formalisierte Organisationsstruktur definiert werden.

Ein formatives Messmodell basiert auf dem Prinzip der multiplen Kleinste-Quadrate-Regression. Die Stabilität der Gewichte hängt daher von der Stärke der linearen Abhängigkeit der Indikatoren untereinander ab. Die lineare Abhängigkeit zwischen formativen Indikatoren wird als Kollinearität bezeichnet. Multikollinearität liegt demnach vor, wenn eine sehr starke Korrelation zwischen zwei formativen Indikatoren existiert. Im Gegensatz zu den reflektiven Indikatoren können formative Indikatoren untereinander positiv, negativ oder gar nicht korreliert sein.[347] Eine zu hohe Korrelation jedoch ist problematisch. Mit zunehmender Multikollinearität ist der Einfluss eines einzelnen Indikators auf die Konstruktbildung nur noch schwer bzw. gar nicht mehr zu separieren. Daraus ergeben sich eine Beeinträchtigung der Stabilität der Indikatoren und eine starke Verzerrung der Parameterschätzungen (sog. Ineffizienz der Schätzwerte).[348] Aus diesen Gründen stellt die Überprüfung der *Indikatorkollinearität* das zweite Gütekriterium formativer Messmodelle dar.

[347] Vgl. Chin (1998), S. 306.

[348] Vgl. Field (2005), S. 174-175; Götz/Liehr-Gobbers (2004), S. 729. Reflektive Messmodelle basieren auf einfachen Regressionen, sodass keine Multikollinearität auftreten kann. Vgl. Fornell/Bookstein (1982), S. 442.

Die Indikatorkollinearität wird zunächst anhand der Korrelation formativer Indikatoren und damit der Höhe der Korrelationskoeffizienten β_{Korrel} der formativen Indikatoren untersucht.[349] Eine Korrelation bis zu einer Höhe von $\beta_{Korrel} = 0{,}8$ wird als akzeptabel eingestuft. Bei Indikatoren mit höheren Korrelationen sollte ein Indikator eliminiert werden, da dieser im Vergleich zum anderen Indikator redundante Informationen enthält. Die Korrelationsmatrix für die formativen Indikatoren ist in Anhang A.2., Tabelle 28, dargestellt. Im Modell liegt der höchste Korrelationskoeffizient für eine (paarweise) Korrelation der Indikatoren VBM2 und VBM5 bei $\beta_{Korrel} = 0{,}561$ und damit unterhalb der maximalen Grenze.

Zusätzlich zur Betrachtung der Korrelationsmatrix formativer Indikatoren dienen drei Gütemaße für die Multikollinearitätsprüfung: der *Variance Inflation Factor* (*VIF*) bzw. die *Toleranz* als ihr Kehrwert und der *Konditionsindex* (*KI*). Alle drei Größen werden mithilfe des Statistikprogramms SPSS 16.0 bestimmt, indem Hilfsregressionen erzeugt werden. Dabei wird jeweils eine der ursprünglich unabhängigen formativen Indikatoren durch die anderen unabhängigen formativen Indikatoren erklärt. Für jede Hilfsregression wird das Bestimmtheitsmaß R^2 berechnet. Nur bei einem R^2 nahe Null kann eine lineare Unabhängigkeit der betrachteten Variablen angenommen werden.[350] Die Gütemaße *VIR* und *Toleranz* bestimmen sich für jeden formativen Indikator k wie folgt:

$$VIF_k = \frac{1}{1 - R^2} \tag{23}$$

$$Toleranz_k = \frac{1}{VIF_k} = 1 - R^2 \tag{24}$$

Bei einem Wert von $VIF = 1$ sind die Indikatoren linear unabhängig. Je mehr *VIF* steigt, desto mehr wird der betrachtete formative Indikator durch die anderen formativen Indikatoren erklärt. Bei einem Wert von $VIF \leq 10$ liegt ein noch akzeptables Maß an Multikollinearität vor. Im Umkehrschluss sind bei einer Toleranz von Eins die Indikatoren linear unabhängig. Bei einer Toleranz von $< 0{,}1$ wird Multikollinearität vermutet und bei einem Wert von $< 0{,}01$ wird von Multikollinearität ausgegangen.

Für eine Regressionsmatrix wird der Konditionsindex des Eigenwerts KI_k als die Quadratwurzel des Quotienten des größten Eigenwerts (EW_{max}) und dem Eigenwert (EW_k) eines k-ten Indikators berechnet:

---

349 Vgl. Bollen (1989), S. 222.

350 Vgl. Belsley/Kuh/Welsch (1980), S. 93; Field (2005), S. 174-175; Götz/Liehr-Gobbers (2004), S. 729.

$$KI_k = \sqrt{\frac{EW_{max}}{EW_k}} \tag{25}$$

Der Eigenwert EW_k gibt den Anteil an der Gesamtstreuung aller Indikatoren der Regression an, die durch den k-ten Indikator erklärt wird. Bei vollständiger Unkorreliertheit der Indikatoren zeigt der Eigenwert pro Indikator innerhalb eines formativen Messmodells den Wert Eins an. Mit steigender Korrelation der formativen Indikatoren untereinander steigt der Anteil der Varianz, der durch andere Indikatoren und nicht durch den betrachteten Indikator erklärt wird. Eigenwerte nahe dem Wert Null führen zu großen Konditionsindizes und weisen demnach auf Multikollinearität hin. Daraus folgt, dass mit steigendem Konditionsindex die Multikollinearität unter den formativen Indikatoren zunimmt. Belsley/Kuh/Welsch (1980) geben an, dass ein Konditionsindex zwischen $5 < KI_k > 10$ eine schwache Multikollinearität und ein Konditionsindex oberhalb von $KI_k = 30$ ein starkes Ausmaß an Multikollinearität angibt.[351]

Die Multikollinearitätsprüfung ist in Tabelle 16 zusammengefasst. In der vorliegenden Untersuchung beträgt der höchste Wert für $VIF = 1{,}8$ und liegt somit unter dem kritischen Grenzwert von $VIF = 10$. Entsprechend liegt auch die Toleranz mit dem niedrigsten Wert von 0,6 weit oberhalb der kritischen Schwelle von 0,1. Der höchste Konditionsindex beträgt 13,7 und zeigt damit ein mittleres bis eher schwaches Maß an Multikollinearität an. Insgesamt wird folglich für die formativ konzipierten Messmodelle das Risiko der Multikollinearität als gering eingestuft.

Tabelle 16: SPSS-Ergebnis: Kollinearitätsdiagnostik der formativen Messmodelle

	VIF	*Toleranz*	*KI*
VBM	1,786	0,560	13,652
Organisationsstruktur	1,117	0,895	12,156
Performance	1,000	1,000	5,729

Anmerkung: In der Tabelle sind die maximalen Werte für *VIF* und *KI* sowie die niedrigsten Werte für *Toleranz* angegeben.

Als drittes Gütekriterium zur Beurteilung formativer Messmodelle schlagen Diamantopoulos/Winklhofer (2001) die *externe Validität* vor.[352] Soweit möglich, sollten zusätzlich zu den ausgewählten formativen Indikatoren weitere reflektive Indikatoren ausgewählt und gemessen werden. Bei der Messung eines Konstrukts

[351] Vgl. Belsley/Kuh/Welsch (1980), S. 105.

[352] Das Kriterium der externen Validität wird auch als nomologische Validität bezeichnet. Vgl. Götz/Liehr-Gobbers (2004), S. 729.

durch formative und reflektive Indikatoren ergibt sich ein sog. Multimerkmals-Multimethoden (*multiple indicators and multiple causes*, MIMIC)-Modell.[353]

In der durchgeführten Studie wurde für das VBM-Messmodell, das formativ anhand von fünf Indikatoren (VBM1 bis VBM5) operationalisiert ist, ein weiterer reflektiver Indikator in den Fragebogen aufgenommen (VBMreflektiv). Dieses aus sechs Indikatoren bestehende MIMIC-Modell hat die nachstehende Form.

Abbildung 17: SEM: MIMIC-Modell für das Konstrukt VBM

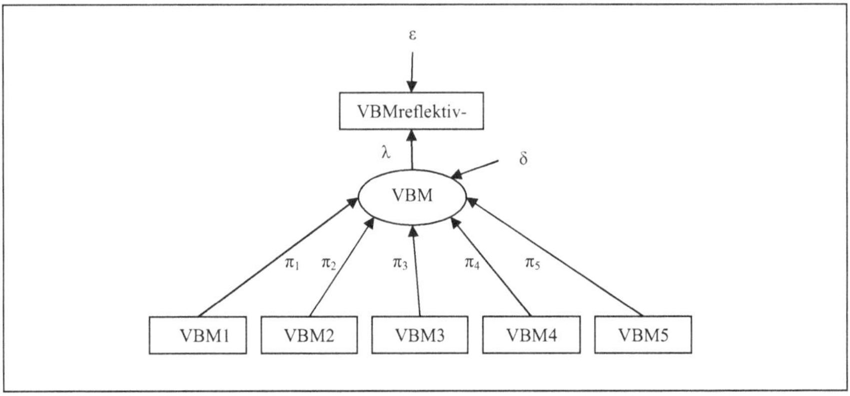

Die Abbildung und Schätzung eines MIMIC-Modells wird nicht in SmartPLS 2.0 unterstützt. Daher wird für das Konstrukt VBM eine zweite Variable, die VBM-Phantomvariable, eingeführt, die das Konstrukt VBM anhand eines reflektiven Indikators misst.[354] Die Korrelation zwischen dem Konstrukt VBM und der VBM-Phantomvariablen ist hoch signifikant ($\beta_{Korrel} = 0{,}777$; $p < 0{,}01$), sodass von einer validen Definition und Operationalisierung des formativen VBM-Messmodells ausgegangen werden kann.

Zusammenfassend ergibt sich aus der Gütebeurteilung der drei formativen Messmodelle, dass die gewählten formativen Indikatoren umfassend die jeweiligen Konstrukte messen. Die Indikatoren sind komplementäre Variablen und messen das Konstrukt aus verschiedenen Blickwinkeln.

[353] Vgl. Diamantopoulos/Winklhofer (2001), S. 272-273. Grundlegend zum MIMIC-Modell vgl. Hauser/Goldberger (1971), S. 95-103.

[354] Das MIMIC-Modell wird über das sog. Zwei-Konstrukt-Modell umgesetzt. Vgl. Diamantopoulos/Winklhofer (2001), S. 272-273.

6.3 Analyse des Strukturmodells

In PLS können keine inferenzstatistische Tests durchgeführt werden, da PLS auf relativ wenigen restriktiven Annahmen basiert und insbesondere keine Verteilungsannahmen stellt. Stattdessen werden nichtparametrische Tests für die Analyse des Strukturmodells verwendet. Im Wesentlichen werden dafür fünf Kriterien herangezogen: das Bestimmtheitsmaß R^2 der endogenen latenten Variablen und seine Änderung (ausgedrückt durch die Effektgröße f^2), die Prognoserelevanz des Strukturmodells (ermittelt über den Stone-Geisser-Test und das Kriterium Q^2), Multikollinearität im Strukturmodell und abschließend das Vorzeichen sowie die Signifikanz der Pfadkoeffizienten.[355]

Zusätzlich werden die Strukturgleichungen für Integration und Performance auf die Existenz von Endogenität überprüft. Dafür werden in SPSS 16.0 die Parameter beider Strukturgleichungen mittels multipler Regression berechnet und die Fehlerterme der jeweiligen Strukturgleichungen für alle Unternehmen bestimmt. Die Korrelation zwischen einer exogenen Variablen und dem Fehlerterm in der betrachteten Strukturgleichung gibt Auskunft über die Endogenität. Eine exogene Variable ist endogen, wenn sie mit dem Fehlerterm korreliert ist, d. h. wenn $Cov(\xi,\zeta) \neq 0$. Entsprechend wird die Vermutung auf Endogenität verworfen, wenn gilt: $Cov(\xi,\zeta) = 0$.[356]

Den Ausgangspunkt für die Gütebeurteilung des Strukturmodells bildet das *Bestimmtheitsmaß* R^2 der endogenen Konstrukte. Das Bestimmtheitsmaß gibt die Anpassungsgüte wieder, mit der sich die Regressionsfunktion an die empirischen Daten anpasst. Das Maß bestimmt somit den Varianzanteil des betrachteten endogenen Konstrukts, der durch das Strukturmodell erklärt wird. Das Bestimmtheitsmaß ist auf den Wertebereich zwischen Null und Eins normiert. Je höher das R ist, desto höher ist der erklärte Varianzanteil der betrachteten endogenen latenten Variablen. Eine allgemeingültige Aussage über eine Mindesthöhe von R^2 ist nicht möglich, da diese von der Zahl der Regressoren und der betrachteten Problemstellung abhängt.[357]

Das Strukturmodell beachtet drei endogene Konstrukte: Harmonisierung, Integration und Performance. Die Bestimmtheitsmaße für diese endogenen Konstrukte sind in Tabelle 17 dargestellt und weisen Werte im Bereich von $0{,}159 \leq R^2 \geq 0{,}337$ auf. Für Integration wird ein R^2 von 0,159 erzielt. Dieses Resultat sagt aus, dass die im

[355] Vgl. Chin (1998), S. 316.

[356] Vgl. Chenhall/Moers (2007), S. 177.

[357] Vgl. Backhaus et al. (2008), S. 67-69. Dennoch findet sich bei Chin (1998), S. 323, die folgenden Interpretationen: Ein R^2 von 0,15 entspricht einem schwachen, ein R^2 von 0,33 einem mittleren und ein R^2 von 0,67 einem substanziellen Level.

Strukturmodell beachteten Einflussfaktoren die Varianz des Konstrukts Integration zu 15,9 % erklären können. Dieser vergleichsweise geringe Anteil lässt die Vermutung zu, dass es noch weitere bisher nicht identifizierte Einflussfaktoren gibt, die zur Erklärung von Integration beitragen. Gleichzeitig können das Konstrukt Integration und die drei Kontrollvariablen 33,7 % der Varianz von Performance erklären. Dieses Ergebnis bestätigt die für das Modell getroffene Annahme von einem Ungleichgewichtszustand und der Modellierung von Performance als endogene Variable.

Als ein zweites Gütekriterium für die Beurteilung des Strukturmodells dient die Veränderung des Bestimmtheitsmaßes, wenn ein exogenes Konstrukt aus dem Strukturmodell exkludiert wird. Die *Effektgröße* $f^2_{Exklusion}$ beschreibt anhand der Veränderung von R^2, ob und in welchem Ausmaß ein exogenes Konstrukt zur Varianzerklärung eines endogenen Konstrukts beiträgt:[358]

$$f^2_{Exklusion} = \frac{R^2_{Inkl} - R^2_{Exkl}}{1 - R^2_{Inkl}} \qquad (26)$$

In der obigen Gleichung stellt R^2_{Inkl} das Bestimmtheitsmaß eines endogenen Konstrukts inklusive sämtlicher exogenen Konstrukte und R^2_{Exkl} das Bestimmtheitsmaß eines endogenen Konstrukts exklusive eines betrachteten Konstrukts dar. Cohen (1988) interpretiert die Effektstärke wie folgt: $f^2_{Exklusion} \approx 0{,}02$ deutet auf einen geringen, $f^2_{Exklusion} \approx 0{,}15$ auf einen moderaten und $f^2_{Exklusion} \approx 0{,}35$ auf einen substanziellen Effekt hin.

Für das Strukturmodell werden die Effektgrößen für die endogenen latenten Variablen Harmonisierung, Integration und Performance bestimmt. Die Ergebnisse sind in Tabelle 17 wiedergegeben. Das Ausmaß der Zufriedenheit mit dem Impairment Test und das Ausmaß der wertorientierten Unternehmenssteuerung üben den höchsten Einfluss auf den Grad der Integration aus. Das Konstrukt Integration seinerseits trägt mit moderaten 4,6 % zu den 33,7 % der Varianzerklärung von Performance bei. Dieses Ergebnis ist ein Beleg dafür, dass das Konstrukt Integration in der Strukturgleichung zur Bestimmung von Performance exogen ist. Diese Feststellung wird zusätzlich dadurch bestätigt, dass die Überprüfung auf Endogenität keine Korrelation zwischen Integration und dem Fehlerterm in der Performance-Strukturgleichung anzeigt, d. h. $Cov(\xi_{Integration}, \zeta_{Performance}) = 0$.

[358] Vgl. Cohen (1988), S. 410-414.

Die Kontrollvariable HDAX ist die wesentliche Erklärungsgröße für die Performance. Dieser hohe Einfluss der HDAX-Zugehörigkeit auf die Performance ist nicht verwunderlich. Im HDAX sind die größten deutschen Kapitalgesellschaften des DAX, MDAX und TecDAX vertreten. Eine Gegenüberstellung der im Untersuchungssample enthaltenen 43 HDAX- versus 63 Nicht-HDAX-Unternehmen anhand des Mann-Whitney-Tests zeigt, dass die HDAX-Unternehmen eine signifikant höhere Performance erzielen. Die HDAX-Zugehörigkeit könnte daher als eine Art Trennungskriterium der untersuchten Unternehmen in größere und kleinere interpretiert werden. Auch wenn die untersuchte Stichprobe zwar eine homogene Gruppe aus den im Prime Standard gelisteten Unternehmen darstellt, kann es sich bei der Stichprobe hinsichtlich der Auswahlindizes um ein heterogenes Bündel von Unternehmen handeln.[359]

Das dritte Gütekriterium für das Strukturmodell ist das *Stone-Geisser-Kriterium* Q^2.[360] Das Kriterium unterstellt, dass bei der Parameterschätzung ein Teil der Rohdatenmatrix fehlt. Dafür werden einzelne Indikatoren im Abstand einer zu bestimmenden Primzahl D (in der Regel: $D = 7$) ausgelassen. Dieses Fallenlassen einzelner Datenpunkte wird D-mal wiederholt, sodass alle Indikatoren einmal als fehlend angenommen werden. Mithilfe der restlichen Daten werden die fehlenden Parameter rekonstruiert und für die Schätzung genutzt. Dieses Verfahren wird als *Blindfolding* bezeichnet. Blindfolding wird von SmartPLS 2.0 für alle reflektiv operationalisierten, endogenen Konstrukte unterstützt.

Die Parameterschätzung ereignet sich dergestalt, dass unter der Vorlage von N Fällen und H Indikatoren für jede der D Blindfolding-Runden die quadrierten Fehlerterme (*squared prediction errors*) und die Durchschnittswerte der Schätzung (*squares of observations*), berechnet als Differenz zwischen dem geschätzten Wert und dem Mittelwert der verbleibenden Daten, bestimmt werden. Diese werden anschließend ü-

359 Eine weitere Überprüfung der Modellrobustheit wird daher vorgenommen, indem die HDAX-Zugehörigkeit als Trennkriterium genutzt und der Datensatz in zwei Gruppen (HDAX versus Nicht-HDAX) zerlegt wird. Die Ergebnisse des Mann-Whitney-Tests, wie bereits angegeben, zeigen eine signifikante Unterscheidung der Gruppen u. a. beim Konstrukt Performance. Keine Unterschiedlichkeit wird indes beim Konstrukt Integration festgestellt. Das ist ein zentrales Ergebnis, denn die Forschungsfragen zielen auf das Konstrukt Integration. Keine (beobachtbare) Heterogenität bei diesem zentralen Konstrukt ermöglicht es somit, allgemeingültige Aussagen aus dem Modell abzuleiten.

360 Zum nächsten Absatz und damit zum Stone-Geisser-Kriterium ausführlicher vgl. Chin (1998), S. 317-318; Fornell/Cha (1994), S. 71-74. Das Kriterium basiert auf der von Geisser (1975) und Stone (1974) entwickelten Technik zur Wiederverwertung von Daten. Das Stone-Geisser-Kriterium wird auch als Prognose-, Vorhersage- oder Schätzrelevanz bezeichnet. Vgl. Götz/Liehr-Gobbers (2004), S. 731.

ber alle D Blindfolding-Runden summiert (*sum of squared prediction errors, SSE,* sowie *sum of squares of observations, SSO*) und als PLS-Schätzergebnis angezeigt. Formal berechnet sich das Stone-Geisser-Kriterium Q^2 wie folgt:

$$Q^2 = 1 - \frac{SSE}{SSO} \tag{27}$$

Ist Q^2 positiv, so besitzt das Modell Prognoserelevanz in Bezug auf das untersuchte endogene, reflektiv operationalisierte Konstrukt. Hingegen liegt bei einem $Q^2 < 0$ fehlende Prognoserelevanz des Strukturmodells vor.

Im untersuchten Strukturmodell sind zwei endogene, reflektiv operationalisierte Konstrukte enthalten (Harmonisierung und Integration). Die für diese beiden Konstrukte bestimmte Prognoserelevanz ist in Tabelle 17 ausgewiesen und zeigt Werte über Null an. Das Strukturmodell besitzt ausreichend Vorhersagerelevanz.

Tabelle 17: PLS-Ergebnis: Bestimmtheitsmaß R^2, Effektgröße f^2 und Stone-Geisser-Kriterium Q^2

		$f^2_{Exklusion}$ für			
	R^2	**Harmonisierung**	**Integration**	**Performance**	**Q^2**
Internationalisierung	--	0,124	0,000		
VBM	--	0,049	0,038	--	--
Harmonisierung	0,177	--	0,001	--	0,547
Organisationsstruktur	--	--	0,016	--	--
Unternehmensgröße	--	--	0,000	--	--
IOA Zufriedenheit	--	--	0,049	--	--
Integration	0,159	--	--	0,046	0,669
Performance	0,337	--	--	--	-- (F)
Fremdkapitalquote	--	--	--	0,004	--
Industrie	--	--	--	0,020	--
HDAX	--	--	--	0,233	--

Das Strukturmodell enthält drei endogene Konstrukte, die durch mehrere Konstrukte erklärt werden. So hängt Harmonisierung von zwei latenten Variablen, Performance von vier latenten Variablen und Integration von fünf latenten Variablen ab. Es ergeben sich demnach drei multiple Regressionen im Strukturmodell. Während die Überprüfung auf Multikollinearität in einem formativen Messmodell ein gängiges Gütekriterium ist, findet sich die Überprüfung auf Multikollinearität bei der Gütebeurteilung eines Strukturmodells sehr selten.[361] In dieser Arbeit ist die Multikollinearitätsprüfung das vierte Gütekriterium für das Strukturmodell. Die Ergebnisse sind in Tabelle 18 zusammengestellt.

[361] Vgl. Grewal/Cote/Baumgartner (2004), S. 519. Bei einer Durchsicht von 42 SEM-Artikeln, veröffentlicht in renommierten Marketing-Zeitschriften, stellen sie fest: "*Not a single article discussed how multicollinearity might have affected the results.*"

Tabelle 18: SPSS-Ergebnis: Kollinearitätsdiagnostik des Strukturmodells

	VIF	*Toleranz*	*KI*
Harmonisierung	1,204	0,831	7,370
Integration	1,164	0,859	24,247
Performance	1,498	0,668	9,738

Anmerkung: Das in der obigen Tabelle angegebene R^2 ist das Bestimmtheitsmaß, das sich aus der Regression für das betrachtete Konstrukt in SPSS ergibt. Es kann daher vom Bestimmtheitsmaß, das in PLS berechnet wird, abweichen. Ferner sind in der Tabelle die maximalen Werte für *VIF* und *KI* sowie der niedrigsten Werte für *Toleranz* angegeben.

Analog zum Vorgehen bei formativen Messmodellen werden für die drei Strukturgleichungen die drei Kollinearitätsmaße *VIF*, *Toleranz* und *KI* mittels SPSS 16.0 ermittelt und analysiert. Über die drei Regressionen betrachtet ergibt sich ein maximaler *VIF* von 1,5 und entsprechend eine minimale *Toleranz* von 0,7. Der maximale *KI* liegt bei 24,2 und deutet damit auf ein mittleres Maß an Multikollinearität hin.[362] Erst ab einem Wert von $KI = 30$ kann von Multikollinearität ausgegangen werden. Diese Ergebnisse bestätigen, dass keine Multikollinearität die vermuteten Beziehungen beeinflusst.

Das fünfte und letzte Kriterium für die Beurteilung des Strukturmodells stellt die Analyse des *Vorzeichens, der Höhe und der Signifikanz der Pfadkoeffizienten* dar. Aufgrund der fehlenden Verteilungsannahme bei PLS werden die *t*-Statistiken anhand von *Resampling*-Methoden – *Jackknifing* oder *Bootstrapping* – bestimmt.[363] In der durchgeführten Untersuchung wird das Bootstrapping-Verfahren unter Verwendung der *Individual(Sign) Changes*-Option ausgewählt und bei einem Ziehen von 500 Stichproben à 106 Beobachtungen mit Zurücklegen die Erwartungswerte, Standardabweichungen sowie *t*-Werte der Modellparameter geschätzt.[364]

Pfadkoeffizienten, die nicht signifikant sind oder bei denen ein der ursprünglichen Hypothese entgegengesetztes Vorzeichen geschätzt wird, verwerfen die aufgestellte Hypothese. Demgegenüber wird eine Hypothese bestätigt, wenn der Pfad das vermutete Vorzeichen aufweist sowie signifikant ist. Die Ergebnisse der Hypothesentests sind in Tabelle 19 aufgezeigt. Insgesamt kann das Strukturmodell sechs der acht aufgestellten Hypothesen bestätigen.

---

[362] Der Konditionsindex von KI = 24,2 ist auf die Hilfsregression von VBM zurückzuführen, in der VBM u. a. durch die Unternehmensgröße erklärt wird. Der hohe *KI* ergibt sich aus der hohen Korrelation zwischen VBM und der Unternehmensgröße (siehe Tabelle 15, $\beta_{Korre\,l} = 0{,}280$, $p < 0{,}01$).

[363] Vgl. Chin (1998), S. 318-320, mit einem Überblick über diese beiden Resampling-Verfahren.

[364] Bei diesen ausgewählten Einstellungen handelt es sich um die empfohlenen Einstellungen beim PLS-Bootstrapping. Vgl. Ringle/Spreen (2007), S. 213-214.

Zusätzlich zu den in den Hypothesen vermuteten direkten Beziehungen dienen die Hinweise in der Korrelationsmatrix der Konstrukte aus dem Messmodell (in Tabelle 15) für die Analyse von Beziehungen, die nicht in Hypothesen formuliert wurden.

Tabelle 19: PLS-Ergebnis: Ergebnisse der Hypothesentests

H	Pfad	erwartetes Vorzeichen	Pfadkoeffizient (*t*-Wert)	Ergebnis
1	VBM → Integration	+	0,203 (1,711**)	✓
2	Harmonisierung → Integration	+	-0,066 (0,723ns)	✗
3	Internationalisierung → Harmonisierung	+	0,232 (2,539***)	✓
4	VBM → Harmonisierung	+	0,333 (3,134***)	✓
5	IOA Zufriedenheit → Integration	+	0,213 (2,422***)	✓
6	Organisationsstruktur → Integration	+	0,179 (1,677**)	✓
7	Unternehmensgröße → Integration	+	-0,003 (0,044 ns)	✗
8	Integration → Performance	+	0,181 (2,310**)	✓
	Industrie → Performance		-0,126 (1,544*)	
	HDAX→ Performance		0,474 (5,129***)	
	Fremdkapitalquote → Performance		0,060 (0,788ns)	

Anmerkung: *** = $p < 0{,}01$; ** = $p < 0{,}05$; * = $p < 0{,}1$; ns = $p > 0{,}1$; ns = nicht signifikant; ✓ = Hypothese bestätigt; ✗ = Hypothese nicht bestätigt.

Eines der zentralen Ergebnisse des Strukturmodells ist die Annahme von H8, dass nämlich die Integration einen signifikant positiven Einfluss auf die Performance hat. Dieses Ergebnis bestätigt die im Vorfeld getroffene Annahme, dass eine Ungleichgewichtssituation vorliegt, in der unterschiedliche Ausmaße der Integration unterschiedliche Auswirkungen auf die Performance haben. Die positive Wirkung der Integration auf die Unternehmensperformance zeigt auf, dass ein Unternehmen durch die Zusammenlegung einer CGU mit der Ebene der wertorientierten Einheit Synergien realisiert sowie die Komplexität und die Kosten von zwei getrennten Berichtsebenen reduziert. Dieses Ergebnis bestätigt die mit dem Management Approach vermuteten Vorteile. Durch die Integration enthält der unternehmensexterne Akteur Einblicke in die interne Unternehmenssteuerung bzw. sieht das Unternehmen aus Sicht des Management („*through management's eyes*")[365]. Diese interne Sichtweise belohnt der unternehmensexterne Akteur bzw. der Kapitalmarkt durch einen Anstieg des TSR als kapitalmarktorientierte Performancegröße.

Das Strukturmodell findet für drei der fünf identifizierten Kontextfaktoren signifikante Pfade zur Integration: Das Strukturmodell bestätigt, dass VBM und IOA Zufriedenheit

[365] Martin (1997), S. 29.

die Integration beeinflussen (H1 und H5).[366] Je mehr ein Unternehmen eine wertorientierte Unternehmenssteuerung implementiert hat und je zufriedener es mit der Goodwill Impairment Test-Durchführung ist, desto größer ist das Ausmaß, in dem eine Unternehmensebene gleichsam für die Goodwill-Allokation und für die wertorientierte Unternehmenssteuerung genutzt wird. Zusätzlich zeigt die Korrelationsmatrix eine signifikant positive Beziehung zwischen der Unternehmensgröße und der wertorientierten Unternehmenssteuerung an ($\beta_{Korrel} = 0{,}280$, $p < 0{,}01$). Je größer ein Unternehmen wird, desto notwendiger wird eine umfangreiche wertorientierte Unternehmenssteuerung einschließlich der Steuerung dezentraler Einheiten.

Der vermutete Einfluss von Harmonisierung auf Integration (H2) wird nicht bestätigt. Dieses Ergebnis verwundert auf den ersten Blick. So wurde die Hypothese formuliert, dass die Harmonisierung im Allgemeinen als Voraussetzung für eine Harmonisierung im speziellen Fall der Integration gilt. Andererseits bestätigt dieses Ergebnis, dass eine Diskussion und empirische Überprüfung der Harmonisierung nicht im Allgemeinen geführt werden sollte, sondern sich auf spezielle Aspekte der Harmonisierung konzentrieren sollte.

Im Strukturmodell findet sich – wie mit H3 und H4 vermutet – eine signifikant positive Wirkung von der Internationalisierung und VBM auf die Harmonisierung. Unternehmen, die international operieren und internationale Präsenz zeigen, sowie Unternehmen mit einer stark ausgeprägten wertorientierten Unternehmenssteuerung entscheiden sich eher für ein harmonisiertes Rechnungswesen.[367]

Es kann vermutet werden, dass das Konstrukt Harmonisierung durch seine Beeinflussung von VBM und seine Einflusswirkung auf Integration in einer Funktion als Mediator fungiert. Die Analyse dieser Mediatorbeziehung ist in Tabelle 20 dargestellt. Im ersten Schritt werden die Pfadkoeffizienten und der *z*-Wert im Mediatormodell bestimmt. Im zweiten Schritt werden die von Baron/Kenny (1986) und Sobel (1982) formulierten Bedingungen überprüft. Dabei wird festgestellt, dass der Mediator Harmonisierung keinen signifikanten Einfluss auf das abhängige Konstrukt Integration hat (Pfad *b*) und dass der Pfad *c* im Gegensatz zu Pfad *c'* signifikant ist. Der *z*-Wert ist

[366] Konsistent zur theoretischen Ablehnung, dass die Beziehung zwischen VBM und Integration sowie zwischen Harmonisierung und Integration von Simultanität geprägt ist, wird diese Vermutung auch empirisch nicht bestätigt. VBM sowie Harmonisierung sind nicht mit dem Fehlerterm in der Bestimmungsregression zu Integration korreliert, d. h. $Cov(\xi_{Harmonisierung}, \zeta_{Integration}) = 0$ und $Cov(\xi_{VBM}, \zeta_{Integration}) = 0$. Vgl. Chenhall/Moers (2007), S. 177.

[367] Mit der Bestätigung von H3 und H4 werden somit auch die in Abschnitt 2.4 theoretisch vermuteten zwei wesentlichen Treiber der Harmonisierung bestätigt. Vgl. Schaier (2008), S. 131-133. Mit ähnlichen empirischen Ergebnissen vgl. u. a. Hoke (2001), S. 204; Horváth/Arnaout (1997), S. 262-263.

ebenfalls nicht signifikant. Die Mediatorbeziehung wird somit nicht bestätigt (Schritt 3). Weitere Mediatorbeziehungen finden sich im Strukturmodell nicht, soweit nur die mediierenden Effekte beachtet werden, in denen die Beziehungen zwischen einem unabhängigen Konstrukt und einem Mediator (Pfad *a*), zwischen einem Mediator und einem abhängigen Konstrukt (Pfad *b*) und zwischen einem unabhängigen und einem abhängigen Konstrukt (Pfad *c*) im Strukturmodell mittels Hypothesen hinterlegt sind.

Tabelle 20: PLS-Ergebnis: Mediationsmodell im Strukturmodell

Schritt 1: Darstellung der Mediatorbeziehung							
Exogenes Konstrukt	**Mediator**	**Endogenes Konstrukt**	**Pfad *a***	**Pfad *b***	**Pfad *c***	**Pfad *c'***	***z*-Wert**
VBM	Harmoni-sierung	Integration	0,333***	-0,066ns	0,203***	-0,047ns	-0,616
Schritt 2: Überprüfung der Bedingungen							
1. Pfad *a* ist signifikant			✓				
2. Pfad *b* ist signifikant				✗			
3. Pfad *c* ist signifikant kleiner als Pfad c'					✗	✗	
Des Weiteren: *z*-Wert ist signifikant							✗
3. Schritt: Analyse der Mediatorbeziehung							
Ergebnis: Kein signifikant mediierender Effekt							

Anmerkung: *** = p < 0,01; ns = p > 0,1; ns = nicht signifikant; ✓ = Bedingung erfüllt; ✗ = Bedingung nicht erfüllt.

Der dritte bestätigte Kontextfaktor für Integration ist die Organisationsstruktur (H6). Je mehr ein Unternehmen formalisiert, differenziert und dezentralisiert aufgestellt ist, desto eher hat es eine integrierte Ebene etabliert. Die mit H7 vermutete Beziehung zwischen der Unternehmensgröße und Integration wird indes nicht bestätigt. Dieses Ergebnis ist erklärbar und stimmt mit der Theorie des kontingenztheoretischen Fits überein: Die Korrelationsmatrix zeigt einen hoch signifikanten Zusammenhang zwischen der Unternehmensgröße und Performance auf (β_{Korrel} = 0,675, $p < 0{,}01$). Der Konzeption des kontingenztheoretischen Fits folgend kann sich eine positive Wirkung auf die Performance nur über den Fit-Zustand zwischen der Unternehmensgröße und der Integration ergeben, nicht jedoch direkt von der Unternehmensgröße auf die Performance.[368]

Die Korrelationsmatrix zeigt weitere interessante Ergebnisse. In Übereinstimmung mit kontingenztheoretischen Organisationsstudien ergibt sich eine signifikante Korrelation zwischen der Unternehmensgröße und der Organisationsstruktur ($\beta_{Korrel} = 0{,}483$, $p < 0{,}01$). Die Differenzierung, Dezentralisierung und Formalisierung als Merkmale einer Organisationsstruktur steigen an, wenn das Unternehmen größer wird.

Ebenfalls findet sich ein hoch signifikanter, positiver Zusammenhang zwischen der Unternehmensgröße und der HDAX-Zugehörigkeit ($\beta_{Korrel} = 0{,}772$, $p < 0{,}01$). Je größer ein Unternehmen ist, desto eher fällt es mittels der Zuordnungskriterien in einen der Auswahlindizes DAX, MDAX oder TecDAX. Des Weiteren ist es nach den bereits vorgestellten Ergebnissen zur Effektgröße $f^2_{Exklusion}$ nicht verwunderlich, dass das Strukturmodell den vermuteten Einfluss der HDAX-Zugehörigkeit auf die Performance bestätigt.

Neben der HDAX-Zugehörigkeit wird der Einfluss von zwei weiteren Kontrollvariablen auf die endogene latente Variable Performance untersucht. Das Strukturmodell bestätigt, dass die Industriezugehörigkeit die Performance beeinflusst. Eine Interpretationsmöglichkeit könnte die Folgende sein: Bei vielen Unternehmen innerhalb einer Branche verspürt jedes Unternehmen einen hohen Wettbewerbsdruck. Es sind wenige Nischen zur Erzielung hoher Renditen vorhanden. Diese Marktsituation hat einen direkten negativen Einfluss auf die Unternehmensperformance.

Zusätzlich zu den aufgestellten und überprüften Hypothesen H1 bis H8 wird eine Fit-Hypothese aufgestellt. Die Fit-Hypothese vermutet, dass der Einfluss von der Integration auf die Performance von einem Fit zwischen der Integration und ihren Einflussfaktoren abhängt. Die Unternehmensperformance steigt nur dann, wenn sich die Integration und die Ausprägung der Einflussfaktoren entsprechen bzw. „fitten". In

---

[368] Vgl. so ebenfalls Gerdin (2005b), S. 309. Um die Beziehung zwischen der Unternehmensgröße und der Performance weiter zu analysieren, wurde das Strukturmodell verändert und eine direkte Verbindung zwischen den beiden Konstrukten unterstellt. Dabei handelt es sich um eine in der Organisationsforschung gängig aufgestellte Hypothese. Vgl. u. a. Gooding/Wagner (1985). Das veränderte Strukturmodell zeigt für den betrachteten Zusammenhang einen signifikant positiven Pfad auf ($\beta = 0{,}677$; $p < 0{,}01$). Das Bestimmtheitsmaß R^2 für Performance steigt auf 0,475. Die übrigen Ergebnisse im Strukturmodell bleiben stabil – ein Beweis für die Robustheit des Modells und der unterstellten Beziehungen. Das veränderte Strukturmodell wurde trotz der gefundenen positiven Beziehung zwischen der Unternehmensgröße und der Performance und trotz des erhöhten R^2 für Performance nicht als finales Modell übernommen. Das Forschungsanliegen besteht nicht in einer Erklärung von Performance, sondern in einer Bestätigung der Vermutung, dass eine hohe Integration positiv auf eine Performancesteigerung wirkt.

Anlehnung an das kontingenztheoretische Rahmenwerk von Gerdin/Greve (2004) wird ein kartesischer Kontingenzfit unterstellt und zunächst anhand eines indirekten Mediatoreffekts überprüft. Die Fit-Hypothese wird bestätigt, wenn der indirekte Pfad von einer exogenen Variablen (einem Kontextfaktor) über einen Mediator (Integration) bis zur endogenen Variablen (Performance) signifikant ist.[369]

Wie im Strukturmodell bestätigt, findet sich ein signifikanter indirekter Effekt von der Integration auf die Performance für drei der fünf Einflussfaktoren: Das Konstrukt Integration wird von den Konstrukten VBM, IOA Zufriedenheit und Organisationsstruktur beeinflusst, und die Integration beeinflusst ihrerseits die Performance. Diese indirekten Effekte werden ebenfalls durch signifikante *z*-Werte bestätigt. Tabelle 21 fasst die Prüfung der indirekten Effekte zusammen.

Tabelle 21: PLS-Ergebnis: Mediationsmodelle für die Fit-Hypothese über indirekte Effekte

Exogene Variable	Mediator	Endogene Variable	Indirekter Pfad ($a \cdot b$)	z-Wert
VBM	Integration	Performance	0,037	1,317*
Harmonisierung	Integration	Performance	-0,012	-0,778ns
IOA Zufriedenheit	Integration	Performance	0,039	1,643*
Organisationsstruktur	Integration	Performance	0,032	1,364*
Unternehmensgröße	Integration	Performance	-0,001	-0,041ns

Anmerkung: * = p < 0,1; ns = p > 0,1; ns = nicht signifikant.

Am Beispiel von VBM kann dieses Ergebnis wie folgt interpretiert werden: Ein Unternehmen mit einem hohen Ausmaß an wertorientierter Unternehmenssteuerung weist gut strukturierte und selbstständig steuernde Bereichseinheiten auf, sodass diese wertorientierten Einheiten gleichzeitig auch als Allokationsebenen eines Goodwill genutzt werden könnten. Es wird eine hohe Integration erwartet. Das Unternehmen stimmt das Ausmaß an Integration mit seinem Ausmaß an VBM ab. Je weiter ein Unternehmen seine wertorientierte Unternehmenssteuerung ausbaut, desto mehr ist es auch (organisatorisch) bereit, eine wertorientierte Einheit für die Allokation eines Goodwill zu nutzen. Auf der anderen Seite führt die Integration zu einer Steigerung der Unternehmensperformance. Die Integration ist aber nicht die einzige Bestimmungsgröße für die Performance; sie leistet einen bestimmten Beitrag zur Performanceerhöhung. Dieser Beitrag kann von einem Unternehmen optimal (maximal) ausgeschöpft werden, wenn das Unternehmen ein optimales Ausmaß an

369 Für eine Anwendung vgl. Cadez/Guilding (2008), S. 851-852. Die Modellierung der direkten Effekte (Pfad *c*) zwischen dem exogenen Konstrukt (d. h. dem Kontingenzfaktor) und dem endogenen Konstrukt (d. h. der Performance) ist nicht erforderlich. Für die theoretische Auseinandersetzung mit diesem statistischen Vorgehen vgl. Gerdin/Greve (2008), S. 1004. Der Moderatoransatz als Alternative zum Mediatoransatz kommt aufgrund der Konzeption des theoretischen Modells nicht zur Anwendung.

Integration erfüllt, d. h. wenn es sich im Fit-Zustand befindet. Eine vollständige Integration ist somit nicht für jedes Unternehmen vorteilhaft. Stattdessen leistet ein dem Ausmaß an wertorientierter Unternehmenssteuerung passendes Ausmaß an Integration den optimalen Beitrag zur Performance.

Gerdin/Greve (2008) äußern sich kritisch zur Überprüfung des Kontingenzfits über einen indirekten Effekt. So zeigt sich im vorliegenden Modell der Fit, wenn das Ausmaß an VBM und gleichzeitig das Ausmaß an Integration hoch ist, das Strukturmodell demnach den Einfluss von VBM auf die Integration bestätigt und wenn zusätzlich die Integration signifikant positiv auf die Performance wirkt. Wird nun aber ein niedriger Level für VBM und auch ein niedriger Level für Integration bei einem Unternehmen festgestellt, so befindet sich das Unternehmen theoretisch in einem Fit-Zustand. Dieser Fit müsste zu einer Performanceerhöhung führen. Aus der Modellierung des Fits als indirekten Effekt ergibt sich jedoch nur dann eine positive Beeinflussung der Performance, wenn die Integration hoch ist. Gerdin/Greve (2008) sowie Chenhall/Moers (2007) schlagen daher für die Überprüfung des kartesischen Kontingenzfits die Residuenanalyse vor.[370] Die Residuenanalyse sieht drei Schritte vor. Im ersten Schritt wird die Fit-Linie durch die Regression von Integration auf die fünf Kontextfaktoren bestimmt. Die mit der Regression geschätzten Parameter bestimmen das unternehmensindividuell optimale Ausmaß der Integration unter der Annahme der gegebenen Kontextfaktoren. Das Ergebnis der Regression ist das Benchmark-Modell. Analog der Ergebnisse aus dem PLS-Strukturmodell weisen die drei Kontextfaktoren VBM, IOA Zufriedenheit und Organisationsstruktur signifikant positive Pfadkoeffizienten auf. Dieses Ergebnis zeigt zum einen, dass das Benchmark-Modell für den Fit zwischen den Kontextfaktoren und der Integration relevant ist. Zum anderen bestätigt das Ergebnis die Annahme, dass Integration eine endogene Variable ist.

In einem zweiten Schritt wird für jedes Unternehmen die Residualgröße im Benchmark-Modell bestimmt.[371] Die Residualgröße bemisst die Abweichung des Unternehmens von der Fit-Linie und repräsentiert damit als Proxy das Ausmaß des

---

[370] Vgl. Chenhall/Moers (2007), S. 192; Gerdin/Greve (2008), S. 1001. Erstere empfehlen die Residuenanalyse ebenfalls zur Umgehung des Endogenitätsproblems. Im Englischen wird die Residuenanalyse als *residual analyses* oder *deviation-score analyses* bezeichnet. Anwendungen der Residuenanalyse finden sich u. a. bei Gerdin (2005c), S. 338; Ittner/Lanen/Larcker (2002), S. 720-724; Ittner/Larcker/Randall (2003), S. 729. Die Durchführung der Residuenanalyse erfolgt mittels SPSS 16.0.

[371] Diese Regression auf Integration und die Ermittlung der Residualgröße wurde bereits für die Überprüfung der Endogenität bzw. Simultanität von den Konstrukten VBM und Harmonisierung verwendet.

Misfits. Die Residualgrößen werden anschließend in positive und negative Abweichungen aufgeteilt. Eine positive Abweichung (POSResidual) deutet darauf hin, dass das betrachtete Unternehmen ein höheres Ausmaß an Integration hat, als es unter den gegebenen Kontextfaktoren angemessen wäre. Eine negative Abweichung (NEGResidual) deutet auf ein niedrigeres Ausmaß an Integration als angemessen hin.[372] Es werden mit VarPOSResidual und VarNEGResidual zwei zusätzliche Variablen eingeführt. Für VarPOSResidual (bzw. VarNEGResidual) wird der absolute Wert von POSResidual (bzw. NEGResidual) angesetzt, wenn die Residualgröße tatsächlich positiv (bzw. negativ) ist, ansonsten der Wert Null.

Im dritten Schritt wird die Performance auf VarPOSResidual und VarNEGResidual sowie auf die Kontrollvariablen regressiert. Es wird erwartet, dass der Regressionskoeffizient für VarPOSResidual (bzw. VarNEGResidual) ein negatives (positives) Vorzeichen aufweist, denn bei einer zu hohen sowie zu geringen Integration unter den gegebenen Kontextfaktoren wird eine negative Performancewirkung vermutet. Die Ergebnisse aus der Regression sind in Tabelle 22 zusammengestellt.

Tabelle 22: SPSS-Ergebnis: Regression des Benchmark-Modells auf Performance

	Pfadkoeffizient (*t*-Wert)
Achsenabschnitt	1,966 (7,716***)
VarPOSResidual	-0,045 (-0,500ns)
VarNEGResidual	0,168 (2,220**)
Industrie	-0,198 (-1,362*)
HDAX	0,808 (5,487***)
Fremdkapitalquote	0,257 (0,668ns)
R^2	0,340
Adjustiertes R^2	0,307

Anmerkung: *** = p < 0,01; ** = p < 0,05; * = p < 0,1; ns = p > 0,1; ns = nicht signifikant.

Die Regressionsanalyse zeigt, dass VarNEGResidual wie erwartet einen signifikant positiven Einfluss auf die Performance hat. Die einzelnen NEGResiduals sind negativ, sodass sich im Ergebnis ein negativer Performanceeffekt ergibt. Das Vorzeichen des Pfadkoeffizienten von VarPOSResidual ist wie erwartet negativ, jedoch findet sich keine Bestätigung für den Pfad. Die Residuenanalyse des Fit-Zustands und seine Performancekonsequenzen offenbaren, dass ein zu niedriges (nicht zu hohes) Ausmaß an Integration unter Beachtung der organisatorischen Kontextfaktoren zu einer Performancereduktion führt. Das Ergebnis ist wie folgt zu interpretieren. Ein Unter-

[372] Insgesamt weisen 61 Unternehmen eine positive Abweichung und 45 Unternehmen eine negative Abweichung auf. Die Mittelwerte zum Konstrukt Integration unterscheiden sich signifikant voneinander: $M = 5{,}6$ für die Unternehmen mit POSResidual und $M = 2{,}84$ für die Unternehmen mit NEGResidual. Eine Auswertung der Unternehmen nach Auswahlindizes zeigt keine Auffälligkeiten.

nehmen entscheidet sich für ein Ausmaß an Integration, das geringer als das mögliche Ausmaß an Integration ist, wenn das Unternehmen seinen Umfang, wertorientiert zu steuern, berücksichtigt. Gleichzeitig realisiert das Unternehmen eine niedrigere Performance, als eigentlich möglich wäre. Das betrachtete Unternehmen erleidet somit Performanceeinbuße, weil es nicht im Rahmen seiner Möglichkeiten die Berichtseinheiten für die Goodwill-Allokation einerseits und für die wertorientierte Unternehmenssteuerung andererseits integriert. Eine vergleichbare Aussage kann für VarPOSResidual nicht getroffen werden, d. h., es kann nicht bestätigt werden, dass ein Unternehmen mit einer zu hohen Integration unter Beachtung der organisatorischen Kontingenzfaktoren eine Performancereduktion erleidet.

Mit den voranstehenden Analysen sind die Messmodelle und das Strukturmodell fast vollständig erklärt. Es werden noch zusätzliche Untersuchungen vorgenommen, bei denen das finale Strukturmodell variiert und dadurch seine Robustheit überprüft wird. Zunächst wird der Datensatz verändert. Das Modell wird mit einem vollständigen Datensatz, d. h. ohne fehlende Werte (N = 97), geschätzt. Im Vergleich zum finalen Strukturmodell zeigen sich bis auf die nachstehenden zwei keine veränderten Ergebnisse: Erstens wird die Beziehung zwischen Harmonisierung und Integration signifikant negativ (β = -0,192, p < 0,10) und zweitens erhöhen sich die Bestimmtheitsmaße für Integration und Harmonisierung (0,213 ≤ R^2 ≥ 0,339).

Eine zweite Modellvariation beachtet Interaktionsmodelle mit Moderatoren, die in empirischen Arbeiten häufig zur Analyse von Heterogenität in der Stichprobe und zur Analyse von Gruppenunterschieden verwendet werden. Ergänzend zu den bisher dargestellten Untersuchungen wird überprüft, ob die drei Kontrollvariablen jeweils als Moderatoren auf die Beziehung zwischen Integration und Performance wirken. Dafür werden drei veränderte Strukturmodelle mit jeweils einem der drei Moderatoren getestet. Da sowohl Integration (als exogene Variable) als auch die drei Kontrollvariablen (als die drei potenziellen Moderatoren) anhand reflektiver Messmodelle operationalisiert werden, kann der Produkt-Indikator-Ansatz zur Modellschätzung seine Anwendung finden. Wie in Tabelle 23 dargestellt, sind die Pfadkoeffizienten der Moderatoren nicht signifikant und Effektgrößen nur schwach. Insgesamt zeigen sich somit nur geringe Interaktionseffekte in den überprüften Moderatorbeziehungen.

Tabelle 23: PLS-Ergebnis: Moderatormodelle im variierten Strukturmodell

Exogene Variable	Moderator	Endogene Variable	Pfadkoeffizient (*t*-Wert)	$f^2_{Moderation}$	Moderator-einfluss
Integration	Industrie	Performance	0,056 (0,697ns)	0,004	schwach
Integration	HDAX	Performance	-0,063 (0,845ns)	0,006	schwach
Integration	Fremdkapital-quote	Performance	-0,120 (0,562ns)	0,014	schwach

Anmerkung: ns = p > 0,1; ns = nicht signifikant.

Eine dritte Variation untersucht die Gruppenunterschiede, die sich bei der Aufteilung der Kontingenzvariablen in Gruppen ergeben.[373] Dabei werden Unterstichproben gebildet, indem auf Basis eines Mediansplits für jede der fünf Kontingenzvariablen eine Zweiteilung des Datensatzes vorgenommen wird. Die Zweiteilung jeder der fünf Kontingenzvariablen wird per Dummy-Variable festgehalten. Anschließend werden potenzielle Gruppenunterschiede in den Konstruktwerten mittels Mann-Whitney-Test überprüft. Es werden für alle fünf Kontingenzvariablen signifikante Unterschiede für das Konstrukt Performance gefunden. Um diese Unterschiede zu verdeutlichen, wird für jede der Gruppen der Mittelwert für das Konstrukt Performance bestimmt und in Tabelle 24 zusammengefasst. Der Mittelwert für Performance für den gesamten ausgewerteten Rücklauf (N = 106) beträgt M = 2,191. Die Mittelwerte für die fünf Kontextfaktoren liegen in der Gruppe „hoher Level Kontextfaktor" stets über den Mittelwerten der Gruppe „niedriger Level Kontextfaktor". Damit wird bestätigt, dass sich eine hohe Ausprägung des jeweiligen Kontextfaktors positiv auf die Unternehmensperformance auswirkt.

Tabelle 24: SPSS-Ergebnis: Mittelwerte für Performance bei Gruppenvergleichen

	M für „hoher Level Kontextfaktor"	*M* für „niedriger Level Kontextfaktor"
Unternehmensgröße	2,704	1,677
Organisationsstruktur	2,342	2,040
VBM	2,313	2,068
Harmonisierung	2,314	2,067
IOA Zufriedenheit	2,385	1,996

Zusammenfassend ergibt sich aus der Analyse des Strukturmodells, dass das Strukturmodell robust ist und sich die Ergebnisse für die Diskussion eignen.

6.4 Zwischenergebnis

In der empirischen Untersuchung wird die Integration bei den größten deutschen kapitalmarktorientierten Unternehmen untersucht. Ferner werden die Einflussfaktoren der Integration sowie die Auswirkung der Integration auf die Performance analysiert.

[373] Vgl. Gerdin/Greve (2008), S. 1001.

Abbildung 18 fasst die Ergebnisse für das Strukturmodell zusammen. Die Pfade zwischen den Konstrukten symbolisieren die Hypothesen. Die Angaben vor den Klammern zeigen an, ob die Hypothese bestätigt oder nicht bestätigt wird. Die Angaben in den Klammern beziehen sich auf die Höhe und Signifikanz der Pfadkoeffizienten. In den Ellipsen der endogenen Konstrukte sind das Bestimmtheitsmaß R^2 und zusätzlich bei reflektiv operationalisierten endogenen Konstrukten das Stone-Geisser-Kriterium Q^2 aufgeführt.

Abbildung 18: PLS-Ergebnis: Ergebnisse für das Strukturmodell

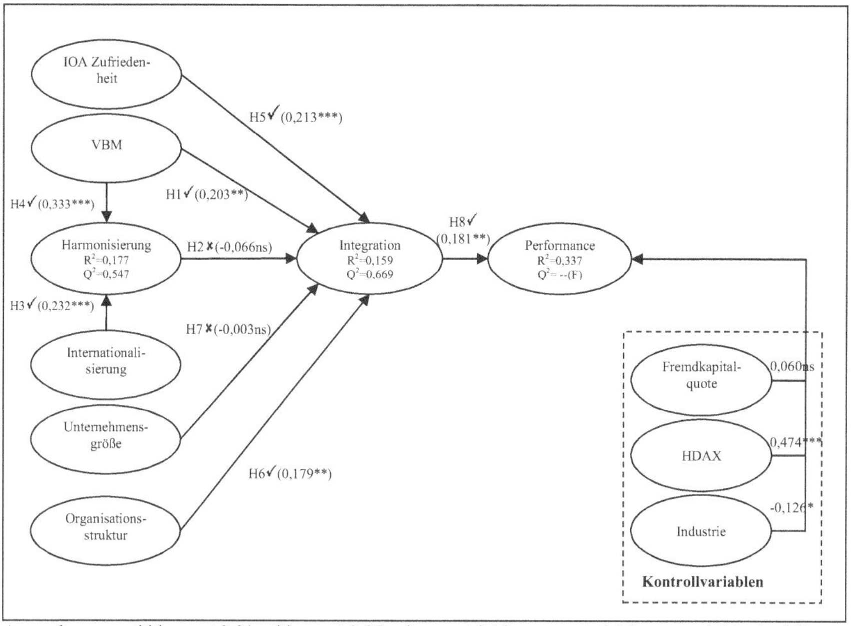

Anmerkung: *** = $p < 0{,}01$; ** = $p < 0{,}05$; * = $p < 0{,}10$; ns = $p > 0{,}10$; ns = nicht signifikant; ✓ = Hypothese bestätigt; ✗ = Hypothese nicht bestätigt.

7 Schlussbetrachtung

Seit der Neuregelung der Goodwill-Bilanzierung im Jahr 2004 und der verpflichtenden Anwendung der IFRS spätestens seit dem Jahr 2007 sind die deutschen kapitalmarktorientierten Unternehmen vor die Herausforderung gestellt, den bei einem Unternehmenszusammenschluss entstandenen Goodwill auf sog. zahlungsmittelgenerierende Einheiten bzw. *Cash-Generating Units* (CGUs) aufzuteilen. Als Hilfestellung geben die Standardsetzer vor, dass sich die Identifikation einer CGU an der Struktur der internen Unternehmenssteuerung orientieren soll. Diese Vorgabe wird als Management Approach bezeichnet. Als zentrales Steuerungssystem kapitalmarktorientierter Unternehmen gilt die wertorientierte Unternehmenssteuerung, kurz VBM. Es stellt sich daher die Frage, in welchem Ausmaß Unternehmen der Vorgabe der Standardsetzer folgen und eine CGU in Übereinstimmung mit der Ebene festlegen, die für die wertorientierte Unternehmenssteuerung genutzt wird.

Diese Frage bildet den Ausgangspunkt der vorliegenden Arbeit. Zur Kennzeichnung und Abgrenzung dieses Untersuchungsbereichs wird der Begriff Integration eingeführt, der als die Übereinstimmung einer CGU und einer wertorientierten Einheit definiert wird. Eingebettet in das Rahmenwerk des kontingenztheoretischen Ansatzes werden das Ausmaß der Integration, die Faktoren, die die Integration beeinflussen, und die Auswirkungen der Integration auf die Unternehmensperformance hinterfragt. Als empirisches Analyseinstrument wird die Strukturgleichungsmodellierung mittels PLS ausgewählt.

Die deskriptiven Ergebnisse weisen auf ein moderates Ausmaß der Integration hin. Nur 38,7 % der befragten Unternehmen geben an, eine nahezu oder vollständig integrierte Ebene für die Goodwill-Allokation und für die wertorientierte Unternehmenssteuerung zu nutzen. Die Gründe für dieses moderate Ausmaß der Integration und seine Auswirkung im Hinblick auf die Unternehmensperformance werden in der Analyse des Strukturgleichungsmodells gefunden.

Im Strukturmodell werden mit VBM, IOA Zufriedenheit und Organisationsstruktur drei signifikante Einflussfaktoren für das Ausmaß der Integration identifiziert. Daraus ist die Aussage ableitbar, dass ein Unternehmen sein Level an Integration an die Ausprägung dieser drei Konstrukte anpasst. Zudem bestätigt das Strukturmodell, dass sich die Integration positiv auf die Unternehmensperformance auswirkt. In detaillierten

Untersuchungen bestätigt das Strukturmodell, dass nicht das maximale Ausmaß der Integration zu einer maximalen Unternehmensperformance führt. Stattdessen gibt der kontingenztheoretische Fit vor, dass unternehmensindividuell ein Fit zwischen den Einflussfaktoren und der Integration gefunden wird, der anschließend eine optimale Auswirkung auf die Unternehmensperformance hat. Es wird gezeigt, dass ein zu geringes Ausmaß an Integration unter Beachtung der drei signifikanten Einflussfaktoren zu einer Verminderung der Unternehmensperformance führt. Die Kosten, die mit dem geringen Ausmaß an Integration verbunden sind (z. B. durch die Nutzung getrennter Berichtsebenen), übersteigen in einer derartigen Konstellation den mit der Integration verbundenen Nutzen.

Für eine Diskussion ist es angebracht, auf die Grenzen der gewonnenen empirischen Erkenntnisse hinzuweisen. Eine erste Einschränkung der Ergebnisse folgt aus der Rücklaufquote. Zunächst erscheint eine Rücklaufquote von 34,1 % bei der Befragung der größten deutschen börsennotierten Unternehmen sehr hoch zu sein. Dennoch bietet diese Rücklaufquote keinen ausreichenden Schutz vor dem Non-Response Bias und damit vor einer Verzerrung der Ergebnisse. Zur Überprüfung des Non-Response Bias werden zahlreiche Tests durchgeführt. Obwohl ein Non-Response Bias in diesen Tests nicht bestätigt wird, kann er nicht vollständig ausgeschlossen werden. Zusätzlich wird für die empirische Analyse die PLS-Methodik ausgewählt, die sich insbesondere für kleinere Stichproben mit komplexen Modellen anbietet. Die Messmodelle und das Strukturmodell werden sorgfältig anhand der gängigen Gütekriterien überprüft, sodass die Ergebnisse als zuverlässig (*reliable*) und valide eingestuft werden können. Zusammenfassend wird daher die Annahme getroffen, dass die genutzte Stichprobe bzw. der Rücklauf die Gesamtheit der deutschen börsennotierten Unternehmen widerspiegelt und die gewonnenen empirischen Ergebnisse generalisierbar sind.

Eine zweite Einschränkung besteht darin, dass empirisch ermittelte, signifikante Beziehungen zwischen Konstrukten zwar eine notwendige Bedingung sind, um kausale Beziehungen zu bestätigen. Sie sind jedoch nicht hinreichend. So kann das SEM nicht die vermutete Richtung der Beziehung überprüfen. Erklärungen, die demnach aus den Modellergebnissen gezogen wurden, beziehen sich exklusiv auf den Modellkontext.

Eine dritte Einschränkung ergibt sich aus den Ergebnissen selbst. Während das Strukturmodell bereits fünf Einflussfaktoren für die Integration beachtet und damit recht komplex ist, ist es dennoch nicht vollständig. Das niedrige R^2 für das Konstrukt Integration weist darauf hin, dass zweifellos weitere wesentliche Einflussfaktoren existieren. Einflussfaktoren, die bei der Analyse zur Bestimmung des Designs oder

Nutzung von Steuerungsinstrumenten in anderen Studien genutzt wurden, sind z. B. die Technologie, Strategie, nationale Kultur, die Leistungsfähigkeit des IT-Systems, die Lokalisierung der Entscheidungsbefugnisinstanz sowie die Schulung der Mitarbeiter.[374] Die Einbeziehung dieser oder ähnlicher Faktoren scheint daher angebracht zu sein, wenn eine auf die vorliegende Arbeit aufbauende Analyse angestrebt wird.

Trotz dieser Einschränkungen leistet die durchgeführte Untersuchung einen nicht unerheblichen Beitrag zur bestehenden Management Accounting-Forschung. Die vorliegende Untersuchung baut auf den Erkenntnissen der empirischen kontingenztheoretischen Management Accounting-Forschung auf und erweitert diese durch die bisher fehlende Perspektive der Integration. Mit der Integration wird ein Konzept vorgestellt, welches einen Beitrag zur Schließung der u. a. von Ittner/Larcker (2001) identifizierten Lücke in der Management Accounting-Forschung leistet.[375] Während sich in der Unternehmenspraxis, unterstützt durch die Vorgaben der Standardsetzer, die Harmonisierungs- und Integrationsanstrengungen stetig erhöhen, werden nur vereinzelnd die Entwicklungen in der Forschung aufgegriffen.[376] Die vorliegende Arbeit konzentriert sich mit dem Konzept der Integration und der Frage nach der Übereinstimmung einer CGU und einer wertorientierten Einheit an einem der zentralen Themen der externen, internationalen Rechnungslegung und der internen Unternehmenssteuerung.

Zweitens wird mit fünf Kontingenzfaktoren, dem Konzept der Integration und der Auswirkung auf die Unternehmensperformance ein komplexes kontingenztheoretisches Modell aufgebaut und empirisch überprüft. Während es in früheren Studien vernachlässigt wird, die Annahmen des Modells und den untersuchten Modell-fit darzustellen, werden in dieser Arbeit das ausgewählte Fit-Konzept, die getroffenen Annahmen und die statistische Überprüfung ausführlich erläutert. Insbesondere wird das Problem der Endogenität adressiert, das allgemein bei der Modellierung von Performance als endogene Variable auftritt. Zur Umgehung des Endogenitätsproblems wird ein Ungleichgewichtszustand unterstellt. Es wird angenommen, dass das beobachtete Ausmaß an Integration um das unternehmensindividuell optimale Ausmaß an Integration schwankt. Daraus kann die Annahme abgeleitet werden, dass effektive und weniger effektive Unternehmen aufgrund eines mehr oder weniger optimalen Integrationsausmaßes beobachtet werden. Auch aus konzeptioneller Hinsicht leistet

374 Vgl. Cavalluzzo/Ittner (2004), S. 245; Chenhall (2003), S. 137-144.
375 Vgl. Ittner/Larcker (2001), S. 402; Lambert (2007), S. 285.
376 Siehe dazu die Erläuterungen und Verweise in den Kapiteln 1 und 2.

die vorliegende Arbeit damit einen wesentlichen Beitrag zur Management Accounting-Forschung.[377]

Der dritte Beitrag der vorliegenden Arbeit liegt darin, dass dem Aufruf nach einer methodisch anspruchsvollen empirischen Forschung im Bereich Management Accounting u. a. von Smith/Langfield-Smith (2004) nachgekommen wird. Mit der Strukturgleichungsmodellierung wird eine vielseitige Analysemethodik genutzt. Zugleich wird mit der Konzentration der empirischen Untersuchung auf deutsche kapitalmarktorientierte Unternehmen die bestehende Lücke in der deutschsprachigen Literatur nach einer fundierten empirischen Analyse der bestehenden Management Accounting-Praxis geschlossen.[378] Trotz dieser nationalen Fokussierung sind die Ergebnisse auf andere Unternehmen übertragbar, da die Fragestellung bei allen nach IFRS-bilanzierenden Unternehmen aktuell ist. Eingeschränkt werden könnte die Übertragung der Ergebnisse von Deutschland auf einen internationalen Kontext allein durch mögliche nationale Unterschiede bei der Ausgestaltung der Regelungen zur Goodwill-Bilanzierung.[379]

Aus Sicht der Praxis besteht die wesentliche Erkenntnis der vorliegenden Untersuchung darin, dass es keinen universell gültigen, optimalen Grad an Integration gibt. Ein Unternehmen sollte nicht bestrebt sein, eine maximale Integration zu erzielen, sondern eine optimale Integration. Diese optimale Integration leitet sich aus den Kontextfaktoren des Unternehmens ab. Nur unter Abwägung der Kontextfaktoren und des Ausmaßes der Integration führt die Integration auch zu einer Effektivitätssteigerung. Mit der vorliegenden Untersuchung wird gezeigt, dass das Ausmaß der wertorientierten Unternehmenssteuerung, die Organisationsstruktur und die Zufriedenheit des Unternehmens mit der Durchführung des Impairment Tests wesentliche Einflussfaktoren sind, die den Grad der Integration beeinflussen. Aus einer isolierten, deskriptiven Betrachtung des Ausmaßes der Integration kann allein keine Handlungsempfehlung für ein Unternehmen abgeleitet werden. Ebenfalls kann aus einer isolierten Betrachtung kein Manko für die Umsetzung des Management Approach abgeleitet werden. Der Management Approach gibt vor, dass die interne Struktur eine Orientierungshilfe für die Identifikation externer Berichtsstrukturen

---

377 Kritisch gegenüber Fit-Konzepten, ihren Annahmen und ihrer Überprüfung in der empirischen kontingenztheoretischen Management Accounting-Forschung vgl. u. a. Chenhall (2003); Chenhall/Moers (2007); Gerdin/Greve (2004); Gerdin/Greve (2008).

378 Zur Lücke der fundierten, empirischen Forschung im deutschsprachigen Raum vgl. Ewert/Wagenhofer (2007), S. 1063; Messner et al. (2008), S. 142; Wagenhofer (2006), S. 11.

379 Allgemein dazu vgl. Ball (2006), S. 15: "(...) *most political and economic influences on financial reporting practice remain local.*"

bieten soll. Diese Orientierungshilfe ist nicht mit einer Verpflichtung für eine vollständige Integration gleichzusetzen. Stattdessen gilt es für die Unternehmen, eine ganzheitliche Betrachtung der Integration vorzunehmen, einschließlich der Einflussfaktoren und der Performancekonsequenzen. Die Unternehmen sollten sich fragen, welche Faktoren die Entscheidung für die Integration beeinflussen und welche Konsequenzen sie sich aus einer Integration versprechen. Diese Faktoren sollten gegeneinander abgewogen werden und somit unternehmensindividuell ein optimales Ausmaß der Integration ergeben. Dabei ist von den Unternehmen zu beachten, dass eine Abweichung von diesem optimalen Ausmaß nach unten, d. h. die Umsetzung eines zu geringen Ausmaßes an Integration unter Beachtung der unternehmensindividuellen Kontextfaktoren, zu einer Reduzierung der Unternehmensperformance führen kann.

Zusammenfassend finden sich mit der vorliegenden Arbeit wertvolle Erweiterungen in inhaltlicher, konzeptioneller und methodischer Hinsicht zur bestehenden Management Accounting-Forschung sowie nützliche praktische Handlungsempfehlungen. Zugleich bietet die vorliegende Arbeit einige Anknüpfungspunkte für die weitere Forschung. Erstens erscheint es lohnenswert, die Untersuchung zu einem späteren Zeitpunkt zu wiederholen und die Ergebnisse vergleichend gegenüberzustellen. Längsschnittanalysen bieten den Vorteil, dass ein Zustand zu mehreren Zeitpunkten beobachtet wird und aus der Gegenüberstellung Lern- und Entwicklungseffekte abgeleitet werden können. Zweitens ist das entwickelte und überprüfte Modell als eine Art Ausgangsmodell für die Analyse der Integration, seiner Einflussfaktoren und Performanceauswirkungen zu verstehen. Entsprechend könnte der Schwerpunkt späterer Untersuchungen in einer Evaluierung des Konzepts der Integration und seiner Operationalisierung bestehen. Einen dritten Anknüpfungspunkt bildet das geringe R^2 für Integration. So könnten durch Feldstudien und Interviews weitere Einflussfaktoren für die Integration identifiziert werden, die einen Beitrag zu einem besseren Integrationsverständnis leisten. Ein vierter Anknüpfungspunkt kann die Analyse von unbeobachtbarer Heterogenität sein. In der vorliegenden Arbeit wird eine homogene Stichprobe unterstellt – eine Annahme, die nur im Hinblick auf die Existenz von beobachtbarer Heterogenität überprüft wird. Unbeobachtbare Heterogenität im Datensatz kann jedoch einen erheblichen Einfluss auf die Parameterschätzungen im Strukturmodell und damit auf die Analyse der Ergebnisse und der Ableitung von Handlungsempfehlungen haben. In der wissenschaftlichen Forschung wird einer möglichen Heterogenität bei SEM-Analysen bisher wenig Beachtung geschenkt.

Damit bietet sich eine Lücke, die noch ein großes Potenzial für zukünftige Forschungsanliegen bereithält.

Anhang

A.1: Operationalisierung der reflektiv gemessenen Konstrukte

Tabelle 25: PLS-Ergebnis: Reflektiv gemessene Konstrukte: Mittelwert, Standardabweichung, Faktorladung und Indikatorreliabilität

Konstrukt/Indikatoren	***M***	***SD***	**Faktorladung**	**Indikatorreliabilität**
Integration	4,453	1,731	--	--
- Die wertorientierte Steuerungseinheit und die zahlungsmittelgenerierende Einheit stellen die gleiche Unternehmensebene dar. (1-7[a]) (Integra1)	4,698	2,076	0,887	0,786
- Die Ebenen, auf denen wir den Goodwill hinsichtlich seiner Werthaltigkeit überprüfen, werden auch für die wertorientierte Steuerung genutzt. (1-7[a]) (Integra2)	4,698	1,957	0,936	0,875
- Die wertorientierte Steuerungseinheit und eine zahlungsmittelgenerierende Einheit sind die untersten Ebenen, auf denen wir steuern. (1-7[a]) (Integra3)	3,679	2,171	0,623	0,388
Harmonisierung	5,164	1,169	--	--
- Wir haben ein vollständig harmonisiertes internes und externes Rechnungswesen. (1-7[a]) (Harmon1)	5,245	1,433	0,788	0,620
- In unserem Unternehmen werden intern und extern die gleichen Zahlen berichtet. (1-7[a]) (Harmon2)	5,217	1,512	0,788	0,621
- Wir adjustieren keine Größen zwischen den internen und externen Finanzberichten. (1-7[a]) (Harmon3)	5,255	1,702	0,704	0,496
- Unsere internen Steuerungskennzahlen sind aus dem externen Rechnungswesen ableitbar. (1-7[a]) (Harmon4)	5,566	1,302	0,648	0,420
- Wir haben ein vollständig harmonisiertes IT-System für die Aufbereitung der intern genutzten und extern bereitgestellten Informationen. (1-7[a]) (Harmon5)	4,406	1,941	0,792	0,628
Grad der Internationalisierung (DOI)	0,435	0,240	--	--
- Im Ausland erzielter Umsatz in Prozent zum Gesamtumsatz (%). (DOI1)	0,490	0,272	0,942	0,887
- Im Ausland beschäftigte Mitarbeiter in Prozent zur Gesamtanzahl beschäftigter Mitarbeiter (%). (DOI2)	0,382	0,252	0,889	0,789
IOA Zufriedenheit	5,188	0,959	--	--
- Inwieweit erfüllt die Durchführung des Goodwill Impairment Tests in Ihrem Unternehmen Ihre Erwartungen? (1-7[b]) (IOAZufr1)	5,247	1,003	0,878	0,771
- Inwieweit entspricht die Durchführung des Goodwill Impairment Tests in Ihrem Unternehmen einer Ihrer Meinung nach 'idealen' Durchführung eines Goodwill Impairment Tests? (1-7[c]) (IOAZufr2)	5,024	1,134	0,879	0,772
- Inwieweit sind Sie - ganz allgemein - mit der Durchführung des Goodwill Impairment Tests in Ihrem Unternehmen zufrieden? (1-7[d]) (IOAZufr3)	5,296	1,202	0,838	0,701
Unternehmensgröße	7,253	1,048	--	--
- Log Anzahl Mitarbeiter (Größe1)	3,430	1,016	0,939	0,881
- Log Bilanzsumme. (Größe2)	8,822	1,055	0,968	0,937
- Log Buchwert Eigenkapital. (Größe3)	8,362	1,265	0,917	0,840
- Log Umsatz (Größe4)	8,776	1,120	0,947	0,897
VBMreflektiv	--	--	--	--
-In welchem Umfang steuern Sie in Ihrem Unternehmen wertorientiert? (1-7[c]) (VBMreflektiv)	5,070	1,366	n/a	n/a

Konstrukt/Indikatoren	***M***	***SD***	**Faktor-ladung**	**Indikator-reliabilität**
Differenzierung				
- Log Anzahl Segmente. (HorDiff)	0,479	0,190	n/a(1)	n/a(1)
- Wie viele Hierarchieebenen liegen zwischen dem Vorstandsvorsitzenden und der operativen Bereichsleiter-ebene? (1-7[f]) (VerDiff)	1,208	0,452	n/a(1)	n/a(1)
Formalisierung				
- Unser Unternehmen verfügt über eine hohe Anzahl von schriftlich festgelegten Regelungen, Verfahrens- und Vorgehensweisen. (1-7[a]) (Formal1)	4,198	1,533	n/a(1)	n/a(1)
- Es existiert ein Handbuch mit allen Regelungen in unserem Unternehmen und ist für alle Mitarbeiter zugänglich. (1-7[a]) (Formal2)	3,736	1,833	n/a(1)	n/a(1)
- Es gibt eine Stellenbeschreibung für jede Arbeitsstelle in unserem Unternehmen. (1-7[a]) (Formal3)	4,292	1,902	n/a(1)	n/a(1)
- In unserem Unternehmen wird eine schriftliche Aufzeichnung von der Leistung unserer Mitarbeiter verwahrt. (1-7[a]) (Formal4)	4,189	1,967	n/a(1)	n/a(1)
- Es gibt ein formales Orientierungsprogramm für unsere neuen Mitarbeiter. (1-7[a]) (Formal5)	4,396	1,834	n/a(1)	n/a(1)
Dezentralisation				
- In unserem Unternehmen wird sogar bei Entscheidungen mit geringen Auswirkungen bzw. bei unwesentlichen Sachverhalten ein Vorgesetzter befragt. (1-7[a]) (R) (Decent1)	5,117	1,486	n/a(1)	n/a(1)
- In unserem Unternehmen werden nur wenige Handlungen ohne die Zustimmung eines Vorgesetzten durchgeführt. (1-7[a]) (R) (Decent2)	4,652	1,421	n/a(1)	n/a(1)
- Jede Entscheidung in unserem Unternehmen wird von einem Vorgesetzten überprüft. (1-7[a]) (R) (Decent3)	4,928	1,576	n/a(1)	n/a(1)
- Ein Vorgesetzter ist in fast alle Handlungen involviert. (1-7[a]) (R) (Decent4)	4,613	1,619	n/a(1)	n/a(1)
Kontrollvariablen				
- Industrie[g]	0,557	0,499	1,000	1,000
- Fremdkapitalquote	0,557	0,181	1,000	1,000
- HDAX[h]	0,406	0,493	1,000	1,000

Anmerkungen: (1) Die Faktorladung sowie die Indikatorreliabilität sind nicht verfügbar, da der Indikator nicht Bestandteil des finalen Modells ist. (R) = reverse-coded. *M* = Mittelwert; *SD* = Standardabweichung.

a 7-stufige Skala: 1 = trifft überhaupt nicht zu, 7 = trifft voll und ganz zu

b 7-stufige Skala: 1 = erfüllt nicht Erwartungen, 7 = übertrifft Erwartungen

c 7-stufige Skala: 1 = ganz und gar nicht ideal, 7 = ideal

d 7-stufige Skala: 1 = überhaupt nicht zufrieden, 7 = voll und ganz zufrieden

e 7-stufige Skala: 1 = überhaupt nicht, 7 = in sehr großem Umfang

f 6-stufige Skala: 1 = 1-2, 2 = 3-4, 3 = 5-6, 4 = 7-8, 5 = 9-10, 6 = mehr als 10

g Dummy-Variable mit 1 = Industrie, Software, Pharma & Gesundheit; 0= sonstige Branchen

h Dummy-Variable mit 1 = DAX, MDAX und TecDAX, 0 = SDAX und andere Unternehmen

Tabelle 26: SPSS-Ergebnis: Reflektiv gemessene Konstrukte: Korrelationen

	Harmon1	Harmon2	Harmon3	Harmon4	Harmon5
Harmon1	1,000				
Harmon2	0,613***	1,000			
Harmon3	0,412***	0,645***	1,000		
Harmon4	0,343***	0,343***	0,278***	1,000	
Harmon5	0,614***	0,431***	0,378***	0,394***	1,000

	Größe1	Größe2	Größe3	Größe4
Größe1	1,000			
Größe2	0,959***	1,000		
Größe3	0,741***	0,803***	1,000	
Größe4	0,956***	0,960***	0,760***	1,000

	Integra1	Integra2	Integra3
Integra1	1,000		
Integra2	0,737***	1,000	
Integra3	0,477***	0,394***	1,000

	IOAZufr1	IOAZufr2	IOAZufr3
IOAZufr1	1,000		
IOAZufr2	0,614***	1,000	
IOAZufr3	0,579***	0,693***	1,000

	DOI1	DOI2
DOI1	1,000	
DOI2	0,683***	1,000

Anmerkung: *** = $p < 0{,}01$.

A.2: Operationalisierung der formativ gemessenen Konstrukte

Tabelle 27: PLS-Ergebnis: Formativ gemessene Konstrukte: Mittelwert, Standardabweichung, Gewicht und *t*-Wert

Konstrukt/Indikator	***M***	***SD***	**Gewicht**	***t*-Wert**
Value-based Management (VBM)	4,628	1,286	--	--
- Unser vorrangiges Unternehmensziel ist die Steigerung des Unternehmenswertes. (1-7[a]) (VBM1)	5,340	1,301	0,383	1,670
- Wir steuern mit einer wertorientierten Kennzahl (z. B. EVA™ oder CVA). (1-7[a]) (VBM2)	4,151	2,046	-0,040	0,232
- Wir kennen unsere wesentlichen Werttreiber und nutzen ein System, das diese Werttreiber steuert (z. B. Balanced Scorecard). (1-7[a]) (VBM3)	4,377	1,748	0,462	2,208
- Die variable Komponente in unserem Vergütungssystem ist entsprechend unserer wertorientierten Unternehmenssteuerung ausgestaltet. (1-7[a]) (VBM4)	4,726	1,781	-0,071	0,360
- Wir berichten gegenüber unseren Aktionären sehr ausführlich über unsere wertorientierte Unternehmenssteuerung. (1-7[a]) (VBM5)	4,094	1,721	0,480	1,831
Organisationsstruktur	2,451	0,653	--	--
- Dezentralisation	3,179	1,357	-0,242	1,010
- Formalisierung	4,145	1,353	0,855	3,578
- Differenzierung	0,785	0,237	0,171	0,874
Performance	2,191	0,817	--	--
- Return on Sales (ROS) (FinPerf1)	-0,151	1,568	0,093	0,804
- Log Total Shareholder Return (TSR) (FinPerf2)	2,310	0,836	0,973	18,390

Anmerkungen: *M* = Mittelwert; *SD* = Standardabweichung.

[a] 7-stufige Skala: 1 = trifft überhaupt nicht zu, 7 = trifft voll und ganz zu.

Tabelle 28: SPSS-Ergebnis: Formativ gemessene Konstrukte: Korrelationen

	VBM1	VBM2	VBM3	VBM4	VBM5
VBM1	1,000				
VBM2	0,467***	1,000			
VBM3	0,408***	0,370***	1,000		
VBM4	0,365***	0,492***	0,437***	1,000	
VBM5	0,470***	0,561***	0,488***	0,512***	1,000

	Dezentralisierung	Formalisierung	Differenzierung
Dezentralisierung	1,000		
Formalisierung	-0,323***	1,000	
Differenzierung	-0,112	0,130	1,000

	FinPerf1	FinPerf2
FinPerf1	1,000	
FinPerf2	0,173	1,000

Anmerkung: *** = $p < 0,01$.

Literaturverzeichnis

Aders, Christian/Hebertinger, Martin (2003): Shareholder-Value-Konzepte. Eine Untersuchung der DAX100-Unternehmen, in: Ballwieser, Wolfgang/Wesner, Peter/KPMG (Hrsg.): Value Based Management, Frankfurt/Main: KPMG.

Afra, Sina/Aders, Christian (2000): Shareholder Value-Konzepte. Eine Untersuchung der DAX100-Unternehmen, in: KPMG (Hrsg.): Value Based Management, Frankfurt/Main: KPMG.

Aiken, Michael/Hage, Jerald (1968): Organizational Interdependence and Intra-Organizational Structure, in: American Sociological Review, Vol. 33, S. 912-930.

Al-Omiri, Mohammed/Drury, Colin (2007): A Survey of Factors influencing the Choice of Product Costing Systems in UK Organizations, in: Management Accounting Research, Vol. 18, S. 399-424.

Alvarez, Manuel/Biberacher, Johannes (2002): Goodwill-Bilanzierung nach US-GAAP – Anforderungen an Unternehmenssteuerung und -berichterstattung, in: Betriebsberater, 57. Jg., S. 346-353.

Backhaus, Klaus/Erichson, Bernd/Plinke, Wulff/Weiber, Rolf (2008): Multivariate Analysemethoden. Eine anwendungsorientierte Einführung, 12. Auflage, Berlin u. a.: Springer.

Bagozzi, Richard P./Phillips, Lynn W. (1982): Representing and Testing Organizational Theories: A Holistic Construal, in: Administrative Science Quarterly, Vol. 27, S. 459-489.

Bagozzi, Richard P./Yi, Youjae (1988): On the Evaluation of Structural Equation Models, in: Journal of the Academy of Marketing Science, Vol. 16, S. 74-94.

Bagozzi, Richard P./Yi, Youjae/Phillips, Lynn W. (1991): Assessing Construct Validity in Organizational Research, in: Administrative Science Quarterly, Vol. 36, S. 421-458.

Baker, C. Richard/Barbu, Elena M. (2007): Trends in Research on International Accounting Harmonization, in: International Journal of Accounting, Vol. 42, S. 272-304.

Ball, Ray (2006): International Financial Reporting Standards (IFRS): Pros and Cons for Investors, in: Accounting and Business Research, Vol. 36, S. 5-27.

Ballwieser, Wolfgang/Küting, Karlheinz/Schildbach, Thomas (2004): Fair value – Erstrebenswerter Wertansatz im Rahmen einer Reform der handelsrechtlichen Rechnungslegung?, in: Betriebswirtschaftliche Forschung und Praxis, 56. Jg., S. 529-549.

Barki, Henri/Pinsonneault, Alain (2005): A Model of Organizational Integration, Implementation Effort, and Performance, in: Organization Science, Vol. 16, S. 165-179.

Baron, Reuben M./Kenny, David A. (1986): The Moderator-Mediator Variable Distinction in Social Psychological Research: Conceptual, Strategic, and Statistical Considerations, in: Journal of Personality and Social Psychology, Vol. 51, S. 1173-1182.

Belsley, David A./Kuh, Edwin/Welsch, Roy E. (1980): Regression Diagnostics: Identifying Influential Data and Sources of Collinearity, New York u. a.: Wiley.

Berekoven, Ludwig/Eckert, Werner/Ellenrieder, Peter (2006): Marktforschung: Methodische Grundlagen und praktische Anwendung, 11. Auflage, Wiesbaden: Gabler.

Beresford, Dennis R. (2001): Congress Looks at Accounting for Business Combinations, in: Accounting Horizons, Vol. 15, S. 73-86.

Bergkvist, Lars/Rossiter, John R. (2007): The Predictive Validity of Multiple-Item versus Single-Item Measures of the Same Constructs, in: Journal of Marketing Research, Vol. 44, S. 175-184.

Beyhs, Oliver (2002): Impairment of Assets nach International Accounting Standards: Anwendungshinweise und Zweckmäßigkeitsanalyse, Frankfurt/Main u. a.: Peter Lang.

Bisbe, Josep/Batista-Foguet, Joan-Manuel/Chenhall, Robert (2007): Defining Management Accounting Constructs: A Methodological Note on the Risks of Conceptual Misspecification, in: Accounting, Organizations and Society, Vol. 32, S. 789-820.

Bohrnstedt, Georg W. (1970): Reliability and Validity Assessment in Attitude Measurement, in: Summers, Gene F. (Hrsg.): Attitude Measurement, Chicago: Rand McNally, S. 80-99.

Bollen, Kenneth A. (1989): Structural Equations with Latent Variables, New York u. a.: Wiley.

Bollen, Kenneth A./Lennox, Richard (1991): Conventional Wisdom on Measurement: A Structural Equation Perspective, in: Psychological Bulletin, Vol. 110, S. 305-314.

Bruns Jr., William J. /Waterhouse, John H. (1975): Budgetary Control and Organization Structure, in: Journal of Accounting Research, Vol. 13, S. 177-203.

Busse von Colbe, Walther/Pellens, Bernhard (1998): Lexikon des Rechnungswesens, 4. Auflage, Wien u. a.: Oldenbourg.

Cadez, Simon/Guilding, Chris (2008): An Exploratory Investigation of an Integrated Contingency Model of Strategic Management Accounting, in: Accounting, Organizations and Society, Vol. 33, S. 836-863.

Cassel, Claes/Hackl, Peter/Westlund, Anders H. (1999): Robustness of Partial Least-Squares Method for Estimating Latent Variable Quality Structures, in: Journal of Applied Statistics, Vol. 26, S. 435-446.

Cavalluzzo, Ken S./Ittner, Christopher D. (2004): Implementing Performance Measurement Innovations: Evidence from Government, in: Accounting, Organizations and Society, Vol. 29, S. 243-267.

Chari, Murali D. R./Devaraj, Sarv/David, Parthiban (2008): The Impact of Information Technology Investments and Diversification Strategies on Firm Performance, in: Management Science, Vol. 54, S. 224-234.

Chenhall, Robert H. (2003): Management Control Systems Design within its Organizational Context: Findings from Contingency-Based Research and Directions for the Future, in: Accounting, Organizations and Society, Vol. 28, S. 127-168.

Chenhall, Robert H./Moers, Frank (2007): The Issue of Endogeneity within Theory-Based, Quantitative Management Accounting Research, in: European Accounting Review, Vol. 16, S. 173-196.

Chin, Wynne W. (1998): The Partial Least Squares Approach to Structural Equation Modeling, in: Marcoulides, George A. (Hrsg.): Modern Methods for Business Research, Mahwah/London: Lawrence Erlbaum, S. 295-336.

Chin, Wynne W./Marcolin, Barbara L./Newsted, Peter R. (2003): A Partial Least Squares Latent Variable Modeling Approach for Measuring Interaction Effects: Results from a Monte Carlo Simulation Study and an Electronic-Mail Emotion/Adoption Study, in: Information Systems Research, Vol. 14, S. 189-217.

Chin, Wynne W./Newsted, Peter R. (1999): Structural Equation Modeling Analysis With Small Samples Using Partial Least Squares, in: Hoyle, Rick H. (Hrsg.): Statistical Strategies for Small Sample Research, Thousand Oaks u. a.: Sage, S. 307-341.

Christensen, John/Wagenhofer, Alfred (1997): Editorial: Special Section German Management Accounting Traditions, in: Management Accounting Research, Vol. 8, S. 255-259.

Churchill Jr., Gilbert A. (1979): A Paradigm for Developing Better Measures of Marketing Constructs, in: Journal of Marketing Research, Vol. 16, S. 64-73.

Coenenberg, Adolf G./Salfeld, Rainer (2007): Wertorientierte Unternehmensführung – Vom Strategieentwurf zur Implementierung, 2. Auflage, Stuttgart: Schäffer-Poeschel.

Cohen, Jacob (1988): Statistical Power Analysis for the Behavioral Sciences, 2. Auflage, Hillsdale u. a.: Erlbaum.

Coltman, Tim/Devinney, Timothy M./Midgley, David F./Venaik, Sunil (2008): Formative versus Reflective Measurement Models: Two Applications of Formative Measurement, in: Journal of Business Research, Vol. 61, S. 1250-1262.

Cronbach, Lee J. (1951): Coefficient Alpha and the Internal Structure of Tests, in: Psychometrika, Vol. 16, S. 297-334.

Daske, Holger/Hail, Luzi/Leuz, Christian/Verdi, Rodrigo (2008): Mandatory IFRS Reporting around the World: Early Evidence on the Economic Consequences, in: Journal of Accounting Research, Vol. 46, S. 1085-1142.

Davis, Stan/Albright, Tom (2004): An Investigation of the Effect of Balanced Scorecard Implementation on Financial Performance, in: Management Accounting Research, Vol. 15, S. 135-153.

Dess, Gregory G./Ireland, R. Duane/Hitt, Michael A. (1990): Industry Effects and Strategic Management Research, in: Journal of Management, Vol. 16, S. 7-27.

Deutsche Börse (Hrsg.) (2009): Leitfaden zu den Aktienindizes der Deutschen Börse, Version 6.11, April 2009, http://deutsche-boerse.com/dbag/dispatch/de/binary/gdb_content_pool/imported_files/public_files/10_downloads/50_informations_servises/30_Indices_Index_Licensing/21_guidelines/10_share_indices/equity_indices_guide.pdf, Zugriff am 28.05.2009.

Diamantopoulos, Adamantios (2005): The C-OAR-SE Procedure for Scale Development in Marketing: A Comment, in: International Journal of Research in Marketing, Vol. 22, S. 1-9.

Diamantopoulos, Adamantios/Siguaw, Judy A. (2006): Formative versus Reflective Indicators in Organizational Measure Development: A Comparison and Empirical Illustration, in: British Journal of Management, Vol. 17, S. 263-282.

Diamantopoulos, Adamantios/Winklhofer, Heidi M. (2001): Index Construction with Formative Indicators: An Alternative to Scale Development, in: Journal of Marketing Research, Vol. 38, S. 269-277.

Dillman, Don A. (2007): Mail and Internet Surveys: The Tailored Design Method, 2. Auflage, New York u. a.: Wiley.

Ding, Yuan/Richard, Jacques/Stolowy, Hervé (2008): Towards an Understanding of the Phases of Goodwill Accounting in Four Western Capitalist Countries: From Stakeholder Model to Shareholder Model, in: Accounting, Organizations and Society, Vol. 33, S. 718-755.

Donaldson, Lex (2001): The Contingency Theory of Organizations, Thousand Oaks u. a.: Sage.

Dorfer, Alexandra/Gaber, Thomas (2006): Controlling und Reporting vor dem Hintergrund der Anforderungen von Internationalen Rechnungslegungsstandards – Eine empirische Studie des Center for Accounting Research der Universität Graz in Kooperation mit KPMG Linz, herausgegeben von Wagenhofer, Alfred/Engelbrechtsmüller, Christian, Graz, http://www.uni-graz.at/car/downloads/Controlling_und_Reporting.pdf, Zugriff am 28.05.2009.

Drazin, Robert/Van de Ven, Andrew H. (1985): Alternative Forms of Fit in Contingency Theory, in: Administrative Science Quarterly, Vol. 30, S. 514-539.

Drolet, Aimee L./Morrison, Donald G. (2001): Do We Really Need Multiple-Item Measures in Service Research?, in: Journal of Service Research, Vol. 3, S. 196-204.

Drury, Colin/Tayles, Mike (1997): Evidence on the Financial Accounting Mentality Debate: A Research Note, in: British Accounting Review, Vol. 29, S. 263-276.

Eberl, Markus (2006): Formative und reflektive Konstrukte und die Wahl des Strukturgleichungsverfahrens: Eine statistische Entscheidungshilfe, in: Die Betriebswirtschaft, 66. Jg., S. 651-668.

Ebers, Mark (2004): Kontingenzansatz, in: Schreyögg, Georg/Werder, Axel v. (Hrsg.): Handwörterbuch Unternehmensführung und Organisation, 4. Auflage, Stuttgart: Schaeffer-Poeschel, S. 653-667.

Eggert, Andreas/Fassott, Georg/Helm, Sabrina (2005): Identifizierung und Quantifizierung mediierender und moderierender Effekte in komplexen Kausalstrukturen, in: Bliemel, Friedhelm/Eggert, Andreas/Fassott, Georg/Henseler, Jörg (Hrsg.): Handbuch PLS-Pfadmodellierung. Methoden, Anwendung, Praxisbeispiele, Stuttgart: Schäffer-Poeschel, S. 101-116.

Epstein, Rolf/Pellens, Bernhard/Ruhwedel, Peter (2005): Goodwill bilanzieren und steuern: Anwendung der neuen IFRS-Regeln in der Praxis, http://www.iasplus.de/documents/goodwill.pdf, Zugriff am 28.05.2009.

Ernst, Holger (2003): Ursachen eines Informant Bias und dessen Auswirkung auf die Validität empirischer betriebswirtschaftlicher Forschung, in: Zeitschrift für Betriebswirtschaft, 73. Jg., S. 1249-1275.

EU-Kommission (Hrsg.) (2008): Report from the Commission to the Council and the European Parliament on the Operation of Regulation (EC) No. 1606/2002 of 19 July 2002 on the Application of International Accounting Standards, http://ec.europa.eu/internal_market/accounting/docs/ias/com-2008-0215_en.pdf, Zugriff am 28.05.2009.

Ewert, Ralf/Wagenhofer, Alfred (2008): Interne Unternehmensrechnung, 7. Auflage, Berlin u. a.: Springer.

Ewert, Ralf/Wagenhofer, Alfred (2007): Management Accounting Theory and Practice in German-Speaking Countries, in Chapman, Christopher S./Hopwood, Anthony G./Shields, Michael D. (Hrsg.): Handbook of Management Accounting Research, Oxford: Elsevier, S. 1035-1069.

Fama, Eugene F. (1980): Agency Problems and the Theory of the Firm, in: Journal of Political Economy, Vol. 88, S. 288-307.

FASB/IASB (Hrsg.) (2002): Memorandum of Understanding: "The Norwalk Agreement", http://www.fasb.org/news/memorandum.pdf, Zugriff am 28.05.2009.

FASB/IASB (Hrsg.) (2008): Completing the February 2006 Memorandum of Understanding: A progress report and timetable for completion, http://www.fasb.org/intl/MOU_09-11-08.pdf, Zugriff am 28.05.2009.

Fassott, Georg (2005): Die PLS-Pfadmodellierung: Entwicklungsrichtungen, Möglichkeiten, Grenzen, in: Bliemel, Friedhelm/Eggert, Andreas/Fassott, Georg/Henseler, Jörg (Hrsg.): Handbuch PLS-Pfadmodellierung: Methode, Anwendung, Praxisbeispiele, Stuttgart: Schäffer-Poeschel, S. 19-29.

Fassott, Georg (2006): Operationalisierung latenter Variablen in Strukturgleichungsmodellen: Eine Standortbestimmung, in: Zeitschrift für betriebswirtschaftliche Forschung, 58. Jg., S. 67-88.

Field, Andy (2005): Discovering Statistics Using SPSS, 2. Auflage, London u. a.: Sage.

Fischer, Thomas M./Klöpfer, Elisabeth (2008): Bilanzpolitisches Gestaltungspotenzial bei der Umstellung der Rechnungslegung von HGB auf IFRS - Empirische Untersuchung deutscher börsennotierter Unternehmen, in: Zeitschrift für Betriebswirtschaft, 78. Jg., S. 623-650.

Fockenbrock, Dieter/Sommer, Ulf (2008): Altlasten bedrohen deutsche Firmen, in: Handelsblatt (Hrsg.), S. 16, erschienen am 08.10.2008, http://www.handelsblatt.com/unternehmen/nachrichten/altlasten-bedrohen-deutsche-firmen;2057879; Zugriff am 28.05.2009.

Fornell, Claes (1987): A Second Generation of Multivariate Analysis: Classification of Methods and Implications for Marketing Research, in: Houston, Michael J. (Hrsg.): Review of Marketing, Chicago: American Marketing Association. S. 407-450.

Fornell, Claes/Bookstein, Fred L. (1982): Two Structural Equation Models: LISREL and PLS Applied to Consumer Exit-Voice Theory, in: Journal of Marketing Research, Vol. 19, S. 440-452.

Fornell, Claes/Cha, Jaesung (1994): Partial Least Squares, in: Bagozzi, Richard P. (Hrsg.): Advanced Methods of Marketing Research, Cambridge: Backwell, S. 52-78.

Fornell, Claes/Larcker, David F. (1981): Evaluating Structural Equation Models with Unobservable Variables and Measurement Error, in: Journal of Marketing Research, Vol. 18, S. 39-50.

Galbraith, Jay R. (1973): Designing Complex Organizations, Reading: Addison-Wesley.

Geisser, Seymour (1975): The Predictive Sample Reuse Method with Applications, in: Journal of the American Statistical Association, Vol. 70, S. 320-328.

Gerdin, Jonas (2005a): Management Accounting System design in Manufacturing Departments: An Empirical Investigation using a Multiple Contingencies Approach, in: Accounting, Organizations and Society, Vol. 30, S. 99-126.

Gerdin, Jonas (2005b): The Impact of Departmental Interdependencies and Management Accounting System use on Subunit Performance, in: European Accounting Review, Vol. 14, S. 297-327.

Gerdin, Jonas (2005c): The Impact of Departmental Interdependencies and Management Accounting System use on Subunit Performance: A Second Look, in: European Accounting Review, Vol. 14, S. 335-340.

Gerdin, Jonas/Greve, Jan (2004): Forms of Contingency Fit in Management Accounting Research – A Critical Review, in: Accounting, Organizations and Society, Vol. 29, S. 303-326.

Gerdin, Jonas/Greve, Jan (2008): The Appropriateness of Statistical Methods for Testing Contingency Hypotheses in Management Accounting Research, in: Accounting, Organizations and Society, Vol. 33, S. 995-1009.

Giere, Jens/Wirtz, Bernd W./Schilke, Oliver (2006): Mehrdimensionale Konstrukte. Konzeptionelle Grundlagen und Möglichkeiten ihrer Analyse mithilfe von Strukturgleichungsmodellen, in: Die Betriebswirtschaft, 66. Jg., S. 678-695.

Gooding, Richard Z./Wagner, John A. III (1985): A Meta-Analytic Review of the Relationship Between Size and Performance: The Productivity and Efficiency of Organizations and Their Subunits, in: Administrative Science Quarterly, Vol. 30, S. 462-481.

Gosselin, Maurice (1997): The Effect of Strategy and Organizational Structure on the Adoption and Implementation of Activity-based Costing, in: Accounting, Organizations and Society, Vol. 22, S. 105-122.

Götz, Oliver/Liehr-Gobbers, Kerstin (2004): Analyse von Strukturgleichungsmodellen mit Hilfe der Partial-Least-Squares(PLS)-Methode, in: Die Betriebswirtschaft, 64. Jg., S. 714-738.

Grewal, Rajdeep/Cote, Joseph A./Baumgartner, Hans (2004): Multicollinearity and Measurement Error in Structural Equation Models: Implications for Theory Testing, in: Marketing Science, Vol. 23, S. 519-529.

Günther, Thomas/Zurwehme, Annikka (2008): Harmonisierung des Rechnungswesens – Stellschrauben, Informationswirkung und Nutzenbewertung, in: Betriebswirtschaftliche Forschung und Praxis, 60. Jg., S. 101-121.

Hauser, Robert M. (1973): Disaggregating a Social-Psychological Model of Educational Attainment, in: Goldberger, Arthur S./Duncan, Otis Dudley (Hrsg.): Structural Equation Models in the Social Sciences, New York et al.: Seminar Press, S. 255-284.

Haaker, Andreas (2005): IFRS und wertorientiertes Controlling – Geprüfte bereichsbezogene Unternehmenswerte als „Service“ der IFRS für die wertorientierte Unternehmenssteuerung –, in: Kapitalmarktorientierte Rechnungslegung, 5. Jg., S. 351-357.

Haaker, Andreas (2006a): Der *Value in Use* einer *Cash Generating Unit* als adäquate Basis einer wertorientierten Bereichssteuerung – Replik zur Erwiderung von Michael Olbrich, in: Kapitalmarktorientierte Rechnungslegung, S. 43, in diesem Heft, und zugleich Plädoyer für eine auf den Daten des Goodwill-Impairment-Tests nach IFRS basierende Bereichssteuerung, in: Kapitalmarktorientierte Rechnungslegung, 6. Jg., S. 44-47.

Haaker, Andreas (2006b): Da capo: Zur Eignung des Value In Use einer Cash Generating Unit gemäß IAS 36 als Basis einer wertorientierten Bereichssteuerung – Replik zum Beitrag von Klingelhöfer, in: Kapitalmarktorientierte Rechnungslegung, S. 590 und zugleich erneutes Plädoyer für eine Nutzung des Goodwill-Impairment-Tests nach IFRS im internen Rechnungswesen –, in: Kapitalmarktorientierte Rechnungslegung, 6. Jg., S. 687-695.

Haaker, Andreas (2008): Potential der Goodwill-Bilanzierung nach IFRS für eine Konvergenz des unternehmenswertorientierten internen und externen Rechnungswesens: Eine messtheoretische Analyse, Wiesbaden: Gabler.

Haas, Cornelia A. J. (2009): Goodwill-Bilanzierung nach IFRS und Implikationen für das Controlling, Lohmar u. a.: Josef Eul.

Haka, Susan F. (1987): Capital Budgeting Techniques and Firm Specific Contingencies: A Correlational Analysis, in: Accounting, Organizations and Society, Vol. 12, S. 31-48.

Hall, Matthew (2008): The Effect of Comprehensive Performance Measurement Systems on Role Clarity, Psychological Empowerment and Managerial Performance, in: Accounting, Organizations and Society, Vol. 33, S. 141-163.

Haring, Nikolai (2004): Zur Abbildung von Kapitalkosten und Steuern beim impairment of assets gemäß IAS 36, Wien, http://epub.wu-wien.ac.at/dyn/virlib/diss/mediate/epub-wu-01_691.pdf?ID=epub-wu-01_691, Zugriff am 28.05.2009.

Haring, Nikolai/Prantner, Renate (2005): Konvergenz des Rechnungswesens, State-of-the-Art in Deutschland und Österreich, in: Controlling, S. 147-154.

Hauser, Robert M./Goldberger, Arthur S. (1971): The Treatment of Unobservable Variables in Path Analysis, in: Sociological Methodology, Vol. 3, S. 81-117.

Hendler, Matthias/Zülch, Henning (2008): Unternehmenszusammenschlüsse und Änderung von Beteiligungsverhältnissen bei Tochterunternehmen – die neuen Regelungen des IFRS 3 und IAS 27, in: Die Wirtschaftsprüfung, 58. Jg., S. 484-493.

Henseler, Jörg (2005): Einführung in die PLS-Pfadmodellierung, in: Wirtschaftswissenschaftliches Studium, 34. Jg., S. 70-75.

Herz, Robert H./Lannaconi, Teresa E./Maines, Laureen A./Palepu, Krishna/Ryan, Stephen G./Schipper, Katherine/Schrand, Catherine M./Skinner, Douglas J./ Vincent, Linda (2001): Equity Valuation Models and Measuring Goodwill Impairment, in: Accounting Horizons, Vol. 15, S. 161-170.

Hitz, Jörg-Markus/Kuhner, Christoph (2002): Die Neuregelung zur Bilanzierung des derivativen Goodwill nach SFAS 141 und 142 auf dem Prüfstand, in: Die Wirtschaftsprüfung, 55. Jg., S. 273-287.

Hoke, Michaela (2001): Konzernsteuerung auf Basis eines intern und extern vereinheitlichten Rechnungswesens. Empirische Befunde vor dem Hintergrund der Internationalisierung der Rechnungslegung, Bamberg: Difo-Druck.

Homburg, Carsten/Stebel, Peter (2009): Determinants of Contract Terms for Professional Services, in: Management Accounting Research, Vol. 20, S. 129-145.

Homburg, Carsten/Toksal, Asli/Gödde, Dominika (2004): Corporate Governance und Value Based Management – eine empirische Untersuchung der DAX-, MDAX- und TecDAX-Unternehmen, Frankfurt/Main: BearingPoint.

Homburg, Christian/Baumgartner, Hans (1995): Die Kausalanalyse als Instrument der Marketingforschung: Eine Bestandsaufnahme, in: Zeitschrift für Betriebswirtschaft, 65. Jg., S. 1091-1108.

Homburg, Christian/Giering, Annette (1996): Konzeptualisierung und Operationalisierung komplexer Konstrukte: Ein Leitfaden für die Marketingforschung, in: Marketing – Zeitschrift für Forschung und Praxis, 18. Jg., S. 5-24.

Hopper, Trevor/Krikham, Linda/Scapens, Robert W./Turley, Stuart (1992): Does Financial Accounting Dominate Management Accounting – A Research Note, in: Management Accounting Research, Vol. 3, S. 307-311.

Hopwood, Anthony G. (2002): 'If only there were Simple Solutions, but there aren't': Some Reflections on Zimmerman's Critique of Empirical Management Accounting Research, in: European Accounting Review, Vol. 11, S. 777-785.

Hoque, Zahirul/James, Wendy (2000): Linking Balanced Scorecard Measures to Size and Market Factors: Impact on Organizational Performance, in: Journal of Management Accounting Research, Vol. 12, S. 1-17.

Horváth, Péter/Arnout, Ali (1997): Internationale Rechnungslegung und Einheit des Rechnungswesens. State-of-the-Art und Implementierung in der deutschen Praxis, in: Controlling, 9. Jg., S. 254-268.

Huber, Frank/Herrmann, Andreas/Meyer, Frederik/Vogel, Johannes/Vollhardt, Kai (2007): Kausalmodellierung mit Partial Least Squares. Eine anwendungsorientierte Einführung. Wiesbaden: Gabler.

Hulland, John (1999): Use of Partial Least Squares (PLS) in Strategic Management Research: A Review of Four recent Studies, in: Strategic Management Journal, Vol. 20, S. 195-204.

Hulland, John/Chow, Yiu Ho/Lam, Shunyin (1996): Use of Causal Models in Marketing Research: A Review, in: International Journal of Research in Marketing, Vol. 13, S. 181-197.

Hyvönen, Johanna (2007): Strategy, Performance Measurement Techniques and Information Technology of the Firm and their links to Organisational Performance, in: Management Accounting Research, Vol. 18, S. 343-366.

IASB (Hrsg.) (2008): Business Combinations Phase II. Project Summary, Feedback, and Effect Analysis, http://www.iasb.org/NR/rdonlyres/05F330F1-F148-4C8D-8E08-5ECE6F8A04F0/0/BusComb_Effects.pdf, Zugriff am 28.05.2009.

Ittner, Christopher D./Lanen, William N./Larcker, David F. (2002): The Association Between Activity-based Costing and Manufacturing Performance, in: Journal of Accounting Research, Vol. 40, S. 711-726.

Ittner, Christopher D./Larcker, David F. (2001): Assessing Empirical Research in Managerial Accounting: A Value-Based Perspective, in: Journal of Accounting and Economics, Vol. 32, S. 349-410.

Ittner, Christopher D./Larcker, David F. (2002): Empirical Managerial Accounting Research: Are we just describing Management Consulting Practice?, in: European Accounting Review, Vol. 11, S. 787-794.

Ittner, Christopher D./Larcker, David F./Meyer, Marshall W (2003): Subjectivity and the Weighting of Performance Measures: Evidence from a Balanced Scorecard, in: Accounting Review, Vol. 78, S. 725-758.

Ittner, Christopher D./Larcker, David F./Randall, Taylor (2003): Performance Implications of Strategic Performance Measurement in Financial Services Firms, in: Accounting, Organizations and Society, Vol. 28, S. 715-741.

Jarvis, Cheryl B./MacKenzie, Scott B./Podsakoff, Philip M. (2003): A Critical Review of Construct Indicators and Measurement Model Misspecification in Marketing and Consumer Research, in: Journal of Consumer Research, Vol. 30, S. 199-218.

Jensen, Michael/Meckling, William (1976): Theory of the Firm: Managerial Behavior, Agency Costs and Ownership Structure, in: Journal of Financial Economics, Vol. 3, S. 305-360.

Johnson, L. Todd/Petrone, Kimberley R. (1998): Is Goodwill an Asset?, in: Accounting Horizons, Vol. 12, S. 293-303.

Jones, T. Colwyn/Luther, Robert (2005): Anticipating the Impact of IFRS on the Management of German Manufacturing Companies: Some Observations from a British Perspective, in: Accounting in Europe, Vol. 2, S. 165-193.

Jöreskog, Karl G. (1970): A General Method for Analysis of Covariance Structures, in: Biometrika, Vol. 57, S. 239-251.

Jöreskog, Karl G./Sörbom, Dag (1982): Recent Developments in Structural Equation Modeling, in: Journal of Marketing Research, Vol. 19, S. 404-416.

Joseph, Nathan/Turley, Stuart/Burns, John/Lewis, Linda/Scapens, Robert/Southworth, Alan (1996): External Financial Reporting and Management Information: A Survey of U.K. Management Accountants, in: Management Accounting Research, Vol. 7, S. 73-93.

Kaplan, Robert S./Norton, David P. (1996): The Balanced Scorecard: Translating Strategy into Action, Boston: Harvard Business School Press.

Kieser, Alfred/ Ebers, Mark (Hrsg.) (2006): Organisationstheorien, 6. Auflage, Stuttgart: Kohlhammer.

Klingelhöfer, Heinz Eckart (2006): Wertorientiertes Controlling auf der Grundlage von Werten nach IAS 36? Das Konzept zahlungsmittelgenerierender Einheiten und ihrer Nutzungswerte nach IAS 36 aus Sicht des wertorientierten Controllings, zugleich Stellungnahme zu den Beiträgen von *Andreas Haaker*, Kapitalmarktorientierte Rechnungslegung, 2005, S. 351, Kapitalmarktorientierte Rechnungslegung, 2006, S. 44 und *Michael Olbrich*, Kapitalmarktorientierte Rechnungslegung, 2006, S. 43, in: Kapitalmarktorientierte Rechnungslegung, 6. Jg., 590-597.

Klingels, Bernd (2005): Die Cash Generating Unit nach IAS 36 im IFRS-Jahresabschluss. Bildung, Gestaltungsmöglichkeiten und Auswirkungen, Berlin: Erich Schmidt.

KPMG (Hrsg.) (2006): Kapitalkosten und Impairment Test-Studie. Eine empirische Befragung der Prime Standard-Unternehmen, Düsseldorf.

KPMG (Hrsg.) (2008): Kapitalkosten- und Impairment Test-Studie. Empirische Befragung von Unternehmen aus Deutschland, Großbritannien, den Niederlanden, Österreich und der Schweiz, http://www.kpmg.de/docs/Kapitalkosten_Gesamt_web.pdf, Zugriff am 28.05.2009.

Krumwiede, Kip R. (1998): The Implementation Stages of Activity-based Costing and the Impact of Contextual and Organizational Factors, in: Journal of Management Accounting Research, Vol. 10, S. 239-277.

Kuhner, Christoph (2008): Die Zielsetzungen von IFRS, US-GAAP und HGB und deren Konsequenzen für die Abbildung von Unternehmenskäufen, in: Ballwieser, Wolfgang/Beyer, Sven/Zelger, Hansjörg (Hrsg.): Unternehmenskauf nach IFRS und US-GAAP. Purchase Price Allocation, Goodwill und Impairment Test, 2. Auflage, Stuttgart: Schäffer-Poeschel, S. 1-34.

Kuhner, Christoph/Maltry, Helmut (2006): Unternehmensbewertung, Berlin u. a.: Springer.

Küting, Karlheinz (2006): Der Geschäfts- oder Firmenwert in der deutschen Konsolidierungspraxis 2005 – Ein Beitrag zur empirischen Rechnungslegungsforschung, in: Deutsches Steuerrecht, 44. Jg., S. 1665-1671.

Küting, Karlheinz (2007): Der Geschäfts- oder Firmenwert in der deutschen Konsolidierungspraxis 2006 – Ein Beitrag zur empirischen Rechnungslegungsforschung, in: Deutsches Steuerrecht, 45. Jg., S. 2025-2030.

Küting, Karlheinz (2008): Der Geschäfts- oder Firmenwert in der deutschen Konsolidierungspraxis 2007 – Ein Beitrag zur empirischen Rechnungslegungsforschung, in: Deutsches Steuerrecht, 46. Jg., S. 1795-1802.

Lambert, Richard A. (2001): Contracting Theory and Accounting, in: Journal of Accounting and Economics, Vol. 32, S. 3-87.

Lambert, Richard A. (2007): Agency Theory and Management Accounting Research, in: Chapman, Christopher S./Hopwood, Anthony G./Shields, Michael D. (Hrsg.): Handbook of Management Accounting Research, Amsterdam u. a.: Elsevier, S. 247-268.

Langfield-Smith, Kim (1997): Management Control Systems and Strategy: A Critical Review, in: Accounting, Organizations and Society, Vol. 22, S. 207-232.

Libby, Theresa/Waterhouse, John H. (1996): Predicting Change in Management Accounting Systems, in: Journal of Management Accounting Research, Vol. 8, S. 137-150.

Likert, Rensis (1932): A Technique for the Measurement of Attitudes, in: Archives of Psychology, Vol. 140, S. 1-55.

Lohmöller, Jan-Bernd (1989): Latent Variable Path Modeling with Partial Least Squares, Heidelberg: Physica.

Lorson, Peter C./Heiden, Matthias (2002): Intellectual Capital Statement und Goodwill-Impairment. 'Internationale' Impulse zur Unternehmenswertorientierung?, in: Seicht, Gerhard (Hrsg.): Jahrbuch für Controlling und Rechnungswesen, Wien: LexisNexisOrac, S. 369-403.

Luft, Joan/Shields, Michael D. (2002): Zimmerman's Contentious Conjectures: Describing the Present and Prescribing the Future of Empirical Management Accounting Research, in: European Accounting Review, Vol. 11, S. 795-803.

Luft, Joan/Shields, Michael D. (2003): Mapping Management Accounting: Graphics and Guidelines for Theory-Consistent Empirical Research, in: Accounting, Organizations and Society, Vol. 28, S. 169-249.

Lukka, Kari/Mouritsen, Jan (2002): Homogeneity or Heterogeneity of Research in Management Accounting?, in: European Accounting Review, Vol. 11, S. 805-811.

Mahama, Habib (2006): Management Control Systems, Cooperation and Performance in Strategic Supply Relationships: A Survey in the Mines, in: Management Accounting Research, Vol. 17, S. 315-339.

Malhotra, Naresh K./Birks, David F. (2007): Marketing Research. An Applied Approach, 3. Auflage, Harlow u. a.: Prentice Hall.

Malmi, Teemu/Ikaheimo, Seppo (2003): Value Based Management Practices – Some Evidence from the Field, in: Management Accounting Research, Vol. 14, S. 235-254.

Martin, Peter (1997): The Management Approach, in: CA Magazine, Vol. 130, S. 29-30.

Merchant, Kenneth A. (1981): The Design of the Corporate Budgeting System: Influences on Managerial Behavior and Performance, in: Accounting Review, Vol. 56, S. 813-829.

Merchant, Kenneth A. (1984): Influences on Departmental Budgeting: An Empirical Examination of a Contingency Model, in: Accounting, Organizations and Society, Vol. 9, S. 291-307.

Messner, Martin/Becker, Albrecht/Schäffer, Utz/Binder, Christoph (2008): Legitimacy and Identity in Germanic Management Accounting Research, in: European Accounting Review, Vol. 17, S. 129-159.

Mitchell, Falconer (2002): Research and Practice in Management Accounting: Improving Integration and Communication, in: European Accounting Review, Vol. 11, S. 277-289.

Müller, Martin (2006): Harmonisierung des externen und internen Rechnungswesens, Wiesbaden: Gabler.

Myers, Randy (1996): Metric Wars, in: CFO: The Magazine for Chief Financial Officers, Vol. 12, S. 41-50.

Nunnally, Jum (1978): Psychometric Theory, New York: McGraw-Hill.

Olbrich, Michael (2006a): Wertorientiertes Controlling auf Basis des IAS 36? – Erwiderung zum Beitrag von *Andreas Haaker*, Kapitalmarktorientierte Rechnungslegung 2005, S. 351 und kritische Würdigung des Standards in der neuen Fassung, in: Kapitalmarktorientierte Rechnungslegung, 6. Jg., S. 43-44.

Olbrich, Michael (2006b): Nochmals: Zur Fragwürdigkeit eines wertorientierten Controllings auf Basis des IAS 36 – Stellungnahme zu den Beiträgen von *Andreas Haaker*, Kapitalmarktorientierte Rechnungslegung 2006, S. 44-47 und Heinz Eckart Klingelhöfer, Kapitalmarktorientierte Rechnungslegung 2006 S. 590-597, in: Kapitalmarktorientierte Rechnungslegung, 6. Jg., S. 685-687.

Olinsky, Alan/Chen, Shaw/Harlow, Lisa (2003): The Comparative Efficacy of Imputation Methods for Missing Data in Structural Equation Modeling, in: European Journal of Operational Research, Vol. 151, S. 53-79.

Otley, David (1980): The Contingency Theory of Management Accounting: Achievement and Prognosis, in: Accounting, Organizations and Society, Vol. 5, S. 413-428.

Otley, David (1999): Performance Management: A Framework for Management Control Systems Research, in: Management Accounting Research, Vol. 10, S. 363-382.

Pellens, Bernhard/Amshoff, Holger/Sellhorn, Thorsten (2008): IFRS 3 (rev. 2008): Einheitstheorie in der M&A-Bilanzierung, in: Betriebs-Berater, 63. Jg., S. 602-606.

Pellens, Bernhard/Epstein, Rolf/Barth, Daniela/Ruhwedel, Peter/Sellhorn, Thorsten (2005): Goodwill Impairment Test: Ein empirischer Vergleich der IFRS- und US GAAP-Bilanzierer im deutschen Prime Standard, in: Betriebs-Berater, 60. Jg., S. 10-18.

Pellens, Bernhard/Fülbier, Rolf U./Gassen, Joachim/Sellhorn, Thorsten (2008): Internationale Rechnungslegung, 7. Auflage, Stuttgart: Schäffer-Poeschel.

Pellens, Bernhard/Sellhorn, Thorsten (2001): Neue Goodwill-Bilanzierung nach US-GAAP – Der Impairment-Only Approach des FASB, in: Der Betrieb, 54. Jg., S. 713-720.

Pellens, Bernhard/Tomaszewski, Claude/Weber, Nicolas (2000): Wertorientierte Unternehmensführung in Deutschland. Eine empirische Untersuchung der DAX 100-Unternehmen, in: Der Betrieb, 53 Jg., S. 1825-1833.

Peter, J. Paul (1979): Reliability: A Review of Psychometric Basics and Recent Marketing Practices, in: Journal of Marketing Research, Vol. 16, S. 6-17.

Peter, J. Paul (1981): Construct Validity: A Review of Basic Issues and Marketing Practices, in: Journal of Marketing Research, Vol. 18, S. 133-145.

Pfaff, Dieter/Pfeiffer, Thomas (2001): Controlling, in: Jost, Peter-J. (Hrsg.): Die Prinzipal-Agenten-Theorie in der Betriebswirtschaftslehre, Stuttgart: Schäffer-Poeschel, S. 359-394.

Phillips, Lynn W. (1981): Assessing Measurement Error in Key Informant Reports: A Methodological Note on Organizational Analysis in Marketing, in: Journal of Marketing Research, Vol. 18, S. 395-415.

Podsakoff, Nathan P./Shen, Wei/Podsakoff, Philip M. (2006): The Role of Formative Measurement Models in Strategic Management Research: Review, Critique, and Implications for Future Research, in: Research Methodology in Strategy and Management, Vol. 3, S. 197-252.

Podsakoff, Philip M./MacKenzie, Scott B./Lee, Jeong-Yeon/Podsakoff, Nathan P. (2003): Common Method Biases in Behavioral Research: A Critical Review of the Literature and Recommended Remedies, in: Journal of Applied Psychology, Vol. 88, S. 879-903.

Preacher, Kristopher J./Hayes, Andrew F. (2004): SPSS and SAS Procedures for Estimating Indirect Effects in simple Mediation Models, in: Behavior Research Methods, Instruments, and Computers, Vol. 36, S. 717-731.

Pugh, Derek S./Hickson, David J./Hinings, C. Robin,/Turner, Christopher (1968): Dimensions of Organization Structure, in: Administrative Science Quarterly, Vol. 13, S. 65-105.

Pugh, Derek S./Hickson, David J./Hinings, C. Robin/Macdonald, K. Malcolm/Turner, Christopher/Lupton, T. (1963): A Conceptual Scheme for Organizational Analysis, in: Administrative Science Quarterly, Vol. 8, S. 289-315.

Radebaugh, Lee H./Gebhardt, Günther/Gray, Sidney J. (1995): Foreign Stock Exchange Listings: A Case Study of Daimler-Benz, in: Journal of International Financial Management and Accounting, Vol. 6, S. 158-192.

Ramanna, Karthik (2008): The Implications of Unverifiable Fair-Value Accounting: Evidence from the Political Economy of Goodwill Accounting, in: Journal of Accounting and Economics, Vol. 45, S. 253-281.

Ramanna, Karthik/Watts, Ross L. (2009): Evidence from Goodwill Non-impairments on the Effects of Unverifiable Fair-Value Accounting (March 20, 2009), Working Paper, http://papers.ssrn.com/sol3/papers.cfm?abstract_id=1134943, Zugriff am 28.05.2009.

Rappaport, Alfred (1998): Creating Shareholder Value. A Guide for Managers and Investors, 2. Auflage, New York: Free Press.

Rigby, Darrell (2001): Management Tools and Techniques: A Survey, in: California Management Review, Vol. 43, S. 139-160.

Ringle, Christian M./Boysen, Nils/Wende, Sven/Will, Alexander (2006): Messung von Kausalmodellen mit dem Partial-Least-Squares-Verfahren, in: Das Wirtschaftsstudium, Vol. 1, S. 81-88.

Ringle, Christian M./Spreen, Florentine (2007): Beurteilung der Ergebnisse von PLS-Pfadanalysen, in: Das Wirtschaftsstudium, Vol. 2, S. 211-216.

Ringle, Christian M./Wende, Sven/Will, Alexander (2005): SmartPLS 2.0 M3 (beta), Hamburg: http://www.smartpls.de.

Rossiter, John R. (2002): The C-OAR-SE Procedure for Scale Development in Marketing, in: International Journal of Research in Marketing, Vol. 19, S. 305-335.

Rossiter, John R. (2005): Reminder: A Horse is a Horse, in: International Journal of Research in Marketing, Vol. 22, S. 23-25.

Ryan Jr., Harley E./Trahan, Emery A. (2007): Corporate Financial Control Mechanisms and Firm Performance: The Case of Value-Based Management Systems, in: Journal of Business Finance and Accounting, Vol. 34, S. 111-138.

Sarstedt, Marko/Wilczynski, Petra (2009): More for Less? A Comparison of Single-Item and Multi-Item Measures, in: Die Betriebswirtschaft, 69. Jg., S. 211-227.

Scapens, Robert W./Bromwich, Michael (2001): Editorial Report - Management Accounting Research: The First Decade, in: Management Accounting Research, Vol. 12, S. 245-254.

Schaier, Sven (2008): Erklärungsansätze für eine Konvergenz von internem und externem Rechnungswesen, in: Betriebswirtschaftliche Forschung und Praxis, 60. Jg., S. 122-136.

Schminke, Marshall/Cropanzano, Russell/Rupp, Deborah E. (2001): Organization Structure and Fairness Perceptions: The Moderating Effects of Organizational Level, in: Organizational Behavior and Human Decision Processes, Vol. 89, S. 881-905.

Schneider, Dieter (1997): Betriebswirtschaftslehre, Band 2: Rechnungswesen, 2. Auflage, München/Wien: Oldenbourg.

Scholderer, Joachim/Balderjahn, Ingo (2005): PLS versus LISREL: Ein Methodenvergleich, in: Bliemel, Friedhelm/Eggert, Andreas/Fassott, Georg/Henseler, Jörg (Hrsg.): Handbuch PLS-Pfadmodellierung: Methode, Anwendung, Praxisbeispiele, Stuttgart: Schäffer-Poeschel, S. 87-98.

Schultze, Wolfgang (2005): The Information Content of Goodwill-Impairment under FAS 142: Implications for External Analysis and Internal Control, in: Schmalenbach Business Review, Vol. 57, S. 276-297.

Schultze, Wolfgang/Hirsch, Cathrin (2005): Unternehmenswertsteigerung durch wertorientiertes Controlling. Goodwill-Bilanzierung in der Unternehmenssteuerung, Augsburg: Vahlen.

Schumann, Jörg (2008): Unternehmenswertorientierung in Konzernrechnungslegung und Controlling. Impairment of Assets (IAS 36) im Kontext bereichsbezogener Unternehmensbewertung und Performancemessung, Wiesbaden: Gabler.

Shields, Michael D. (1997): Research in Management Accounting by North Americans in the 1990s, in: Journal of Management Accounting Research, Vol. 9, S. 3-61.

Shrout, Patrick E./Bolger, Niall (2002): Mediation in Experimental and Nonexperimental Studies: New Procedures and Recommendations, in: Psychological Methods, Vol. 7, S. 422-445.

Simons, Dirk/Weißenberger, Barbara E. (2008a): Die Konvergenz von externem und internem Rechnungswesen – Kritische Faktoren für die Entwicklung einer partiell integrierten Rechnungslegung aus theoretischer Sicht, in: Betriebswirtschaftliche Forschung und Praxis, 60. Jg., S. 137-160.

Simons, Dirk/Weißenberger, Barbara E. (2008b): 'Different Costs for Different Purposes' vs. 'One Version of the Truth'? Zur Konvergenz von externer und interner Rechnungslegung im deutschsprachigen Raum, Working Paper, http://wiwi.uni-giessen.de/dl/down/open/bwl4/2709406ad6c0d8fbbc9f7eb26007c 98408b761707cff1ccbd1a09bea4d72eb3e3283bcf30a6df94f56f4cd656b9379d5/D -2008_05_Different_costs_for_different_purposes_vs._one_version_of_the_truth. pdf, Zugriff am 28.05.2009.

Smith, David/Langfield-Smith, Kim (2004): Structural Equation Modeling in Management Accounting Research: Critical Analysis and Opportunities, in: Journal of Accounting Literature, Vol. 23, S. 49-86.

Sobel, Michael E. (1982): Asymptotic Confidence Intervals for Indirect Effects in Structural Equation Models, in: Sociological Methodology, Vol. 13, S. 290-312.

Sörbom, Dag (2001): Karl Jöreskog and LISREL: A Personal Story, in: Cudeck, Robert/du Toit, Stephen/Sörbom, Dag (Hrsg.): Structural Equation Modeling: Present and Future, Lincolnwood: Scientific Software International, S. 3-10.

Stone, Mervyn (1974): Cross-Validatory Choice and Assessment of Statistical Predictions, in: Journal of the Royal Statistical Society, Series B (Methodological), Vol. 36, S. 111-147.

Sullivan, Daniel (1994): Measuring the Degree of Internationalization of a Firm, in: Journal of International Business Studies, Vol. 25, S. 325-342.

Telkamp, Heinz-Jürgen/Bruns, Carsten (2000): Wertminderung von Vermögenswerten nach IAS 36: Erfahrungen aus der Praxis, in: Finanz-Betrieb, Beilage Kapitalmarktorientierte Rechnungslegung, S. 24-31.

Tillema, Sandra (2005): Towards an Integrated Contingency Framework for MAS Sophistication. Case studies on the Scope of Accounting Instruments in Dutch Power and Gas Companies, in: Management Accounting Research, Vol. 16, S. 101-129.

Trützschler, Klaus/David, Ulrich/Strauch, Joachim/Tomaszewski, Claude (2005): Unternehmensbewertung und Rechnungslegung von Akquisitionen: Die Vorschriften nach IFRS und HGB vs. Betriebswirtschaftliche Rationalität, in: Zeitschrift für Planung und Unternehmenssteuerung, 16. Jg., S. 383-406.

Van der Stede, Wim A./Young, S. Mark/Chen, Clara X. (2005): Assessing the Quality of Evidence in Empirical Management Accounting Research: The Case of Survey Studies, in: Accounting, Organizations and Society, Vol. 30, S. 655-684.

Varaiya, Nikhil/Kerin, Roger, A./Weeks, David (1987): The Relationship between Growth, Profitability, and Firm Value, in: Strategic Management Journal, Vol. 8, S. 487-497.

Velte, Patrick (2008): ZP-Stichwort: Management Approach, in: Zeitschrift für Planung und Unternehmenssteuerung, 19. Jg., S. 133-138.

Venkatraman, N./Ramanujam, Vasudevan (1987): Measurement of Business Economic Performance: An Examination of Method Convergence, in: Journal of Management, Vol. 13, S. 109-122.

Wagenhofer, Alfred (2001): Rechnungslegung, in: Jost, Peter-J. (Hrsg.): Die Prinzipal-Agenten-Theorie in der Betriebswirtschaftslehre, Stuttgart: Schäffer-Poeschel, S. 439-486.

Wagenhofer, Alfred (2006): Management Accounting Research in German-Speaking Countries, in: Journal of Management Accounting Research, Vol. 18, S. 1-19.

Weißenberger, Barbara E./Maier, Michael (2006): Der Management Approach in der IFRS-Rechnungslegung: Fundierung der Finanzberichterstattung durch Informationen aus dem Controlling, in: Der Betrieb, 59. Jg., S. 2077-2083.

Wirth, Johannes (2005): Firmenwertbilanzierung nach IFRS: Unternehmenszusammenschlüsse, Werthaltigkeitstest, Endkonsolidierung, Stuttgart: Schäffer-Poeschel.

Wold, Herman (1982a): Soft Modeling: The Basic Design and Some Extensions, in: Jöreskog, Karl G./Wold, Herman (Hrsg.): Systems under Indirect Observation: Causality, Structure, Prediction, Part II, Amsterdam u. a.: North-Holland, S. 1-54.

Wold, Herman (1982b): Systems under Indirect Observation using PLS, in: Fornell, Claes (Hrsg.): A Second Generation of Multivariate Analysis, New York: Praeger, S. 325-347.

Ziegler, Hasso (1994): Neuorientierung des internen Rechnungswesens für das Unternehmens-Controlling im Hause Siemens, in: Zeitschrift für betriebswirtschaftliche Forschung, 46. Jg., S. 175-188.

Zimmerman, Jerold L. (2001): Conjectures Regarding Empirical Managerial Accounting Research, in: Journal of Accounting and Economics, Vol. 32, S. 411-427.

Gesetzes- und Verordnungsverzeichnis

BilReG: Bilanzrechtsreformgesetz, Gesetz zur Einführung internationaler Rechnungslegungsstandards und zur Sicherung der Qualität der Abschlussprüfung vom 04.12.2004, in: Bundesgesetzblatt, Teil I, Nr. 65, S. 3166-3182, herausgegeben am 09.12.2004.

HGB: Handelsgesetzbuch, Handelsgesetzbuch in der im Bundesgesetzblatt Teil III, Gliederungsnummer 4100-1, veröffentlichte bereinigte Fassung, zuletzt geändert durch Artikel 1 Bilanzrechtsmodernisierungsgesetz vom 25.05.2009, in: Bundesgesetzblatt, Teil I, Nr. 27, S. 1102-1137, herausgegeben am 28.05.2009.

EU-Verordnung: Verordnung (EG) Nr. 1606/2002 des Europäischen Parlaments und des Rates vom 19.07.2002 betreffend die Anwendung internationaler Rechnungslegungsstandards, Nr. L243 vom 11.09.2002, Brüssel.

IAS/IFRS: Sämtliche aktuellen Standards, Entwürfe und Interpretationen finden sich unter: http://www.standardsetter.de/drsc/ifrs.html, Zugriff am 28.05.2009.

IDW RS HFA 16 (2005): IDW Stellungnahme zur Rechnungslegung: Bewertungen bei der Abbildung von Unternehmenserwerben und bei Werthaltigkeitsprüfungen nach IFRS, in: Die Wirtschaftsprüfung, 58. Jg., S. 1415-1426.

IDW S 1 (2008): IDW Standard: Grundsätze zur Durchführung von Unternehmensbewertungen, in: IDW-Fachnachrichten, S. 271-292.

KapAEG: Kapitalaufnahmeerleichterungsgesetz: Gesetz zur Verbesserung der Wettbewerbsfähigkeit deutscher Konzerne an Kapitalmärkten und zur Erleichterung der Aufnahme von Gesellschafterdarlehen vom 20.04.1998, in: Bundesgesetzblatt, Teil I, Nr. 22, S. 707-709, herausgegeben am 23.04.1998, zuletzt geändert durch Bilanzrechtsreformgesetz vom 04.12.2004, in: Bundesgesetzblatt, Teil I, Nr. 65, S. 3166-3182, herausgegeben am 09.12.2004.

KapCoRiLiG: Kapitalgesellschaften- und Co-Richtlinien-Gesetz: Gesetz zur Durchführung der Richtlinie des Rates der Europäischen Union zur Änderung der Bilanz- und der Konzernbilanzrichtlinie hinsichtlich ihres Anwendungsbereichs (90/605/EWG), zur Verbesserung der Offenlegung von Jahresabschlüssen und zur Änderung anderer handelsrechtlicher Bestimmungen vom 24.02.2000, in: Bundesgesetzblatt, Teil I, Nr. 8, S. 154-162, herausgegeben am 08.03.2000.

SEC (2007): Final Rule Release No. 33-8879. Acceptance from Foreign Private Issuers of Financial Statement prepared in accordance with International Financial Reporting Standards without Reconciliation to U.S. GAAP, Release No. 33-8879, herausgegeben am 21.12.2007, http://www.sec.gov/rules/final/2007/33-8879.pdf, Zugriff am 28.05.2009.

US GAAP: Sämtliche aktuellen Statements of Financial Accounting Standards (SFAS), Statements of Financial Accounting Concepts (SFAC), FASB Interpretations und FASB Technical Bulletins finden sich unter: http://www.fasb.org/st/index.shtml, Zugriff am 28.05.2009.

SPRINGER NATURE

GPSR Compliance

The European Union's (EU) General Product Safety Regulation (GPSR) is a set of rules that requires consumer products to be safe and our obligations to ensure this.

If you have any concerns about our products, you can contact us on ProductSafety@springernature.com

In case Publisher is established outside the EU, the EU authorized representative is:

Springer Nature Customer Service Center GmbH
Europaplatz 3
69115 Heidelberg, Germany